Duden

Handbuch geschlechtergerechte Sprache

Wie Sie angemessen und verständlich gendern

Von Gabriele Diewald
und Anja Steinhauer

Dudenverlag
Berlin

Inhaltsverzeichnis

Vorwort

Es hat sich viel verändert. Seit im Herbst 2017 der Duden-Ratgeber »Richtig gendern« mit dem Untertitel »Wie Sie angemessen und verständlich schreiben« erschien, ist auf dem Feld der geschlechtergerechten Sprache viel geschehen. Man könnte sagen, es hat ein vollständiger Wechsel der Perspektive stattgefunden: Nicht mehr diejenigen, die sprachlich fair und nicht diskriminierend kommunizieren wollen, sind in der Rechtfertigungspflicht, sondern diejenigen, die die Auffassung vertreten, dass es so, wie es bisher war, auch bleiben soll.

Bemerkenswert ist vor allem ein wachsender Strom an Zustimmung und eine Fülle von Anfragen und weiterführenden Aktivitäten. Diese kommen aus ganz unterschiedlichen gesellschaftlichen Gruppen und haben zu zahlreichen Vorträgen, Podien und Workshops geführt. Auch eine zunehmende Anzahl von weitergehenden Gestaltungsvorschlägen, von neuen Leitfäden und neuen Diskussionsforen zu diesem Thema lässt sich verzeichnen. Natürlich gibt es auch zum jetzigen Zeitpunkt noch Stimmen, die das Streben nach geschlechtergerechter Sprache grundsätzlich ablehnen, und es gibt lebhafte Diskussionen zu bestimmten Vorschlägen und Strategien.

Kurz: Das Thema geschlechtergerechte Sprache hat sich aus seiner Nischenexistenz gelöst und ist in der Öffentlichkeit als wichtiges Zukunftsthema erkannt worden, das von der Sprachgemeinschaft diskutiert und bearbeitet werden muss. Der Diskurs hat sich ausgeweitet und ist differenzierter geworden – ist dadurch aber nicht nur spannender und vielfältiger, sondern auch unübersichtlicher geworden.

Vor diesem Hintergrund ist das vorliegende Buch entstanden. Es hat den Anspruch, eine Orientierung in diesem extrem dynamischen Feld des gesellschaftlichen und sprachlichen Wandels zu bieten. Dabei nehmen wir eine Position ein, die von den sprachlichen Möglichkeiten des Deutschen ausgeht und diese theoretisch und praktisch einordnet und bewertet. Wohl wissend, dass auch andere Positionierungen möglich sind, wohl wissend, dass vieles im Test der Praxis und der Zeit sich verändern wird.

Dieses Buch hat das Ziel, den aktuellen Stand zu erfassen. Dabei kann es nicht die Aufgabe sein, alle Details der historischen Entwicklung oder alle Gründe und Bedingungen der wellenartigen Aufmerksamkeit nachzuzeichnen. Doch haben wir den Anspruch, die neue Lage vor dem Hintergrund der bisherigen Entwicklung zu reflektieren und einzuordnen. Dies bedeutet, dass wir die Grundlagen der geschlechtergerechten Sprache, die wir in dem Buch »Richtig gendern« aus dem Jahr 2017 und in der Kurzfassung »Gendern – ganz einfach« von 2019 dargestellt haben, aufnehmen, um vor diesem Hintergrund die neuesten Entwicklungen weiterzudenken. Unsere Absicht ist es, die Entfaltung dieser Thematik als dynamischen Prozess abzubilden, der nicht abgeschlossen ist und somit Raum für neue Gestaltungsmöglichkeiten bietet. Zugleich sind wir bestrebt, einige verlässliche Prinzipien und Leitlinien zur praktischen Anwendung geschlechtergerechter Sprache anzubieten und so allen, die sich in ihrem – meist wohl beruflichen – Alltag um geschlechtergerechte Sprache bemühen, ein solides Handwerkszeug zur Verfügung zu stellen.

Daher ist es keine Floskel, wenn wir sagen, dass wir Kommentare ebenso wie Kritik nicht nur schätzen, sondern sie auch hervorlocken möchten.

Die Autorinnen und die Dudenredaktion

1

Einleitung und Grundsätzliches

1.1 Was will dieser Ratgeber?

Gendern, also die Anwendung geschlechtergerechter Sprache im Sprachgebrauch, ist ein wichtiges Gleichstellungsinstrument. Auf diese Weise wird die Forderung zur Durchsetzung der Gleichberechtigung von Männern und Frauen, die ja im **Grundgesetz** formuliert ist, in der sprachlichen Kommunikation ernst genommen. Der entsprechende Absatz im Grundgesetz der Bundesrepublik Deutschland lautet im Original:

> **»Männer und Frauen sind gleichberechtigt. Der Staat fördert die tatsächliche Durchsetzung der Gleichberechtigung von Frauen und Männern und wirkt auf die Beseitigung bestehender Nachteile hin.« (GG Artikel 3, Absatz 2)**

Das Verb *gendern* leitet sich aus dem englischen Substantiv *gender* ›Geschlecht‹ ab, das als Lehnwort ins Deutsche gekommen ist. *Gender* bezieht sich auf das soziale Geschlecht, das heißt auf die gesellschaftlichen Rollen und Eigenschaften, die einer Person stereotypisch als »Mann« oder als »Frau« zugeschrieben werden. *Gender* ist somit nicht mit dem biologischen Geschlecht *(sex)* gleichzusetzen. Das Verb *gendern* bedeutet, dass diese verschiedenen Rollen in der sprachlichen Kommunikation angemessen und nicht diskriminierend explizit gemacht werden. Wir verwenden den Ausdruck *gendern* gleichbedeutend mit ›Sprache geschlechtergerecht gestalten‹.

Die praktische Durchführung dieser sprachlichen Operation bereitet jedoch zahlreiche Schwierigkeiten. Selbst nach Jahrzehnten der Diskussion und vielen Gesetzen, Verordnungen und Leitfäden lässt sich beobachten, dass zwischen dem erklärten öffentlichen Willen und der Umsetzung in die Lebenswirklichkeit eine Diskrepanz besteht. Die Gründe für diese Hindernisse sind vielfältig und einige davon wollen wir gleich an dieser Stelle ansprechen. Ihre Überwindung ist die Voraussetzung für eine gute kommunikative Praxis und damit auch eines der übergeordneten Ziele dieses Ratgebers. Auch ist es viel leichter, dieses Buch produktiv zur Erweiterung der eigenen

Sprachmöglichkeiten einzusetzen, wenn man diese Hintergründe und Hinderungsgründe kennt.

Der erste Hinderungsgrund ist ein rein praktischer. Lange fehlten in vielen Vorschlägen zum gendergerechten Sprachgebrauch verständliche und zugleich differenzierte Hinweise zu den notwendigen linguistischen Grundlagen, ohne die eine aktive und kreative Anwendung gendergerechter Sprache nicht möglich ist. Dieses Erklärungsdefizit reduzierte oft die praktische Handhabbarkeit von Leitfäden. Die Lage hat sich inzwischen zum Besseren gewendet (vgl. Abschnitt 1.2). Dennoch bleibt die Tatsache bestehen, dass Menschen, denen das Thema bislang nicht oder nur wenig vertraut ist, praxisnahe und fachlich fundierte Erklärungen ebenso wie konkrete und differenzierte Tipps für die eigene Praxis benötigen.

Das zweite Hemmnis hat weniger mit Sprache als mit Meinungen und auch Vorurteilen zu tun. Oft werden aufgrund ideologischer oder auch rein persönlicher Abwehrreaktionen gegenüber sprachlichen Veränderungen alle Versuche zur Herstellung gendergerechten Sprachgebrauchs als destruktiver und illegitimer Eingriff in die Sprache aufgefasst und Änderungsversuche grundsätzlich verurteilt. Eine häufig anzutreffende Argumentationsfigur ist die Unterstellung, dass durch die Anwendung geschlechtergerechter Sprache eine faktische »Gleichmacherei« der Geschlechter beabsichtigt sei. In einem anonymen Brief an die Autorinnen des Ratgebers »Richtig gendern« (eingegangen in der Dudenredaktion am 10. April 2018) heißt es hierzu: »Was Sie jedoch mit Ihrer Genderei (alles Männliche zu verweiblichen oder geschlechtslos machen zu wollen) verzapfen, ist weder angemessen noch verständlich. Sie verwechseln das grammatische Geschlecht mit dem generischen.« Und weiter: »Mann und Frau sind nicht gleich und werden es nie werden! Da können Sie ›gagagendern‹ wie sie wollen!«

Hier lässt sich annehmen, dass der Ausdruck der gelebten Gleichstellung (bzw. der Anspruch darauf), der sich ja im geschlechtergerechten Sprachgebrauch dokumentiert, als Angriff auf die eigene Einstellung zum Geschlecht oder gar auf die eigene Geschlechtsidentität wahrgenommen wird. Häufig entsteht der Eindruck, dass es mehr um die Ablehnung desjenigen umfassenden gesellschaftlichen Wandels geht, der grob mit den Stichworten Emanzipation, Gleichberechtigung und Teilhabe zu tun hat. Vor einem solchen Hintergrund wird es schwierig, geschlechtergerecht zu kommunizieren oder dieses überhaupt für erstrebenswert zu halten.

Als dritter Faktor, der die Umsetzung geschlechtergerechter Sprache lange gebremst hat, ist die Tatsache zu nennen, dass in der Öffentlichkeit oft die Auffassung favorisiert wurde und auch noch wird, der Stellenwert der Sprache sei für die Durchsetzung der Gleichstellung unwesentlich. Daher seien die Bemühungen um gendergerechte Sprache überflüssig, wenn nicht gar lächerlich. Gendergerechte Sprache führe außerdem zu einer »Verhunzung« der Sprache, gegen die man sich auflehne.

Der hier behauptete Gegensatz zwischen sinnvollem Handeln für die Gleichberechtigung und zerstörerischem Eingriff in die Sprache unterschlägt zwei Fakten. Erstens besteht kein Widerspruch zwischen politischem Handeln und einer entsprechenden kommunikativen Praxis. Zweitens wird hier (absichtlich?) die Relevanz der Sprache als Ausdruck des gesellschaftlichen Zustands und der gesellschaftlichen Forderungen zu gering eingeschätzt oder gar unterschlagen (zum Wandel der Sprache vgl. Abschnitt 1.2). Argumentationsfiguren dieser Art (die auch unter dem Stichwort des »derailing«, also der Ablenkung, genauer »Entgleisung«, beforscht werden) sehen praktisch z. B. wie folgendes Zitat aus (entnommen einer Diskussion auf Spiegel online unter http://www.spiegel.de/spiegel/unispiegel/geschlechtergerechte-sprache-brauchen-wir-das-a-1219042.html vom 13. August 2018): »Diese Genderphantom-Diskussion zeigt doch nur, daß Deutschland ein Luxusproblem hat. Was ändert sich wirklich? Gar nichts! Frauen mit 20–40 % Unterbezahlung ggü. Männern, fehlende Kita-Plätze etc., das wären Probleme, aber hier ändert sich nichts.« Nebenbei sei angemerkt, dass allein der leidenschaftliche Tonfall, den solche Kommentare oft aufweisen, verdeutlicht, dass die Sprache bei der Gestaltung und Umgestaltung gesellschaftlicher Verhältnisse so nebensächlich nicht sein kann. Sonst wäre nicht so viel Feuer in dieser Debatte.

Diese (und weitere) Hindernisse will dieses Buch beseitigen, indem es über die Fakten der deutschen Sprache und die Möglichkeiten ihrer Anwendung aufklärt und zugleich eine Hilfestellung für die eigene Anwendung geschlechtergerechter Sprache bietet. Es ist als Arbeits- und Nachschlagewerk für alle gedacht,

- die sich intensiver mit dem Thema der geschlechtergerechten Sprache auseinandersetzen wollen,
- die die gesellschaftlichen und sprachlichen Hintergründe kennen und verstehen wollen und
- die in ihrem eigenen Sprachgebrauch gestaltend und kreativ mit der Anforderung des diskriminierungsfreien Sprechens umgehen wollen.

Entsprechend ist es in drei große Kapitel gegliedert.

Die Gliederung dieses Buchs

Das erste Kapitel behandelt in seinem Fortgang nach diesem Abschnitt die gesellschaftlichen Grundlagen und die Geschichte des Diskurses um geschlechtergerechte Sprache sowie den aktuellen Stand der Diskussion.

Das zweite Kapitel befasst sich mit den sprachlichen Voraussetzungen des Deutschen, auf deren Basis gendergerechte Sprache angewendet werden kann. Hier werden die Gegebenheiten des Deutschen in Wortschatz und Grammatik dargestellt und es wird gezeigt, wo sprachstrukturelle Möglichkeiten und Schwierigkeiten bestehen. Ein weiterer Abschnitt im zweiten Kapitel ist der gerafften Darstellung wichtiger Forschungsergebnisse aus verschiedenen Disziplinen zur Wirkung bestimmter Sprachformen gewidmet. Schließlich werden Grundlagen der sprachlichen Kommunikation, also die pragmatischen Regeln der Sprachverwendung erörtert und daraus einige Faustregeln bzw. Strategien abgeleitet, wann, wie und in welchem Umfang Gendern besonders wirksam und geboten ist.

Das dritte Kapitel bietet intensive und detaillierte Spracharbeit an Textbeispielen aus einem breiten Spektrum alltäglicher Textsorten. In schrittweisen, fundierten Analysen werden Formen, Methoden und Anwendungsbeispiele für gendergerechte Sprache diskutiert und mit praktischen Tipps zur eigenen Anwendung und kreativen Weiterentwicklung versehen.

Der Schwerpunkt dieses Ratgebers liegt – gerade in diesem praxisorientierten Kapitel – auf den Anforderungen der schriftlichen Kommunikation und auf Textsorten, die vor allem im beruflichen Kontext besonders wichtig sind. Darüber hinaus sind die hier behandelten Fragen auch für stärker formalisierte mündliche Kommunikationssituationen im beruflichen und öffentlichen Bereich relevant.

Typische Textsorten bzw. Redesituationen, für die dieses Buch hilfreich ist, sind somit beispielsweise Geschäftskorrespondenz an Einzelpersonen oder Gruppen, Rundschreiben, Ordnungen, öffentliche bzw. halböffentliche Reden z. B. bei Versammlungen, Verhandlungen, Stelleninterviews oder auch Interaktionen mit den Medien und der Öffentlichkeit.

Eine Anleitung für den Gebrauch

Die drei Kapitel sind im Wesentlichen unabhängig voneinander lesbar und behandeln unterschiedliche Bereiche des komplexen Feldes. Damit soll der Tatsache Rechnung getragen werden, dass unterschiedliche Informationsbedürfnisse bei den Menschen vorliegen, die dieses Buch konsultieren:

- Die, die sich sofort mit praktischer Umsetzung befassen wollen, können das erste Kapitel überspringen und sich auf die beiden sprachzentrierten Kapitel konzentrieren.
- Auch ein direkter Zugang nur zum praktischen Kapitel 3 ist möglich. Jedoch nehmen wir an, dass der größte Gewinn erzielt wird, wenn auch die linguistischen Grundlagen zur Kenntnis genommen werden. Sie liefern verallgemeinerbare Begründungen für die Textanalysen und die verschiedenen

Vorschläge zur geschlechtergerechten Sprachpraxis. Dies spricht für eine sukzessive Lektüre von Kapitel 2 und 3.
- Der Aufbau des zweiten und dritten Kapitels ermöglicht es aber auch, vom dritten Kapitel ausgehend beim Auftreten grundsätzlicher Fragen immer wieder punktuell in Kapitel 2 nachzuschlagen.

Bevor es richtig losgeht, sei noch ein wichtiger Punkt hervorgehoben: Für die Anwendung geschlechtergerechter Sprache gibt es keine Norm, die vergleichbar wäre mit anderen Normen in sprachlichen Bereichen wie zum Beispiel der Rechtschreibung. Und wir wollen keinesfalls solche Normen setzen. Dieses Buch hat also keine vorschreibende, präskriptive Funktion. Diese Haltung teilt es mit den Vorgängerbüchern.

»Gendern« kann daher nicht bedeuten »nach vorgegebenen Regeln gendern«, sondern situationsangemessen, sachangemessen, d.h. inhaltlich korrekt, verständlich und ansprechend den Grundsatz der geschlechtergerechten Sprache in der eigenen Sprachproduktion umsetzen.

Daraus folgt ein weiterer Punkt, über den wir an dieser Stelle Klarheit schaffen wollen. Die Hilfestellung, die wir Ihnen mit diesem Buch geben, ist prozessorientiert. Sie kann sich nicht darin erschöpfen, dass ein Katalog, eine abgeschlossene Liste sprachlicher Fertigteile geboten wird, die an bestimmten Stellen in einen vorgefertigten Text einzufügen wären, um damit gendergerecht zu kommunizieren. Dies kann aus mehreren Gründen nicht funktionieren:

Jeder Akt der Sprachverwendung beruht auf spezifischen Sprechintentionen, d.h. auf individuellen und aktuell relevanten Ausdrucksabsichten. Diese wirken sich direkt auf die konkrete Wahl der sprachlichen Mittel aus. Jede Sprecherin und jeder Sprecher wird hier also notwendigerweise zu individuellen Entscheidungen kommen.

Die Anzahl der Inhalte, der Gegenstände und Sachverhalte, über die wir sprechen können, ist unendlich. Ebenso gibt es eine Vielzahl von verschiedenen, mehr oder weniger stark regulierten Typen von Sprechsituationen, kontextabhängigen Sprechstilen (auch »Register« genannt) und Textsorten. Auch hier ergeben sich somit vielfältige individuelle sprachliche Gestaltungsmöglichkeiten für das, was wir jeweils sagen möchten. Jede sprachliche Äußerung ist an andere gerichtet und findet in ganz konkreten, sehr unterschiedlichen Rahmenbedingungen bzw. Situationen statt. Auch durch diese Faktoren wird die Auswahl der sprachlichen Mittel beeinflusst.

Schließlich gibt es, insbesondere in beruflichen oder formalisierten kommunikativen Situationen, spezielle, nur lokal gültige Beschränkungen und Vorschriften für einen ganz bestimmten Sprachgebrauch. Zum Beispiel haben einige Institutionen bereits Richtlinien für gendergerechte Sprache entwickelt, die unter Umständen bestimmte sprachliche Instrumente ausschließen. So sieht das niedersächsische Gesetz zur geschlechtergerechten Sprache in amtlichen Texten nur Beidnennung *(Mitarbeiterinnen und Mitarbeiter),* Neutralisierung *(Fachkraft, Amtsleitung)* oder Umformulierungen *(Es referieren* statt *Referenten)* vor. Andere prinzipiell mögliche Lösungen wie die Schrägstrichvarianten *(Mitarbeiter/-innen),* das Binnen-I *(MitarbeiterInnen),* der sogenannte Genderstern *(Mitarbeiter*innen)* und andere Formen werden in diesem Kontext nicht zugelassen. Der zu Beginn des Jahres 2019 erschienene neue Leitfaden für eine geschlechtergerechte Verwaltungssprache der Stadt Hannover wiederum verlangt geschlechtsneutrale Formulierungen, wo immer dies möglich ist und – wenn nicht anders durchführbar – den sogenannten Genderstern (s. hierzu ausführlich Abschnitte 1.2 und 2.4).

Unser Bestreben kann es daher gar nicht sein, Ihnen Readymades oder Fertigteile zu liefern. Unser Bestreben ist es vielmehr, Ihnen die sprachliche Prozedur des Genderns für Ihre schriftlichen und zum Teil auch mündlichen Kommunikationsprozesse geläufig zu machen und Ihnen das Spektrum der Gestaltungsmöglichkeiten aufzuzeigen, die Sie nach Bedarf anwenden können.

Einen Text gendern heißt, die mentalen Konzepte der relevanten Genderrollen sprachlich abzubilden, d. h., die Inhalte deutlich konturiert und farbig darzustellen. Dieses Buch gibt Ihnen einen Überblick über die Vielzahl an Farben und Malwerkzeugen, durch deren Gebrauch Sie aus den Sachverhalten und Konzepten, die Sie darstellen wollen, ein angemessenes, treffendes und ästhetisch ansprechendes sprachliches Bild gestalten können. Unsere Absicht ist es, Sie mit Wissen und Selbstbewusstsein auszustatten, damit Sie die »Operation Gendern« in der richtigen, d. h. für Sie und Ihre Zwecke angemessenen Weise meistern.

Trauen Sie sich! Verwenden Sie die Sprache so, dass sie Ihre Absichten angemessen wiedergibt! Es ist Ihre Sprache!

1.2 Grundlagen und Bestandsaufnahme

In diesem Abschnitt greifen wir weit aus, um einige Grundlagen, historische Daten und Entwicklungen darzustellen, die den gesellschaftlichen Hintergrund der Debatte um geschlechtergerechte Sprache definieren.

Die Auffassung, dass eine moderne Gesellschaft sich der Aufgabe stellen muss, eine geschlechtergerechte Sprache zu etablieren, hat sich seit einigen Jahrzehnten im deutschsprachigen Raum – wie in allen westlichen Gesellschaften – großflächig durchgesetzt. Das Bemühen um gendergerechte Sprache wird als ein wesentlicher Aspekt des allgemeinen Strebens nach der Durchsetzung von Gleichstellung erkannt und anerkannt.

Historische gesellschaftliche Hintergründe

Grundlage für diese Entwicklung ist die Einsicht, dass unsere Gesellschaft und damit auch unsere Sprache und unser Sprachgebrauch historisch bedingt auf Denkmustern und Werteordnungen fußen, die Männer privilegieren (auch als patriarchale Ordnung oder Patriarchat bezeichnet). Diese Ideologie wird in der Genderforschung unter dem Stichwort »male as norm« (›das Männliche als Norm‹) oder kurz

»MAN« beschrieben. Ihr zentrales Merkmal ist, dass die Kategorie »Mann« ein höheres Ansehen als die Kategorie »Frau« genießt und dass Erstere grundsätzlich als Maß und Norm für alle Bereiche des Lebens angesetzt wird. Die Kategorie »Frau« hingegen wird als untergeordnet, sekundär, abhängig definiert (vgl. Bußmann/Hellinger 2003: 158). Durch diese Ideologie werden Frauen in ihrer gesellschaftlichen Bedeutung und Sichtbarkeit, in ihren Wirkungsmöglichkeiten und in ihrer persönlichen Lebensgestaltung eingeschränkt und benachteiligt. Dies wird heute von keiner Person, die sich ernsthaft mit der Frage der Geschlechtergerechtigkeit befasst, bestritten. Auch ist unzweifelhaft, dass diese alte Ordnung der Geschlechter zwar zurückgedrängt werden konnte, doch in vielen gesellschaftlichen Bereichen auch in unserer Zeit weiterwirkt.

So ist zum Beispiel Altersarmut noch immer überwiegend ein Problem von Frauen; unter Menschen, die Hartz IV beziehen, ist der Frauenanteil überproportional hoch, weil Alleinerziehende, die diese Hilfe oft in Anspruch nehmen müssen, meist Frauen sind; Berufe, in denen vorwiegend Frauen arbeiten, z. B. im sogenannten Care-Sektor, sind vergleichsweise schlecht bezahlt usw. Außerhalb des rein Ökonomischen sieht es nicht besser aus: Die allermeisten hochrangigen Führungspositionen in der Wirtschaft, im Bildungssektor, in der Politik, in Verbänden und sogar im Ehrenamt sind von Männern besetzt. Stichproben, die das bestätigen, lassen sich jederzeit, z. B. beim aufmerksamen Konsumieren von Nachrichten verschiedener Medien, sammeln.

Dass das Prinzip »male as norm« für Frauen sogar tödlich werden kann, hat die Medizin inzwischen erkannt: Lange Zeit wurden z. B. bei Herzinfarkten von Frauen lebensgefährdende Fehldiagnosen gestellt, weil Symptomlisten nur anhand männlicher Versuchspersonen erstellt worden waren, Frauen aber andere Symptome aufweisen. Auch bei Medikamententests wurden lange nur Männer als Versuchspersonen gewählt, was teilweise zu Unverträglichkeiten und anderen negativen Wirkungen der so getesteten Präparate bei Frauen führte. Die Liste der Beispiele ließe sich für viele andere gesellschaftliche Bereiche mühelos verlängern. Wir sehen: Zwar ist in heutiger Zeit die

Auffassung, dass »der Mann« das prototypische Muster des Menschlichen ist, stark auf dem Rückzug; die Folgen dieser althergebrachten Denkgewohnheit sind jedoch langwierig und nur nach und nach zu beheben. Unsere Gesellschaft ist erfreulicherweise in ihrer großen Mehrheit überzeugt, dass weitere Verbesserungen nötig sind, und es wird auch intensiv daran gearbeitet.

Wenn es jedoch um die Sprache und um geschlechtergerechten Sprachgebrauch geht, sieht die Sache oft anders aus. Hier wird – wir haben es schon angedeutet – nicht selten der Einwand vorgebracht, die Sprache habe nichts mit Diskriminierung oder der Überwindung von Diskriminierung zu tun. Die Sprache sei ein von gesellschaftlichen Faktoren, von historischen Entwicklungen und von Machtverhältnissen unabhängiges Artefakt.

Da wird von einer »unschuldigen grammatischen Kategorie« gesprochen (es geht um das sogenannte generische Maskulinum, s. S. 20–27 und S. 81–88), die von übereifrigen Feministinnen zu Unrecht bekämpft werde. Da wurde in den Anfängen der feministischen Linguistik in den siebziger Jahren des zwanzigsten Jahrhunderts angesichts der ersten Schriften zu Sprache und Geschlecht der Linguistik der Befall durch »feministischen Mumpsimus« diagnostiziert, womit insinuiert wurde, dass die Positionen der feministischen Linguistik auf unausrottbaren Fehlinterpretationen basieren (Kalverkämper 1979b). Kritik dieser Art beruht auf Vorstellungen von Sprache als sterilem Instrument, das ausschließlich sprachinternen Regeln gehorcht.

Entsprechend wurden und werden die Forderungen und Analysen der feministischen Linguistinnen und Linguisten als unwissenschaftlich diffamiert; der Diskurs um die Rolle der Sprache bei der gesellschaftlichen Auseinandersetzung mit emanzipatorischen Bestrebungen wurde und wird als außerhalb der Sprachwissenschaft gelegen betrachtet. So bezeichnet Kalverkämper (1979a) in seiner Replik auf Trömel-Plötz (1978) das Anliegen als »plakativen Geschlechterstreit und Rollenkampf«, dem er »die linguistische Wissenschaftsposition« entgegenstellen wolle (S. 56). Im weiteren Verlauf werden die Analysen und Argumente von Trömel-Plötz abwechselnd als »unlinguistisch« (S. 60) und »unwissenschaftlich« (S. 67) bezeichnet. Und noch im Jahr 2019 werden in Bayer (2019) die Bemühungen um geschlechtergerechte Sprache und die damit verbundenen Veränderungen im Sprachgebrauch pauschal als »Unfug« abgetan (s. auch S. 46 f.).

Da die Sprache ein »unabhängiges« System aus Strukturen, Bedeutungen und Kombinationsregeln sei, das sozusagen **vor** den Bedürfnissen der Sprecher und Sprecherinnen existiere, sei es illegitim, sprachlichen Wandel im Sinne erwünschter gesellschaftlicher Veränderungen zu fordern bzw. bewusst und gezielt zu befördern. Wir haben oben schon gesehen und werden unten noch weiter zeigen, dass diese Auffassung das Faktum des ständigen und unabdingbaren Wandels jeder »lebenden« Sprache ignoriert.

Hier kann nur eine umfassende öffentliche Diskussion und Darstellung der inzwischen reichhaltigen linguistischen Forschung zum Themenbereich Sprache und Geschlecht weiterhelfen. Die neueste, außerordentlich instruktive Einführung in die Genderlinguistik von Kotthoff / Nübling (2018) ist hier eine wichtige Hilfe. Die Autorinnen äußern sich zur Frage der angeblichen Unabhängigkeit des Sprachsystems von der Wirklichkeit und dem Gebrauch in überzeugender Klarheit. Sie sehen Sprache und Wirklichkeit als

> **»flexibles, wechselseitiges Bedingungsgefüge: Einerseits prägt und präformiert die Sprache als Sediment früherer Diskurse unsere Wahrnehmung (und damit auch die Wirklichkeit). Sie determiniert sie aber nicht; sonst wäre Sprachwandel (der permanent stattfindet) kaum denkbar. Andererseits und umgekehrt aktiviert man beim Sprechen eben diese Kategorien und Informationen in jeder einzelnen Äußerung. So sind Ausdrücke wie *Köchin, Arzt, sie, er* nicht nur bloße Referenzformen, sondern gleichzeitig (je nach Sichtweise ausschließlich) Appellationen mit wirklichkeitskonstituierender Funktion (Hornscheidt 1998, 2006). Unseres Erachtens vollzieht sich Wirklichkeit auch jenseits sprachlicher Handlungen, wenngleich sie maßgeblich diskursiv hergestellt wird. So beobachten wir immer wieder, dass und wie veränderte soziale Verhältnisse sich in der Sprache niederschlagen.« (Kotthoff / Nübling 2018: 19)**

Da Sprache also »lebt« und verwendet wird, um sich gemeinsam über Inhalte zu verständigen, prägt (und verändert) sie das Denken und die Wirklichkeit und wird gleichzeitig von diesen beiden Faktoren selbst geprägt und verändert. Leider haben sich differenzierte Auffassungen wie diese kaum über den akademischen Raum hinaus verbreitet. Angesichts dieser Tatsache und der notorisch reproduzierten Mär von der Sprache als einem welt- und wertfreien, unabhängigen System ist ein kurzer Blick auf die historischen Hintergründe und Kernpositionen der Debatte um Sprache und Denken und des Zusammenhangs von gesellschaftlichem Wandel und Sprachwandel angebracht. Denn, mag der Ausdruck »gendern« auch neu sein, die Auseinandersetzung um die Ordnung der Geschlechter und deren sprachliche Repräsentation ist es nicht. Sie durchzieht – in unterschiedlichen Zeiten unterschiedlich deutlich – die Geschichte und hat sich nun, zum Ende des zweiten Jahrzehnts des 21. Jahrhunderts, zu einer Präsenz und Dringlichkeit gesteigert, die bisher nicht vorhanden war.

Vor dem Einsetzen der feministischen Sprachkritik im letzten Drittel des 20. Jahrhunderts unterstellte die übergroße Mehrheit der Stimmen, die sich zu dem Thema äußerten, die Dominanz des Männlichen als eine quasi selbstverständliche und naturgegebene Grundtatsache. Es gibt Ausnahmen, die sich gegen den durch die Tradition legitimierten Mainstream abheben, wie zu Beginn des 20. Jahrhunderts den Sprachwissenschaftler Baudouin de Courtenay. Er beklagte die Einseitigkeit der Sprache zugunsten des Prinzips »male as norm« in folgenden Worten:

> **[dass] »diese in der sprache zum vorschein kommende weltanschauung, nach welcher das männliche als etwas ursprüngliches und das weibliche als etwas abgeleitetes aufgefaßt wird, gegen die logik und gegen das gerechtigkeitsgefühl verstößt.« (Baudouin de Courtenay 1929: 231, zitiert nach Schoenthal 1989: 297)**

Der Mainstream hingegen war im Wesentlichen damit befasst, das Prinzip der Dominanz des Männlichen auch in der Sprache gegen immer wieder auftretende Zweifel zu verteidigen. Die sprachlichen Formen, die dabei die meiste Aufmerksamkeit erregten, sind neben der Diskussion um die Funktion des grammatischen Genus in der Sprachstruktur naturgemäß Personenbezeichnungen, also Nomen und Pronomen, die verwendet werden, um auf Menschen zu referieren, d. h. über sie zu sprechen, oder diese zu adressieren, d. h. direkt anzusprechen *(Guten Tag, Frau Meier; Sehr geehrte Damen und Herren; Susanne, kannst du mal kurz rüberkommen).*

Die lange Diskussion über die Bedeutung maskuliner Sprachformen

Das sogenannte generische Maskulinum ist, wie schon erwähnt, der zentrale Punkt der Debatte um geschlechtergerechte Sprache. Der Ausdruck »generisches Maskulinum« betrifft Personenbezeichnungen wie *Bürger* oder *Müller,* die ein abgeleitetes feminines Pendant haben *(Bürgerin, Müllerin),* dann, wenn sie in verallgemeinernder Weise für beide Geschlechter stehen können und sollen (zu den linguistischen Details s. Abschnitt 2.1). Selbst heute noch hält sich in manchen Köpfen die Auffassung, die Maskulinformen seien »geschlechtsneutral« und ihre Verwendung tue daher der Forderung nach Geschlechtergerechtigkeit keinen Abbruch. Allerdings geraten diese Stimmen zunehmend in eine Minderheitsposition und die Mehrheit derer, die sich mit diesem Thema konstruktiv befassen, ist heute der Auffassung, dass die Maskulinform paariger Personenbezeichnungen kein geeignetes Mittel für geschlechtsneutrale Referenz ist. Wir werden noch vielfach auf dieses Thema zurückkommen, denn im Grunde besteht ein Großteil der Spracharbeit für geschlechtergerechte Sprache in der Bemühung, die alte Gewohnheit der Verwendung der Maskulinformen für »alle« zu überwinden, indem sinnvollere Formen gewählt werden.

Die Geschichte der Debatte um diese Form ist wenig erforscht; mit Doleschal 2002 und Irmen / Steiger 2005 liegen jedoch zwei sehr sorgfältige und aufschlussreiche Arbeiten vor, auf die sich die folgenden Ausführungen im Wesentlichen stützen.

Im Gegensatz zu den heutigen Verteidigern und Verteidigerinnen des »generischen Maskulinums« berufen sich historisch dokumentierte Äußerungen zu diesem Thema gerade nicht auf eine angebliche Geschlechtsneutralität der Maskulinformen *(Bürger, Müller)*, sondern ausdrücklich darauf, dass sie geschlechtsspezifisch männlich referieren. Doleschal 2002 zeigt dies anhand der Grammatikschreibung seit der Renaissance. Für das 19. Jahrhundert zitiert sie u.a. die Grammatik von Becker, in der zu den Personenbezeichnungen auf *-er* festgehalten wird: »die Ableitungsendung [d.h. *-er*] [...] bezeichnet auf eine bestimmte Weise das männliche Geschlecht« (Becker 1824: 284f., zitiert nach Doleschal 2002: 53). Die Begründung der Ableitung femininer Formen aus Maskulina in der nominalen Wortbildung zum »Unterschied des Geschlechtsbegriffs« liest sich bei Westphal (1869: 86) wie folgt:

> **»Innerhalb der Gattung wird zunächst nur der Gegensatz des natürlichen Geschlechts, des männlichen und des weiblichen, unterschieden. Da das männliche Geschlecht als das überall prävalirende [sic!] voransteht, so nimmt es auch die zunächstliegende Form des Nominalstammes für sich in Anspruch.«**
> **(Vgl. auch Irmen / Steiger 2005: 222)**

Auch Herrmann Paul benennt bei der Darstellung der Ableitung des Femininums durch *-in* die spezifisch männliche Bedeutung der Formen auf *-er*: »Gebildet werden solche Feminina aus den meisten männlichen Personenbezeichnungen, namentlich aus Standes- und Berufsbenennungen« (Paul 1920, Bd. 5: 53; vgl. auch Doleschal 2002: 59). Als Fazit hält Doleschal fest:

> **»Die hier vorgenommene Darstellung der Behandlung des generischen Maskulinums in den Grammatiken des Deutschen ab der Renaissancezeit [...] zeigt auch, dass das in der Debatte um die feministische Sprachkritik als traditionell vorausgesetzte Verständnis maskuliner Personenbezeichnungen als**

geschlechtsneutral keine sehr lange Tradition besitzt, sondern erst in den sechziger Jahren des 20. Jh. in die Germanistik Eingang gefunden hat.« (Doleschal 2002: 66)

Bis in die zweite Hälfte des 20. Jahrhunderts hinein wurde also in der Grammatikschreibung die spezifische männliche Bedeutung der Maskulinformen auf *-er* deutlich benannt. Dass diese Form (dennoch) bei »allgemeiner« Referenz zu wählen sei (und nicht die Femininableitungen auf *-in*) war historisch ebenso selbstverständlich. Die Begründung hierfür folgt generell in etwa dieser Logik: Da Männer das erste, privilegierte und würdigere Geschlecht sind, muss bei verallgemeinernder Bedeutung die männliche Sprachform (inhaltlich männlich, grammatisch Maskulinum: *Bürger*) gewählt werden. Da Frauen an sich sekundären Status haben und im öffentlichen bzw. politischen Leben weitgehend bedeutungslos sind, müssen sie nicht explizit erwähnt werden. Auf keinen Fall könne die Femininvariante der Paarformen, also z.B. *Bürgerin*, als geschlechtsübergreifender Ausdruck für ›Person beliebigen Geschlechts, die in einer Stadt bestimmte Rechte hat‹, verwendet werden.

Einschlägige Belege hierzu finden sich in Irmen / Steiger (2005: 215). Die Autorinnen verweisen u.a. auf einen Kommentar zum Römischen Recht, in dem die Verwendung der Maskulinform für beide Geschlechter mit folgender Aussage gekoppelt ist: »Maior dignitas est in sexu virili« (zitiert nach Düll 1960: 95), also ›die größere Würde ist im männlichen Geschlecht‹. Die Autorinnen hierzu: »Ganz offensichtlich treffen hier also Aussagen zur generischen Verwendung maskuliner Formen mit Aussagen zur Wertigkeit der Geschlechter zusammen« (Irmen / Steiger 2005: 215). Zu Ausführungen des Marburger Rechtsgelehrten Johannes Goeddaeus (1555–1632) zur Rechtssprache im 16. Jahrhundert halten sie fest: »Die Ursache für den generischen Gebrauch des Maskulinums sieht Goeddaeus in der natürlichen Rangordnung der Geschlechter. Männer seien ›in omnium genere […] principium, et perfectior creature‹ (Goeddaeus [1590] 1608, S. 49), also das vollkommenere der beiden Geschlechter, dem die größere Würde zukomme.« (Irmen / Steiger 2005: 217). Hingegen wäre nach

Goeddaeus – so die Autorinnen weiter – die umgekehrte Lösung, also feminine Formen generisch zu verwenden, »›contra omnem [...] rationem politicam, oeconomicam et physicam‹ (Goeddaeus [1590] 1608, S. 50), gegen jeden politischen, wirtschaftlichen und natürlichen Grundsatz.« (Irmen / Steiger 2005: 217). Kurz: Die über Jahrhunderte übliche Legitimation für die Verwendung der Maskulinformen für »alle« ist: Die Maskulinformen eignen sich für den allgemeinen Gebrauch, gerade weil sie spezifisch männlich sind.

Heute kann eine Gebrauchsgewohnheit zugunsten der männlichen Bezeichnung nicht mehr mit der Nachrangigkeit der Kategorie »Frau« respektive der Vorzüglichkeit der Kategorie »Mann« begründet werden. Stattdessen wird nun den maskulinen Ausdrücken von Paarformen gerne eine insgesamt neutrale Bedeutung (eine neutrale »Grundbedeutung«) zugeschrieben, also eine geschlechtsindifferente Bedeutung, wie sie z. B. bei *Person* oder *Kind* vorliegt (Becker 2009, Eisenberg 2017). Wie wir oben mit Doleschal (2002: 66, und auch 56 f.) gesehen haben, findet sich diese Einschätzung erst in der zweiten Hälfte des 20. Jahrhunderts. Historisch haben diese Formen in ihrer Grundbedeutung eine spezifisch männliche Lesart, was allen Verfechtern ihrer verallgemeinernden Verwendung völlig bewusst war.

Wie wirkt nun der Gebrauch einer Maskulinform als »generisches Maskulinum«? Frauen sollen bei dieser Praxis der Sprachverwendung im Bedarfsfall unter der männlichen Bezeichnung subsumiert bzw. »mitgemeint« sein. Dies ist jedoch an der sprachlichen Form nicht erkennbar: Es bleibt anhand der Formen selbst unklar, ob Frauen als mitgemeint oder – ganz im Gegenteil – als ausgeschlossen zu denken sind. Denn die Maskulinformen werden ja ansonsten zur spezifisch männlichen Referenz verwendet. Das eventuelle Mitgemeintsein ist linguistisch gesprochen eine konversationelle Implikatur, also eine flüchtige, von der Interpretationsleistung der Rezipierenden (d. h. vom je aktuellen pragmatischen Kontext) abhängige inhaltliche Anreicherung, die immer nur kontextabhängig wirksam wird und die jederzeit gelöscht werden kann. Ein immer noch eindrucksvolles Beispiel zitiert Grabrucker:

> **»Anläßlich der Wahl einer Frau in den Böhmischen Landtag (1912) entspann sich ein juristischer Disput um das Problem, ob diese Frau überhaupt in den Landtag einziehen könne, hieß es doch im damals geltenden Gesetz von 1861: »Als Landtagsabgeordneter ist jeder gewählt, der [...]« Da sie nun aber eine Frau sei, träfe das Gesetz seinem Wortlaut nach gar nicht zu.« (Grabrucker 1988: 613; hierzu auch Schoenthal 1989: 297 f.)**

Auf einen ähnlichen historischen Fall aus den Aufzeichnungen zu Sitzungen der Frankfurter Nationalversammlung 1849 weisen Irmen und Steiger (2005: 223) hin. Sie zitieren folgende Passage:

> **»Ebenso kommt in den Grundrechten die Bestimmung vor, daß Jeder, der fähig sei, ein Amt antreten könne, es wird aber niemand in der Versammlung einfallen, dieß Recht auch dem weiblichen Geschlecht einzuräumen. Das beweist, daß, wenn es sich um politisches Recht im Gesetz handelt, man es nicht nöthig hat, das weibliche Geschlecht einzuschließen.« (Abgeordneter Scheller, Frankfurter Nationalversammllung, 174, Sitzung vom 20. 2. 1849, Wigard VII, S. 5328; zitiert in Rosenbusch, 1997)**

Auseinandersetzungen über diese Uneindeutigkeit, man könnte auch sagen Chamäleonhaftigkeit, der Maskulinform in paarigen Personenbezeichnungen, die ja nur für Frauen nachteilig ist, gibt es interessanterweise und soweit man aus den wenigen aufgearbeiteten Fällen schließen kann, an den Punkten, an denen sich aufgrund gesellschaftlichen Wandels die Stellung von Frauen verändert (hat) und diese nun faktische Ansprüche auf Teilhabe stellen. In derartigen kritischen Situationen, die sich seit dem 19. Jahrhundert vermehrten, wurde also, ganz anders als in früheren Epochen, die Argumentation umgekehrt: den spezifisch männlichen Formen wurde nun wahlweise die Möglichkeit, Frauen einzuschließen, abgesprochen. Irmen / Steiger (2005: 223) fassen diese Sachlage wie folgt zusammen: »Wie schon bei Goeddaeus werden also Ausnahmen des generischen Gebrauchs geschaffen, um die Subsumierung unter ein Genus nicht mit der Subsumierung unter einen Rechtsanspruch gleichzusetzen.«

Aus linguistischer Sicht offenbart sich an solchen Beispielen das Problem des nur eventuellen Mitgemeintseins, also der oben erwähnten konversationellen Implikatur: Sie ist nicht Bestandteil der Wortbedeutung und kann jederzeit negiert bzw. gelöscht werden.

Wir halten fest: Schon ein kurzer Blick auf die historische Entwicklung widerspricht also der angeblichen Neutralität maskuliner Personenbezeichnungen, da grammatisch maskuline Formen immer inhaltlich spezifisch männlich waren. Durch die Geschichte hindurch ist diese Form in verschiedener Weise genutzt worden, um Frauen von öffentlichen bzw. gesellschaftlich wichtigen Aufgaben und Ämtern fernzuhalten. In den frühesten belegten Zeugnissen stand ohnehin außer Frage, dass nur männliche Exemplare der Gattung Mensch einer Erwähnung würdig sind. In späteren Epochen wurde entweder zur Abwehr des Zugangs von Frauen in bestimmte Funktionen die spezifisch männliche Lesart als einzig mögliche in Anschlag gebracht; dies ist die traditionelle Art der Diskriminierung. Oder es wurde (und wird) eine angeblich geschlechtsneutrale Verwendung behauptet, sodass die explizite Nennung von Frauen als überflüssig erscheint, mit den inzwischen hinlänglich bekannten ungünstigen Auswirkungen für die mentale Repräsentation von Frauen (vgl. Abschnitt 2.2). Diese Strategie ist v.a. im 20. Jahrhundert anzutreffen. Allein diese kommunikative Verwirrung und diese Möglichkeit der manipulativen und willkürlichen Interpretation ist ein Grund, von der Verwendung der Maskulinformen als angeblich geschlechtsübergreifende Formen abzusehen.

Sehr interessant ist in diesem Kontext ein Vergleich des Usus in der Bundesrepublik mit dem der **DDR,** denn im Osten Deutschlands war der fast ausschließliche Gebrauch der Maskulinformen noch wesentlich ausgeprägter und vor allem länger verbreitet als in der Bundesrepublik. Auch eine Diskussion über sprachliche Gleichstellung – und über die Rechte der Frauen überhaupt – gab es nicht in vergleichbarem Maße wie in der Bundesrepublik der 1970er- und 1980er-Jahre. Woran lag das?

Aus verschiedenen (sowohl ideologischen als auch ökonomischen) Gründen war man in der DDR von Anfang an stark bemüht, auch Frauen in die Welt der Werktätigen zu integrieren. Die Gleichstellung der Frau gehörte zu den offiziellen Zielen der sozialistischen Republik, und arbeitende Menschen waren besonders zu Beginn enorm wichtig. Das westdeutsche Bild der Frau als Hausfrau und Mutter in den 1950er-Jahren und danach wurde explizit abgelehnt, die Frauen wurden ermutigt zu arbeiten, auch durch bessere Rahmenbedingungen: Bereits 1949 wurde die Vereinbarkeit von Mutterschaft und Beruf als staatliche Aufgabe in der Verfassung festgeschrieben (Grandke 2008, S. 20). Und es wurde von den Frauen auch durchaus erwartet, sich im Produktionsprozess zu beteiligen – anders als im Westen, als Frauen sich aus dem Arbeitsprozess zurückziehen mussten (oder wollten?), nachdem genug Männer aus dem Krieg zurückgekehrt waren. Hinzu kam, dass sich in der DDR die Situation auf dem Arbeitsmarkt durch Bevölkerungsverluste aufgrund der anhaltenden Flucht in den Westen bis 1961 noch dramatisch verschärfte: »Hier waren Frauen die einzige Arbeitskräftereserve, auf die zurückgegriffen werden konnte und die unbedingt im Berufsleben gehalten werden musste« (Kaminsky 2019).

Die Voraussetzungen für Frauen im Arbeitsleben waren also zunächst gut. Bereits 1946 war in der DDR mit dem Befehl Nr. 253 verfügt worden, dass Frauen ein Recht auf gleichen Lohn für gleiche Arbeit haben: »Damit war die unzweifelhaft wichtigste Forderung der Frauenbewegungen wenigstens zunächst im Recht selbst verwirklicht [...]. Das Recht auf Lohngleichheit hatte für die berufliche Stellung der Frauen und ihr Selbstbewusstsein weit über die finanzielle Seite hinausgehende Bedeutung« (Grandke 2008, S. 18). Daran, dass es auch hier »frauentypische« und entsprechend schlechter bezahlte Berufe gab und das reale Einkommen der Frauen dennoch deutlich hinter dem der Männer zurückblieb, änderte dies freilich auch nichts. Auch in höheren Positionen fanden sich Frauen kaum: »Und im Berufsleben waren es Männer, die in Führungspositionen aufstiegen« (Hillauer 2018).

Dennoch: Während in der DDR bereits 1968 über 80 % der Frauen berufstätig waren, waren es in der Bundesrepublik lediglich 36,6 % – bis 1989 stieg der Anteil hier auf 50 Prozent, in der DDR dagegen auf 92,4 %, wie Anna Kaminsky, Geschäftsführerin der Bundesstiftung zur Aufarbeitung der SED-Diktatur, in einem Beitrag des Deutschland-Archivs der Bundeszentrale für politische Bildung schreibt (Kaminsky 2019). Das korreliert durchaus mit der Tatsache, dass noch bis 1977 im Westen die »Hausfrauenehe« im Gesetz stand, eine Berufstätigkeit für Frauen also nur mit Zustimmung des Mannes (und soweit diese nicht die Zuständigkeit der Frau für den Haushalt beeinträchtigte!) möglich war.

Aus diesen verschiedenen Gründen gab es also in der DDR schon weitaus früher als in der Bundesrepublik Frauen, die in »typischen Männerberufen« tätig waren – und sie trugen mit einem gewissen Stolz die maskulinen Berufsbezeichnungen, sodass die Emanzipationsbewegung des Westens nicht so recht Fuß fassen konnte. Hinzu kommt, dass man auch von staatlicher Seite aus viel tat, um solche westlichen Einflüsse nicht publik zu machen. Insgesamt war damit wohl in der DDR die Dringlichkeit einer Einführung femininer Berufsbezeichnungen nicht in dem Maße präsent, wie es den Frauen in Westdeutschland notwendig schien, um auf diesem Gebiet voranzukommen.

Es liegt daher die Vermutung nahe, dass in der DDR quasi die »Realität« den Bedeutungsumfang der Personenbezeichnungen auf *-er* verändert hat – man hat sie tatsächlich als Funktionsbezeichnung für die Tätigkeit sowohl von Männern als auch von Frauen verstanden, weil von Anfang an sowohl Männer als auch Frauen in den gleichen Berufen tätig waren. In der Bundesrepublik hingegen haben sich die alten Rollenaufteilungen in den Jahrzehnten der »Hausfrauenehe« so verfestigt, dass Frauen die maskulinen Bezeichnungen nicht mehr für sich verwenden konnten oder wollten, als sie in den 1980er-Jahren verstärkt begannen, ebensolche Berufe zu ergreifen. Wie weit die tatsächliche Gleichstellung der Frau in der DDR damit jedoch erreicht wurde, sei dahingestellt, denn auch hier legen zahlreiche Studien inzwischen das Gegenteil nahe (s. etwa Hillauer 2018, Kaminsky 2019).

Die feministische Sprachkritik

Die Ursprünge der Bewegung der feministischen Sprachkritik liegen in den USA. Am Anfang steht hier die Studie von Robin Lakoff 1973, die zum ersten Mal die Marginalisierung von Frauen in der Sprache und im Sprachgebrauch thematisierte. Als Initiatorinnen und dezidierte Vertreterinnen dieser Richtung in Deutschland sind Luise Pusch und Senta Trömel-Plötz zu nennen. In ihren frühen Arbeiten haben sie mit ihren Beobachtungen zur Darstellung von Frauen in der Sprachstruktur und im Sprachgebrauch sowie durch Analysen des Gesprächsverhaltens von Frauen und Männern das Thema in die öffentliche Diskussion gebracht. Trömel-Plötz thematisiert mit dem Aufsatz »Linguistik und Frauensprache« von 1978 verschiedene Gesprächsstile und die sprachstrukturelle Diskriminierung von Frauen erstmals als legitimen und wichtigen Gegenstand sprachwissenschaftlicher Forschung. Dies geschieht auf eine aus heutiger Sicht ausgesprochen behutsame und eher fragende Weise. Heftige, zum Teil unsachliche Reaktionen der Gegenseite konnte das nicht verhindern. Die ersten inzwischen legendären Stationen dieser Debatte waren (als Reaktion auf Trömel-Plötz 1978) Kalverkämper 1979a und Pusch 1979 und wieder Kalverkämper 1979b. In Pusch 1979 wird sehr pointiert, humorvoll und durchaus auch polemisch argumentiert und eine Vermeidung sexistischer Sprache und ein aktives Hinwirken auf Sprachveränderung im Sinne der Gleichstellung von Frauen und Männern gefordert.

Wie immer man zum Stil dieser Auseinandersetzung stehen mag, dahinter liegt eine ernsthafte und tiefe Problematik, die die Grundfrage jeder Sprachkritik betrifft: die **Zusammenhänge von Sprache und Denken** und insbesondere die **Funktion von Sprache im Handeln.** Sie sind die wesentlichen Aspekte der feministischen Sprachkritik, die wir hier zumindest skizzenhaft erwähnen wollen. Gisela Schoenthal hat früh mit fundierten linguistischen Beiträgen die wesentlichen Punkte prägnant herausgearbeitet. Immer noch lesenswert und instruktiv ist ihr Aufsatz aus dem Jahr 1989 mit dem Titel »Personenbezeichnungen im Deutschen als Gegenstand feministischer Sprachkritik«. Sie stellt die feministischen Forderungen nach nicht sexistischer Sprache in die Tradition der aufklärerischen Sprachkritik des 18. Jahrhunderts und hält fest:

> **»Dahinter steht in beiden Fällen eine Auffassung, die Sprache und Denken in engen Zusammenhang bringt. Sprache einerseits als Spiegel, als Ausdruck historisch gewachsenen Denkens, Sprache andererseits als Hindernis, eine sich wandelnde oder schon gewandelte Wirklichkeit wahrzunehmen, Sprache aber auch als Hilfsmittel, an dieser Wandlung mitzuwirken.« (Schoenthal 1989: 300)**

Die Autorin sieht die feministische Sprachkritik nicht nur als theoretische Analyse, sondern auch im Sinne eines politisch aufklärerischen Handelns. Sie hält fest: »Feministische Sprachkritik ist nicht nur Programm, sondern vollzogener Wandel und Wandel im Vollzug« (Schoenthal 1989: 312). Auch Luise Pusch bezieht hier eine eindeutige Position:

> **»Als feministische Wissenschaft ist die feministische Systemlinguistik ›parteilich‹, d. h., sie bewertet und kritisiert ihre Befunde, begnügt sich nicht mit der Beschreibung, sondern zielt auf Änderung des Systems in Richtung auf eine gründliche Entpatrifizierung und partielle Feminisierung, damit aus Männersprachen humane Sprachen werden.« (Pusch 1990: 13)**

Im deutschen Sprachraum standen die Vertreterinnen der feministischen Linguistik zunächst vor der Aufgabe, die Grundtatbestände darzustellen, also einerseits die Unterscheidung zwischen Sprachsystem und Sprachgebrauch klar zu markieren und andererseits zu zeigen, dass das Deutsche sowohl im System als auch im Gebrauch eine massive, diskriminierende Schlagseite zugunsten des Prinzips »male as norm« aufweist. Erste Analysen und auch erste terminologische Konventionen mussten gefunden und verbreitet werden, um bestimmte sprachliche Strukturen und vor allem Gewohnheiten als Auslöser und Indikatoren für Diskriminierung benennen und nachweisen zu können. Der Befund über den negativen Zustand von Sprache und

Sprachgebrauch wurde in dieser Zeit tendenziell mit dem Stichwort »sexistisch« belegt und definiert. So halten Guentherodt et al. fest:

> **»Sprache ist sexistisch, wenn sie Frauen und ihre Leistungen ignoriert, wenn sie Frauen nur in Abhängigkeit von und Unterordnung zu Männern beschreibt, wenn sie Frauen nur in stereotypen Rollen zeigt und ihnen so über das Stereotyp hinausgehende Interessen und Fähigkeiten abspricht und wenn sie Frauen durch herablassende Sprache demütigt und lächerlich macht.« (Guentherodt et al. 1980: 15)**

Dieses kurze Zitat verweist auf eine ganze Reihe von strukturellen und pragmatischen Faktoren, die den Grad der Gendergerechtigkeit einer sprachlichen Äußerung bedingen. Das Stichwort »ignorieren« bezieht sich auf die Verwendung des sogenannten generischen Maskulinums und wendet sich gegen die Behauptung, Frauen seien mitgemeint. Nicht-Nennung läuft auf Ignorieren hinaus, wenn andere explizit benannt sind. Die Erwähnung stereotyper Rollen bezieht sich auf bestimmte Konventionen der Vertextung und der Toposwahl (Wer ist für den Haushalt zuständig? Wer repariert defekte Geräte?). Die verletzende Komponente bestimmter Arten des Sprachgebrauchs, die in diesem Zitat ebenfalls angesprochen wird, bezieht sich vorwiegend auf den Wortschatz, d.h. die Möglichkeiten der Wortwahl. Ausführlich zu diesem Thema und besonders zu Schimpfwortbezeichnungen (also Ausdrücken wie *dumme Gans, alte Schachtel, Schlampe* usw.) äußern sich Kotthoff/Nübling (2018: 171 ff.).

Senta Trömel-Plötz lenkte bereits knapp 40 Jahre zuvor den Blick darauf, dass Sprache an sich – Sprache in Ruhe sozusagen – keine diskriminierende Wirkung hat. Sprache ist keine handelnde Person. Diskriminierung findet im Gebrauch der Sprache statt, im Handeln von Menschen mittels Sprache. Diskriminierendes Sprachhandeln setzt ein Machtgefälle voraus.

> **»Diskriminierende Sprachhandlungen sind Unterdrückungshandlungen. Ihre Funktion ist, konkret in Gesprächssituationen Macht auszuüben, indem die Wirklichkeit in bestimmter Weise**

definiert wird. Mit Äußerungen, in denen Frauen, z. B. als Ärztinnen oder Dozentinnen, ignoriert oder vergessen werden, wird die Wirklichkeit so definiert, daß Frauen in diesem Bereich der Medizin und Wissenschaft nicht vorkommen oder, da sie eine Ausnahme sind, nicht relevant sind.« (Trömel-Plötz 1980: 3)

Die Unterscheidung zwischen im System angelegten Möglichkeiten und der Anwendung im Sprachgebrauch ist grundlegend und notwendig für jeden Versuch einer sprachkritischen Einflussnahme. Viele, oft gewohnheitsmäßig ausgeführte Akte sexistischen bzw. diskriminierenden Sprachgebrauchs wie Nichtnennung oder Herabwürdigung kann man – den entsprechenden Willen vorausgesetzt – durch bewusste Sprachverwendung vermeiden. Es gibt jedoch an bestimmten Stellen notorische Probleme, die nicht oder nur unter sehr großem kommunikativem Aufwand gelöst werden können. Die jahrhundertelange Entwicklung des Deutschen in einer männlich dominierten Gesellschaft hat im System der Sprache Spuren hinterlassen. Ihre Grammatik ist mit bestimmten Formen und Regeln des Satzbaus versehen, die diskriminierend wirken, doch nicht in jedem Fall ohne Weiteres durch einzelne Sprechende zu verändern sind. Die **diskriminierende Struktur** des Sprachsystems wird von den ersten Vertreterinnen der deutschen feministischen Linguistik deutlich herausgearbeitet:

»Hauptthese feministischer Sprachkritik: Die systematischen Möglichkeiten der Personenreferenz im Deutschen zeigen eine fundamentale Asymmetrie und führen deshalb zu einer Ungleichbehandlung im Deutschen, somit ist die deutsche Sprache in ihrer Struktur und ihrem Lexikon sexistisch und androzentrisch.« (Schoenthal 1989: 301, unsere Hervorhebung)

Auch Luise Pusch äußert sich von Anfang an deutlich zum inhärenten Sexismus der deutschen Sprachstruktur. Sie legt schon früh detaillierte Analysen des strukturellen Sexismus des Deutschen vor und macht Vorschläge zu dessen Überwindung. Pusch (2019: 11) rekapituliert einige dieser Vorschläge: So könnte man auf die Femininendung verzichten und stattdessen mit den drei grammatischen Genera arbeiten. Analog zu den drei Varianten »die, der oder das Neugeborene« könnte »die, der oder das Vorgesetzte« usw. gebildet werden, je nachdem, ob auf eine Frau, einen Mann oder geschlechtsindifferent referiert werde. Durchaus selbstironisch merkt Pusch jedoch an, dass solche Vorschläge, die »die Linguist« sehr praktisch findet, in der Sprachgemeinschaft bislang kaum angenommen werden.

Für eine gelungene, d.h. für alle akzeptable Umsetzung geschlechtergerechter Sprache sind die Auslotung der Grenzen und die Abwägung zwischen Nutzen und negativen Folgen beim Gebrauch bestimmter Formen und Techniken sorgfältig zu treffen. Die Frage, wie sinnvoll es ist, strukturelle Eingriffe ins Sprachsystem – z.B. die Erfindung neuer Wortbestandteile oder Wörter – überhaupt vorzuschlagen, und die Frage, ob es möglich ist, maßvolle Schritte zu finden, werden uns ebenfalls den gesamten Text hindurch begleiten. Auch hier ist nicht mit eindimensionalen Antworten zu rechnen.

Zurück zur Feststellung der inhärent sexistischen Komponente des Sprachsystems, über die zu sprechen lange auch als unwissenschaftlich galt. Diese Auffassung findet sich latent auch in Leiss 1994 mit ihrer Kritik an einer »Sexualisierung der Grammatik«, in der sie zu Recht darauf verweist, dass das Genussystem des Deutschen ursprünglich grammatische Funktionen wie die der Individuierung und der Kollektivierung hatte. Leiss übersieht jedoch, dass es der feministischen Sprachkritik nicht um historische Genussysteme und die grammatischen Genera an sich geht, sondern um Personenbezeichnungen und die Frage, inwieweit das (nicht linguistische) Prinzip »male as norm« sich in Personenbezeichnungen niedergeschlagen hat, wodurch das grammatische Genus, das diesen Personenbezeichnungen ja anhaftet, in komplexe Interdependenzen mit den Genderrollen gerät. Dezidiert wird dieser Punkt auch von Kotthoff und Nübling aufgegriffen, indem zunächst genau zwischen Sprachgebrauch und Sprachsystem unterschieden wird, um dann letzteres, das Sprachsystem, zu charakterisieren als ein System,

> **»[…] das in seinen erhärteten lexikalischen und grammatischen Strukturen frühere Gespräche, Geschlechterordnungen und**

das Sprechen über die Geschlechter konserviert, perpetuiert und reproduziert.« (Kotthoff / Nübling 2018: 13 f.)

Kurz, von Anfang an zeigen sich in der feministischen Sprachbetrachtung folgende Schwerpunkte der Aufmerksamkeit:

- die Kritik am Sprachsystem und seinen Strukturen,
- sprachkritische Auseinandersetzung mit Gebrauchsregeln und Konventionen und – dies ist ein Thema, dem wir uns in diesem Buch kaum widmen können –
- kritische, soziolinguistisch orientierte Untersuchungen zu genderdifferenzierenden Gesprächsstilen bzw. zu »Frauensprache« versus »Männersprache«.

Im Lauf der Zeit kamen weitere Schwerpunkte hinzu: Durch historische und sprachvergleichende Studien wurden allgemeine Tendenzen beleuchtet, wie Frauen und Männer in Sprachstruktur und Sprachgebrauch repräsentiert werden. Dadurch konnten die aktuellen gesellschaftlichen Auseinandersetzungen um die Möglichkeiten zu Veränderungen auf eine solide wissenschaftliche Basis gestellt werden. Angeblich schon immer vorhandene sprachliche »Gegebenheiten« konnten als historisch variabel erwiesen werden (vgl. z. B. oben Doleschal 2002 sowie Irmen / Steiger 2005 zur Geschichte des »generischen Maskulinums«) und das Verhältnis von grammatischen, inhaltlichen und pragmatischen Kategorien konnte durch den systematischen Vergleich verschiedener Sprachen und den Nachweis der großen Vielfalt in diesem Bereich auf eine neue, empirisch fundierte Diskussionsgrundlage gestellt werden (Hellinger / Bußmann 2002 und 2003 sowie Aikhenvald 2016).

Für die praktische Umsetzung feministischer Forderungen nach geschlechtergerechter Sprache waren vor allem die zahlreichen psycholinguistischen, kognitionspsychologischen und textlinguistischen Studien zur Rezeption, Interpretation, Verständlichkeit und Lesbarkeit von verschiedenen sprachlichen Formen zur Bezeichnung von Personen relevant (vgl. hierzu Abschnitt 2.2, in dem einige Studien exemplarisch zusammengefasst werden).

Hinweis zur weiteren Lektüre: Überblicke über die Geschichte der feministischen Sprachkritik der 1970er- und 1980er-Jahre und der heftigen Angriffe gegen sie sowie ein Ausblick auf die jüngeren Weiterentwicklungen finden sich bei Bußmann 1995, Samel 2000 und – für jüngere Tendenzen – in Reisigl / Spieß 2017 sowie mit einer Fülle weiterer Verweise bei Kotthoff / Nübling 2018.

Leitfäden zum geschlechtergerechten Sprachgebrauch

Die einschlägigen Erkenntnisse aus verschiedenen Disziplinen, zusammen mit den immer stärker werdenden Forderungen nach gendergerechter Sprachverwendung, haben zu einer Vielzahl von Reaktionen in der kommunikativen Praxis geführt, die sich auch in zahlreichen Leitfäden, Empfehlungen und Richtlinien zeigt. Da diese Texte auch in der Wortwahl ihrer Titel und in der institutionellen Verankerung sehr viel über den Zeitgeist und die unterschiedliche Akzentuierung aussagen, seien sie zum Teil auch hier im Text im Wortlaut genannt (s. auch das Literaturverzeichnis im Anhang).

Einer der ersten Vorschläge von Ingrid Guentherodt, Marlis Hellinger, Luise F. Pusch und Senta Trömel-Plötz stammt aus dem Jahr 1980. Er trägt den Titel:

> **»Richtlinien zur Vermeidung sexistischen Sprachgebrauchs.«**
> **In: *Linguistische Berichte* 69. 15–21.**

1987 erschien in Österreich der Leitfaden von Ruth Wodak, Gert Feistritzer, Sylvia Moosmüller und Ursula Doleschal:

> **»Sprachliche Gleichbehandlung von Mann und Frau. Linguistische Empfehlungen zur Gleichbehandlung von Mann und Frau im öffentlichen Bereich (Berufsbezeichnungen, Titel, Anredeformen, Funktionsbezeichnungen, Stellenausschreibungen).« (Schriftenreihe zur sozialen und beruflichen Stellung der Frau 16/1987, herausgegeben vom Bundesministerium für Arbeit und Soziales)**

Einflussreich und weit verbreitet ist auch der Leitfaden von Marlis Hellinger und Christine Bierbach aus dem Jahr 1993 mit dem Titel:

> **»Eine Sprache für beide Geschlechter. Richtlinien für einen nichtsexistischen Sprachgebrauch. Mit einem Vorwort von Irmela Neu-Altenheimer.« (Herausgegeben von der Deutschen UNESCO-Kommission, Bonn)**

Das Gleiche gilt für den Leitfaden von Friederike Braun aus dem Jahr 2000:

> **»Mehr Frauen in die Sprache. Leitfaden zur geschlechtergerechten Formulierung.« (Ministerium für Justiz, Frauen, Jugend und Familie des Landes Schleswig-Holstein; www.fh-kiel.de/fileadmin/data/gleichstellung/Mehr_Frauen_in_die_Sprache.pdf, Zugriff 23. September 2019)**

Eine Vorreiterposition in Bezug auf geschlechtergerechten Sprachgebrauch hat interessanterweise auch schon recht früh die Schweiz eingenommen, die sonst nicht in allen Bereichen ein Beispiel für gelebte Frauenrechte abgibt. Ein offizieller, von der Schweizerischen Bundeskanzlei herausgegebener Leitfaden mit verbindlichen(!) Regeln für das geschlechtergerechte Formulieren amtlicher Texte des Bundes erschien bereits 1996 als »Leitfaden zur sprachlichen Gleichbehandlung im Deutschen«. 2009 wurde er in einer zweiten Auflage vollständig überarbeitet und ergänzt, ist seitdem aber unverändert im Umlauf:

> **»Geschlechtergerechte Sprache. Leitfaden zum geschlechtergerechten Formulieren im Deutschen.« (Schweizerische Bundeskanzlei, in Zusammenarbeit mit der Zürcher Hochschule für Angewandte Wissenschaften, 2., vollständig überarbeitete Auflage 2009)**

Auch das Europäische Parlament wurde in dieser Zeit tätig und veröffentlichte 2008 als eine der ersten internationalen Organisationen mehrsprachige Leitlinien zum geschlechterneutralen Sprachgebrauch. Die Broschüre trug den Titel »Geschlechtergerechter Sprachgebrauch beim Europäischen Parlament«. Inzwischen gibt es einen weiteren Entschluss des Europäischen Parlaments:

> **»Gender Mainstreaming im Europäischen Parlament. Entschließung des Europäischen Parlaments vom 15. Januar 2019 zum Gender Mainstreaming im Europäischen Parlament (2018/2162(INI))«.**
> **(https://www.europarl.europa.eu/doceo/document/TA-8-2019-0010_DE.pdf?redirect)**

Ähnliche Leitfäden haben in der Folge diverse Ministerien (auf Landes- und auf Bundesebene), Städte, Universitäten, Gewerkschaften und andere veröffentlicht. Die meisten dieser und ähnlicher Handreichungen haben daher einen bestimmten institutionellen Hintergrund mit entsprechenden rechtlichen Regelungen und ein bestimmtes Publikum sowie definierte Anwendungsbereiche im beruflichen Umfeld.

Die Leitfäden sind inzwischen selbst zum Gegenstand zahlreicher Untersuchungen geworden. Die neueste wurde vorgelegt von Karin Wetschanow (2017) und widmet sich neben der Geschichte der Leitfäden einer Analyse ihrer unterschiedlichen Zielrichtung und politischen Orientierung. Die Arbeit kommt zu dem Ergebnis, dass zwischen dem Impuls zur aktiven Veränderung und dem Bedürfnis nach gendergerechter und zugleich »korrekter« Sprache ein Spannungsverhältnis besteht, das sich in vielen Ratgebern niederschlägt.

Leitfäden, die sich schwerpunktmäßig dem zweiten Ziel verpflichtet zeigen, machen Vorschläge für eine angemessene Nennung von Männern und Frauen, die sich meist jeglicher (selbst kleinerer) Eingriffe in das Sprachsystem enthalten. Entsprechend empfehlen sie Paarformeln, also Beidnennung *(Sehr geehrte Hörer und Hörerinnen),* Schrägstrichlösungen *(der/die Anwärter/-in),* den Einsatz neutraler, kollektiver oder abstrakter Bezeichnungen *(Fachleute, Leitung, Kundschaft)* usw. (z. B. Schoenthal 1989, Hellinger / Bierbach 1993).

Andere Leitfäden richten ihren Fokus weniger auf korrekte faire Sprache bzw. deren Normierung und Vermittlung, sondern haben vorwiegend gesellschaftspolitische Intentionen. Hier ist vor allem der von Lann Hornscheidt und der Arbeitsgruppe Feministisch Sprachhandeln der Humboldt-Universität zu Berlin herausgegebene Leitfaden zu nennen:

> **»Was tun? Sprachhandeln – aber wie? W_Ortungen statt Tatenlosigkeit! Anregungen zum antidiskriminierenden Sprachhandeln«. AG Feministisch Sprachhandeln der Humboldt-Universität zu Berlin (Hg.) 2014/2015, 2. Aufl. Berlin.**

Dieser im Forschungskontext der Gender Studies erarbeitete Leitfaden ist inzwischen weitverbreitet und wird intensiv diskutiert. Hier werden neben anderen Mitteln auch massive Eingriffe in die Sprachstruktur empfohlen, darunter das Ersetzen aller Endungen, die Genus kennzeichnen, durch *x* bzw. inzwischen *ex* (vgl. unsere Ausführungen auf S. 65 f.) sowie verschiedene diakritische Markierungen wie der Unterstrich oder der Genderstern. Kritisch zu diesen Formen äußert sich Helga Kotthoff, die anführt, dass solche Praktiken mehr der »Identitätspolitik der Schreibenden« dienten als dem Anspruch auf geschlechtergerechte Sprache (Kotthoff 2017: 91).

Unser Handbuch ist nicht der Ort, auf diese Debatte genauer einzugehen. Wir möchten abschließend nur darauf hinweisen, dass die neueren Bewegungen und Bestrebungen in Weiterführung der Thesen von Judith Butler (1991) davon ausgehen, dass Gender grundsätzlich nicht auf eine Opposition zwischen männlich und weiblich beschränkt ist, sondern in gleitenden Übergängen sozial ausgehandelt wird. Darauf nehmen die Vorschläge zu neuen sprachlichen Ausdrucksmitteln Bezug (vgl. auch den Abschnitt zur »dritten Option« in Abschnitt 1.4).

Inzwischen finden sich im Internet zahlreiche weitere Leitfäden, Handreichungen und Zusammenstellungen geschlechtergerechter Sprache unter besonderer Berücksichtigung von Mitteln zur Vermeidung des »generischen Maskulinums« – nennen möchten wir hier nur zwei besonders umfangreiche Unternehmungen:

Die bereits seit 2015 existierende interaktive Seite **»Geschickt gendern.de«** (https://geschicktgendern.de/, Zugriff 24. September 2019) unterhält neben vielen Informationen und »Tipps und Tricks« ein sehr ausführliches »Genderwörterbuch«, in dem Alternativen zu maskulinen Formen genannt werden und zu dem alle etwas beitragen können, die Vorschläge haben.

Hochaktuell und sehr ausführlich und umfassend ist die Mitte 2019 online gegangene Seite **»Genderleicht.de«** des Journalistinnenbunds, die Hinweise besonders zum Gendern in den Medien gibt. Das vom Bundesministerium für Familie, Senioren, Frauen und Jugend geförderte Projekt ist ausgesprochen umfangreich angelegt und gibt Hilfestellungen zum Gendern beim Sprechen, zum Gendern beim Schreiben – zu gendersensibler Medienarbeit allgemein:

> **»Ob Radio oder Podcast, Print oder Online, TV oder sonstige Videoformate, von der Nachricht über den Beitrag bis hin zu Feature und Glosse – Alles was Sie für Geschlechtergerechtigkeit in Wort und Bild benötigen, ist eine Auffrischung Ihres journalistischen Werkzeugs.« (https://www.genderleicht.de/in-den-medien/, Zugriff 24. September 2019)**

Besonders aufschlussreich ist die Seite »Textlabor«, wo Beispiele und Probleme aus der Praxis diskutiert und mit gendergerechten Lösungsvorschlägen präsentiert werden.

Wie auch immer die weiteren Diskussionen und Lösungen in diesem großen und gesellschaftlich hochrelevanten Bereich aussehen werden – wir hoffen, dass wir mit diesem Buch, das eine pragmatische Position einnimmt und zu flexiblem und sprachlich bewusstem Vorgehen rät, der Mehrheit der an geschlechtergerechter Sprache Interessierten eine Orientierung zur Verfügung stellen, mit der die eigene Sprachpraxis im Hinblick auf Gendergerechtigkeit besser und mit mehr Vertrauen in die Vielzahl der eigenen Ausdrucksmöglichkeiten ausgeübt werden kann.

Gesellschaftlicher Wandel und Sprachwandel

Die Tatsache, dass das Thema sexistische Sprache in den letzten Jahrzehnten des 20. Jahrhunderts überhaupt als bedeutender gesellschaftlicher Diskurs möglich wurde, hängt eng mit dem gesellschaftlichen Wandel zusammen, der große Fortschritte in der Geschlechtergerechtigkeit brachte. Der erste Schritt war 1919 die lang und hart erkämpfte Einführung des Frauenwahlrechts. Zum ersten Mal in der deutschen Geschichte konnten 1919 auch Frauen aktiv und passiv an Wahlen teilnehmen; in der Weimarer Nationalversammlung saßen ab 1919 immerhin 37 Frauen von insgesamt 421 Abgeordneten. In der zweiten Hälfte des 20. Jahrhunderts wurden weitere wichtige Ziele der Gleichberechtigung von Frauen erkämpft. Es begann mit der Einfügung des Gleichstellungsparagraphen im Grundgesetz, der extrem umstritten war und dessen Existenz sich vor allem dem Beharren, der hervorragenden Argumentationsfähigkeit und der Durchsetzungskraft der vier beteiligten Frauen (Elisabeth Selbert als Hauptakteurin, zusammen mit Helene Weber, Frieda Nadig und Helene Wessel) verdankt. Der erste, entscheidende Teil des Artikels 3 des Grundgesetzes lautet seither **»Männer und Frauen sind gleichberechtigt«.**

Weitere gesetzliche Veränderungen in den nächsten Jahrzehnten (zwischen den 1950er- und den 1990er-Jahren) führten in der Bundesrepublik (in der DDR früher, siehe oben S. 25–27) dazu, dass Frauen nach und nach als selbstständige erwachsene Menschen über ihr Leben entscheiden konnten. Unter anderem wurden den Frauen seither folgende Rechte zuerkannt: ohne Erlaubnis des Ehemanns den Führerschein zu machen (ab 1958), ohne Erlaubnis des Ehemanns ein Konto zu eröffnen (ab 1962), ohne Erlaubnis des Ehemanns berufstätig zu sein. Bis 1977 noch durfte eine Frau theoretisch nur arbeiten gehen, wenn »dies mit ihren Pflichten in Ehe und Haushalt vereinbar ist«, so der Wortlaut des Gesetzes (§ 1356 BGB Abs. 1). Ferner gab es zahlreiche familienrechtliche und strafrechtliche Verbesserungen, darunter die Einführung eines Paragraphen, der Vergewaltigung in der Ehe unter das Strafrecht stellt (erst 1997). Zugänge zur Universität, zur Promotion, zur Habilitation wurden den Frauen ebenfalls im Lauf der letzten hundert Jahre nach langem Ringen und in kleinen Schritten zugestanden (s. z. B. Aretin 2018).

Kurz: Grundlegende Menschenrechte und Rechte als freier Mensch in Staat und Gesellschaft gelten in Deutschland erst seit relativ kurzer Zeit auch für Frauen. Diese umfassenden Veränderungen in der Gesellschaft verlangten nach einem angemessenen Ausdruck in der Sprache: **Es verändert sich nicht nur die Gesellschaft, sondern auch die Sprache.** Die Forderungen nach sprachlicher Gleichstellung sind Ausdruck und Dokumentation des gesellschaftlichen Wandels. Sie sind auch Ansporn zu weiteren Anstrengungen. Zwar sind Sprache und ihr Gebrauch nicht das ausschließliche Maß für den Grad erreichter Gleichstellung von Männern und Frauen, doch ist es kaum denkbar, dass eine geschlechtergerechte Gesellschaft sich einer Sprache bedient, die von sexistischer Diskriminierung, d. h. von systematischer Ungleichbehandlung aufgrund des biologischen Geschlechts, durchzogen ist. Sprache, genauer die Anwendung geschlechtergerechter Sprache, ist vielmehr ein wesentliches Instrument beim Wandel hin zu mehr Gendergerechtigkeit.

Die Kritik der feministischen Sprachwissenschaft an den Regeln und Konventionen der Sprache, die Frauen diskriminieren, zielt dementsprechend nicht nur auf eine Veränderung der Sprache, sondern hat das Bestreben, durch Veränderung der sprachlichen Normen und Gebrauchsgewohnheiten emanzipatorischen Wandel zu unterstützen und sichtbar zu machen. Dieser Anspruch wurde schon früh von Guentherodt et al. geäußert:

> **»Natürlich wird gesellschaftliche Änderung im Zuge der Frauenbewegung sprachliche Änderung nach sich ziehen. Als Linguistinnen wissen wir, daß das Tempo für solche Änderungen langsam ist, als Feministinnen ist uns dieses Tempo zu langsam.**
> **Da Sprache mit zu den gesellschaftlichen Bedingungen gehört, unter denen wir leben, wollen wir von Seiten der Sprachwissenschaft zur gesellschaftlichen Änderung beitragen, indem wir sprachliche Änderung propagieren. Sexistische Sprache benüt-**

zen heißt diskriminieren, Vermeidung sexistischer Sprache ist gesellschaftliche Änderung.« (Guentherodt et al. 1980: 16)

Haß-Zumkehr schreibt zur Interdependenz von gesellschaftlichem und sprachlichem Wandel und zur Nichtplanbarkeit bzw. Nichtvorhersehbarkeit seines Verlaufs:

> **»Wir finden in der Sprache weniger ein *Abbild* als einen *Abdruck* der gesellschaftlichen Verhältnisse vor [...], der die Wahrnehmung so lange prägt, bis entweder die Verhältnisse oder die Wahrnehmung der Verhältnisse in Misskredit geraten. Bewusste Veränderungen der Sprache sollen die Wahrnehmung korrigieren. Auch veränderte gesellschaftliche Verhältnisse können jedoch zu Veränderungen in der Sprache führen, auf die die feministische Sprachkritik nicht abgezielt hatte. Tatsächlich lässt sich beides oft gar nicht voneinander trennen.«** (Haß-Zumkehr 2003: 162, Hervorhebungen im Original)

Sprachwandel ist nun keine Erscheinung, die nur im Kontext der feministischen Forderungen nach geschlechtergerechter Sprache stattfindet. Es ist ein allseits bekanntes Faktum, dass Sprachwandel ein permanenter und unvermeidbarer Prozess ist, der in jeder lebenden Sprache, also in jeder Sprache, die aktiv von Kindern als Muttersprache erworben wird, stattfindet. Dieser Wandel wird immer durch den Sprachgebrauch vorangetrieben, d. h. in der mehr oder weniger bewussten, mehr oder weniger zielgerichteten Verwendung und Auseinandersetzung der Sprachgemeinschaft mit der Sprache und ihren Möglichkeiten: **Sprache ändert sich, indem und weil sie gebraucht wird.**

Und ihre Veränderung folgt den gesellschaftlichen Rahmenbedingungen, den äußeren Einflüssen und neuen Bedürfnissen der je wichtigen Gruppen von Sprachnutzenden. Jedes Sprechen, jeder Einzelfall von Sprachgebrauch verändert eine Sprache und greift damit in die Sprachstruktur und ihre Regeln ein. Die historische Sprachwissenschaft befasst sich schon immer mit den verschiedenen Typen von Sprachwandel, mit verschiedenen Einflussfaktoren und ihrer kombinierten Wirkung und mit verschiedenen Ablaufszenarien. Denn Sprachwandel wird zwar im Gebrauch ausgelöst, muss aber, wenn er dauerhaft(er) sein soll, in die Sprachgewohnheiten vieler Sprechender übergehen. Wenn schließlich eine Neuerung in der Breite zur Gebrauchsnorm geworden ist und alte Gebrauchsnormen verdrängt hat, dann kann man davon sprechen, dass der Wandel ins Sprachsystem vorgedrungen ist.

Gut nachvollziehen lässt sich dies beispielsweise an der Frage, ob das Verb *brauchen* einen angeschlossenen Infinitiv mit *zu* oder einen Infinitiv ohne *zu* fordert. Wurde verneintes oder durch *nur, erst* u. a. eingeschränktes *brauchen* bis vor einiger Zeit ausschließlich durch einen folgenden Infinitiv mit *zu* ergänzt, um auszudrücken, dass ein Sachverhalt nicht unbedingt realisiert werden muss *(Du brauchst nicht zu kommen),* wird inzwischen besonders in der gesprochenen Sprache das *zu* vor dem Infinitiv oft weggelassen, wie es bei den Modalverben üblich ist *(Du brauchst nicht kommen* analog zu *Du musst/darfst/kannst/willst/magst nicht kommen).* Das Verb *brauchen* wird somit wie die Modalverben *müssen, dürfen, können, sollen, wollen, mögen* verwendet, die mit dem reinen Infinitiv verbunden werden. Während vor einigen Jahrzehnten dieser Gebrauch noch als grammatisch falsch betrachtet wurde, ist er inzwischen auch in den Grammatiken als Variante verzeichnet.

Einige weitere Beispiele für Veränderungen des Deutschen, die in den letzten Jahrzehnten stattgefunden haben bzw. weiter im Fluss sind, seien hier kurz aufgelistet:

Veränderungen im Bereich der **Höflichkeit,** d. h. bei Anreden, Titeln, Grußformeln usw.:

- Anrede von weiblichen unverheirateten Personen als »Fräulein«
- Weitere Gruß- und Anredeformen, z. B. in E-Mails oder in formellen Kontexten (*Hallo Frau X, Guten Tag, Herr Y; Spektabilis* usw.)

Veränderungen im **grammatischen System:**

- Wegfall des Dativ-*e* (siehe unten S. 44)
- Abbau der starken Präteritalformen: *er boll/bellte, ich wob/webte*

- Akzeptanz des *würde*-Konjunktivs in *wenn*-Sätzen wie *Wenn es schneien würde, würden wir eine Schneeballschlacht machen* (siehe auch S. 45)
- Verbreitung des *bekommen*-Passivs *(Ihr wurde ein Päckchen geschickt – Sie bekam ein Päckchen geschickt)*

Veränderungen im Gebrauch **einzelner Wörter:**
- *Ich erinnere x* (*erinnern* mit direktem Objekt statt *sich erinnern an*)
- Expressive Verwendung von Wörtern wie *geil* oder *mega* zur Bewertung

Der **Schwund** bisher bekannter Wörter:
- *Lichtspielhaus, Luftikus, Ottomane, Pennäler, sapperlot …*

Das **Hinzukommen** neuer Wörter:
- Anglizismen und fremdsprachige Ausdrücke, wie *Brexit, Fake News, Honk, Selfie …*

Veränderungen in der **Orthografie:**
- *Thür* wird zu *Tür*, *Elephant* zu *Elefant*, *Bureau* zu *Büro …*
- Details der Rechtschreibreform und ihrer Nachbesserungen
- Verwendung des Gendersterns bei Personenbezeichnungen

Wie man leicht erkennen kann, handelt es sich um Veränderungen auf sehr verschiedenen Ebenen der Sprache und es handelt sich um Veränderungen ganz unterschiedlichen Typs. Hier ist die Unterscheidung zwischen bewusstem und nicht bewusstem Wandel nützlich.

Das Aussterben der Anrede *Fräulein* basiert auf bewussten Absichten der Sprachgemeinschaft. Ebenso die Regeln der Rechtschreibreform. Es handelt sich um Entscheidungen der Sprachgemeinschaft. Dies kann informell durch den mehrheitlichen Willen erfolgen oder offiziell durch Absprachen in dafür eingesetzten Gremien, die legitimiert sind, bestimmte Gebrauchsnormen vorzuschlagen oder gar für den amtlichen Gebrauch als verbindlich vorzugeben, wie es bei der Orthografiereform der Fall war und ist. Bei dieser Art der Veränderung des Sprachgebrauchs ist die öffentliche Diskussion tendenziell lebhaft und kontrovers. Alle wollen mitreden, weil es eben auch um ihre Sprache geht. Alle fühlen sich betroffen; sehr viele fühlen sich kompetent im Hinblick auf die Bewertung der Änderungen.

Beim Hinzukommen von neuen Wörtern ist der Grad der Bewusstheit unterschiedlich. Manche Ausdrücke werden von bestimmten Gruppen explizit eingeführt, z.B. in der Wissenschaft zur Bezeichnung eines neu entwickelten Verfahrens, eines neu entdeckten Umweltphänomens usw. Manche Wörter werden einfach durch Gewohnheit aus dem Kontakt mit anderen Sprachen entlehnt, ohne dass es eine Notwendigkeit im Sinne einer fehlenden Bezeichnung gäbe. Dies kann bewusst geschehen, z.B. mit der Absicht, interessant und gebildet zu klingen. Oft geschieht es jedoch unbewusst und schlicht deshalb, weil ein bestimmtes Wort häufig in einem bestimmten Kontext auftaucht, sodass es schnell in den Sinn kommt und dann auch verwendet wird.

Die Veränderungen auf der Ebene der **Grammatik** finden in den allermeisten Fällen unbewusst statt. Sprechende beschließen nicht, ab sofort auf das Dativ-*e* zu verzichten oder eine Präposition mit einem anderen Kasus als bisher zu verwenden. Es beginnt bei einigen wenigen Fällen und erfasst immer größere Bereiche, bis schließlich die alte Norm völlig verdrängt ist und die neue Norm zur Gewohnheit wird und damit als richtig und normal empfundenen wird. So findet sich das Dativ-*e* heute meist nur noch in festen Wendungen *(Warnung vor dem Hunde, sich im Grabe umdrehen),* und die Präposition *trotz* steht heute gewöhnlich mit dem Genitiv *(trotz des Regens),* der früher übliche Dativ wird als falsch empfunden (ist aber noch erkennbar etwa in der festen Fügung *trotz allem* oder dem Adverb *trotzdem*). Auch das oben erwähnte *brauchen*-Beispiel gehört hierher.

Diese Art von Sprachwandel hat sehr starke Wirkung auf die Gesamtstruktur der Sprache, auf das Sprachsystem. Er wird meist erst dann bemerkt, wenn er schon weit fortgeschritten ist. Im Allgemeinen folgt dann eine Zeit, in der die neu entdeckte Veränderung als »Fehler«, »Schlamperei«, »Sprachverfall« usw. gebrandmarkt wird. Irgendwann haben sich alle daran gewöhnt (oder die Änderung ist wieder verschwunden).

Auf **orthografischer** Ebene findet Sprachwandel schon immer bei der Integration von Wörtern aus anderen Sprachen statt – auch das passiert quasi »nebenbei«. So ist *Büro* für das aus dem Französischen stammende Wort *bureau* erst im Laufe der Jahre in den Wörterbüchern verzeichnet; diese Schreibung wurde überhaupt erstmals 1915 im Duden unter dem Stichwort *Bureau* erwähnt mit dem Zusatz: »Die Schreibung *Büro* ist nicht gestattet [...]«, ab 1929 ist *Büro* aber durch häufigen Gebrauch ein normaler Eintrag im Rechtschreib-Duden. Bis 1953 gibt es zusätzlich noch den Eintrag *Bureau* – aber nun mit dem Zusatz: »zu vermeiden« oder »entbehrlich«, seitdem findet man ausschließlich *Büro*. Da die Orthografie von allen Sprechenden bewusst erlernt werden muss und im Bildungssektor und im öffentlichen Schriftverkehr einheitlichen Regeln folgt, ergibt sich bei Änderungen in der Schreibung immer zugleich die Notwendigkeit expliziter Vereinbarungen bzw. Normierungen. Wir werden dies bei der Frage, wie mit Formen wie dem Genderstern umgegangen werden soll, noch erörtern.

All dies sind natürliche Prozesse des Sprachlebens. Es wäre absurd, den Wandel der Sprache verhindern zu wollen. Dennoch ist die Diskussion um Sprachverfall und »Sprachverhunzung« ebenso weit verbreitet wie der ihr vorausgegangene Sprachwandel selbst. In jeder dokumentierten Sprache und zu jeder Zeit werden neue Gebrauchsgewohnheiten als Verfall betrachtet. Diejenigen, die den Wandel vorantreiben – oft die junge Generation oder eine bestimmte gesellschaftliche Gruppe –, werden als ungebildet, barbarisch usw. dargestellt. Exemplarisch sei hier die Bewertung genannt, die Gustav Wustmann (1903: 157) in seinen »Sprachdummheiten« den damals vermehrt aufkommenden Umschreibungen des Konjunktivs II (*trüge*) mit der *würde*-Konstruktion *(tragen würde)* angedeihen ließ. Er bezeichnet die Verwendung dieser Form als »Unsitte«, die sich »aus dem fehlerhaften Hochdeutsch der Halbgebildeten immer mehr [...] verbreitet«. Den Aufstieg der *würde*-Konstruktion zur regelhaften alternativen Form für Konjunktive konnte diese Schmähung nicht verhindern.

Es wäre also auch töricht, diese öffentliche Diskussion mit dem Verweis auf die Notwendigkeit des Sprachwandels unterbinden zu wollen. Sprachliche Veränderungen finden statt und werden von der Sprachgemeinschaft diskutiert. All dies trifft auch auf die Veränderung der deutschen Sprache und des Sprachgebrauchs im Kontext der feministischen Kritik und der Bestrebungen nach geschlechtergerechter Sprache zu. Es handelt sich um einen »natürlichen« Teil allgemeiner und permanent ablaufender Sprachwandelprozesse, inklusive des begleitenden gesellschaftlichen Diskurses über dessen Berechtigung. Diese Tatsache ist in der Linguistik anerkannt und unumstritten – eigentlich.

Daher mutet es etwas merkwürdig an, dass bei Sprachwandel im Bereich der Geschlechtergerechtigkeit sogar sprachwissenschaftlich kundige Personen immer wieder versuchen, diesen Wandel durch Verweis auf angeblich unverrückbare strukturelle Eigenschaften der Sprache zu verhindern. Erstaunlich ist also nicht die Tatsache, dass kritisiert wird, sondern die Heftigkeit und die Herkunft der Kritik. Erstaunlich ist auch, zu welchen zum Teil merkwürdigen Argumentationsketten einzelne Personen in der Sprachwissenschaft sich herausgefordert fühlen. Im Frühjahr 2019 wurde in diesem Zusammenhang eine Diskussion zwischen Josef Bayer und Martin Haspelmath über »natürlichen«, d. h. »richtigen« gegenüber »unnatürlichem«, d. h. »falschem« Sprachwandel geführt. Den Aufschlag machte Josef Bayer mit der Auffassung, man müsse unterscheiden zwischen natürlichem Sprachwandel, der quasi ohne Zutun der Menschen zustande komme und damit eine »aus der Sprache selbst hervorgehende Evolution« sei, und Eingriffen bzw. »von aussen aufgesetzte[n] Reförmchen«, wie es das Bemühen um geschlechtergerechte Sprache darstelle. Seine zentrale Aussage ist: »Mit natürlichem Sprachwandel hat Gendersprache nicht das Geringste zu tun, denn Sprachen wandeln sich niemals Richtung Unfug« (Josef Bayer, Neue Zürcher Zeitung, 10. April 2019, https://www.nzz.ch/feuilleton/die-geschlechtergerechte-sprache-macht-linguistische-denkfehler-ld.1472991, Zugriff 15. November 2019).

Darauf antwortet Martin Haspelmath am 12. April 2019 (https://dlc.hypotheses.org/1730, Zugriff 15. November 2019) unter der Überschrift »Ist die Gender-Grammatik biologisch vorherbestimmt? Eine Antwort auf Josef Bayer«. Haspelmath fasst seine Kritik wie folgt zusammen: »Bayers eklatanter Fehler besteht darin, zu behaupten, dass ›die Sprache‹ (also das Deutsche) nicht ›menschengemacht‹ ist, sondern ›ein Teil der biologischen Welt‹, und dass sie deshalb nicht gendergerechter gemacht werden kann.« Dabei vertritt er eine Theorie des Sprachwandels, die das Zusammenwirken von biologischen Bedingungen und kulturellen, gesellschaftlichen Prozessen voraussetzt. Ohne hier die Details dieser voraussetzungsreichen Debatte und ihren weiteren Verlauf wiedergeben zu können, sei das Fazit Haspelmaths festgehalten: »Soweit ich sehe, sind also die Bemühungen um eine gendergerechte Sprache voll kompatibel mit allem, was die Linguistik über Sprachwandel weiß – und es gibt auch jede Menge aktuelle Forschung zu dem Thema, die weit über Jakobsons vielzitierte ›Markiertheitstheorie‹ hinausgeht (vgl. zuletzt die Arbeitsgruppe auf der DGfS-Tagung in Bremen).«

Es dürfte nicht überraschen, dass wir eine Auffassung von Sprachwandel vertreten, die der von Haspelmath vorgetragenen entspricht. Im weiteren Verlauf dieses Buches werden wir an geeigneten Stellen Sprachwandel beim Gebrauch geschlechtergerechter Sprache immer wieder punktuell thematisieren. Dadurch kommen wir indirekt der Lösung der Frage näher, wieso gerade dieser Wandel ganz besonders viel Erregung verursacht.

Diesen langen Abschnitt zusammenfassend kann gesagt werden: Die öffentliche Auseinandersetzung um gendergerechte Sprache hat sich im Kontext feministischer Strömungen entwickelt, in denen es um grundsätzliche Emanzipationsbestrebungen und die Durchsetzung gesellschaftlicher Gleichheit von Frauen und Männern geht. Die in diesem Umfeld entstandene moderne feministische Sprachkritik arbeitet die wichtige Rolle der Sprache bei der Diskriminierung bzw. der erstrebten Gleichstellung von Frauen und Männern heraus. Dabei spielen historische Aspekte, also das Entstehen sprachlicher Strukturen und Normen in einer männlich geprägten Gesellschaft, ebenso eine Rolle wie die gegenwärtigen Regeln und Konventionen des Sprachsystems und der Sprachverwendung. Grundlage ist die Erkenntnis, dass menschliche Sprache sowohl das Ergebnis als auch das Instrument gesellschaftlicher Konzeptionen der Wirklichkeit ist.

Sprache ist

- vom Denken geprägt und zugleich prägend für das Denken,
- das Resultat der Gesamtheit der Konzeptualisierung der Sprachgemeinschaft (Spiegel des Geistes),
- das Muster und Instrument für weitere Konzeptionen der Wirklichkeit,
- die Grundlage jeglicher gesellschaftlichen Interaktion,
- entscheidend für die Konstitution und (Selbst-)Definition des Individuums und der Gesellschaft,
- ein wichtiger Faktor für die Realisierung von Gleichstellungsbemühungen.

Die Arbeit an geschlechtergerechter Sprache muss sich mit dieser Tatsache auseinandersetzen. Arbeit an der Sprache und vor allem ein reflektierter Sprachgebrauch sind also auch in diesem Sinne ein wichtiges Gleichstellungsinstrument.

1.3 Die prototypische Zweigeschlechtlichkeit als Ausgangspunkt

Sprache, geschlechtergerechte Sprache, ist ein wesentliches Mittel zur Verwirklichung der Gleichstellung. Was aber heißt »geschlechtergerecht«? Und was heißt »gendern«? Auf beide Fragen gibt es keine abschließende Antwort – wir haben zu Beginn (s. S. 8) unsere vorläufige Definition von »gendern« vorgestellt. Da inzwischen Geschlechter- und Genderkonzepte außerhalb der binären Geschlechterordnung vermehrt diskutiert werden, ist der Begriff »geschlechtergerecht« mehrdeutig geworden. Die »Selbst-Verständlichkeit« der vorausgesetzten Zweigeschlechtlichkeit, die noch die Debatte in den Siebziger- und Achtzigerjahren des zwanzigsten Jahrhunderts bestimmte, ist geschwunden: Man muss sich erklären. Ähnliches gilt für den neuen Terminus *gendern*: Auch hier ist es nötig, darzulegen, wie er jeweils verwendet wird. Dies wollen wir im Folgenden genauer tun.

Zunächst eine grundsätzliche Bemerkung: Wir erleben im Bereich der Geschlechterordnung in unserer Gesellschaft eine Umbruchsituation, deren treibende Kräfte zum Teil unterschiedliche Richtungen nehmen. Gerade in Zeiten der schnellen Veränderung kann keiner Einzelgruppe die Definitionshoheit zukommen. Alle, die sich am Diskurs beteiligen, haben erstens das Recht, ihre Begriffsbestimmung in den Ring zu werfen, und zweitens die Aufgabe, sie explizit zu machen und zu begründen.

In diesem Sinne sprechen wir in diesem Buch von »gendern« als einer Strategie bei der sprachlichen Kommunikation. Gendern verstehen wir als ein sprachliches Verfahren, um Gleichberechtigung, d.h. für uns zunächst die gleiche und faire Behandlung von Frauen und Männern, im Sprachgebrauch zu erreichen. Damit ist zum Ausdruck gebracht, dass wir als Grundlinie unserer Überlegungen die Tatsache berücksichtigen, dass das Konzept der Zweigeschlechtlichkeit (also die binäre Unterscheidung der Kategorien Frau und Mann bzw. weiblich und männlich) die dominante Vorstellung, die prototypische Konzeption darstellt. Dies gilt nicht nur in unserer Gesellschaft, sondern, soweit uns bekannt, weltweit in allen größeren sozialen Gruppierungen. Diese Entscheidung soll in keiner Weise die faire sprachliche Darstellung von Menschen ausschließen, die sich nicht der Einordnung in eines der beiden prototypischen Geschlechter anschließen; Bemühungen in diese Richtung halten wir für ausgesprochen wichtig. Die hier angestellten Überlegungen und die diskutierten Strategien und sprachlichen Techniken können entsprechend ausgeweitet werden, was wir in den Abschnitten 2.4 und 2.5 zeigen werden. Zunächst jedoch wollen wir die Argumente darlegen, die zur Entscheidung geführt haben, von der binären Geschlechtsdefinition auszugehen. Diese Argumente fußen grob gesprochen auf drei verschiedenen Bereichen: **sozial-kognitiven** Faktoren, **linguistischen**

Gegebenheiten und **pragmatischen** Überlegungen. Um sie herauszustellen, müssen wir etwas weiter ausholen.

Wenn wir über Geschlechterordnungen, ihre Hierarchien und ihren sprachlichen Ausdruck sprechen, ist es notwendig, zwischen **außersprachlichen Kategorien** (i. Sexus und ii. Gender) und **innersprachlichen Kategorien** (iii. semantisches Geschlecht und iv. Genus) zu unterscheiden (vgl. Bußmann / Hellinger 2003, Diewald / Steinhauer 2017). Es mag zunächst verwirrend und vielleicht sogar überflüssig erscheinen, insgesamt vier Schichten – zwei sprachexterne, zwei sprachinterne – anzunehmen. Doch werden Sie im Verlauf dieses Buches sehen, dass es extrem hilfreich ist, hier ein wenig geistige Anstrengung zu investieren. Es erleichtert die eigenen Entscheidungen bei der Anwendung geschlechtergerechter Sprache und es hilft bei Diskussionen mit Menschen, die den Sinn dieser Praxis in Frage stellen.

Sprachexterne Aspekte

Inzwischen besteht weithin die Übereinkunft, dass es sinnvoll ist, zwischen biologischem Geschlecht (= natürliches Geschlecht, Sexus) und sozialem Geschlecht (= Gender) zu unterscheiden (s. auch Abschnitt 2.1).

Das **biologische** Geschlecht bezieht sich auf körperliche Merkmale, die für die meisten Menschen von Geburt an feststehen und die, wenn sie verändert werden sollen, medizinische Verfahren erfordern. Für die Mehrheit der Menschen ist darüber hinaus das biologische Geschlecht als weiblich oder männlich ausgeprägt und wird in dieser Ausprägung als gegeben akzeptiert. Wir sprechen daher im Folgenden verkürzend auch vom prototypischen Geschlechtermodell bzw. von den prototypischen Geschlechterkategorien, also der binären Unterscheidung zwischen weiblich und männlich. Doch wie wir wissen, gilt diese prototypische Einteilung nicht zu hundert Prozent. Bei manchen Menschen ist von Geburt an keine eindeutige Zuordnung zu einem der beiden prototypischen Geschlechter möglich, andere erleben eine Nichtübereinstimmung zwischen biologischem Geschlecht und Geschlechtsidentität.

Durch die Arbeiten von Judith Butler und der sich daraus entwickelnden Strömung der Gender Studies wurde und wird das Gewicht bzw. die Relevanz biologischer Faktoren, die gemeinhin als Geschlechtsmerkmale gelten, immer wieder in Frage gestellt. Wir schließen uns an diesem Punkt der weit verbreiteten Auffassung an, dass Sexus, d.h. die biologischen Gegebenheiten, im Grunde keinerlei Vorgaben bezüglich sozialer Rollen(erwartungen) macht, dass aber die Tatsache der biologisch wahrnehmbaren und relevanten Unterschiede zwischen zwei Geschlechtern nicht ignoriert werden sollte. Auch das Faktum, dass diese biologischen Unterschiede in allen Gesellschaften benutzt werden, um soziale Unterschiede zu erzeugen, darf unserer Auffassung nach nicht aus den Augen verloren werden. Erhellend ist der Hinweis auf analoge biologische Geschlechtsunterschiede bei Tieren, weshalb die Ebene des Sexus auch bei Homo sapiens als faktisch existent und relevant zu werten ist:

> **»Auch viele andere Gesellschaften beziehen bei der Geschlechtsunterscheidung körperliche Geschlechtsmerkmale ein. Da das natürliche, biologische oder körperliche Geschlecht oft sichtbar ist sowie – auf vielfältigste Art und Weise – sichtbar gemacht wird und auch bei der Geschlechtszuweisung durchaus thematisiert wird (der hat ja gar keinen Bart! die hat ja einen richtigen Bart!), da wir außerdem bei Kühen, Bullen und anderen Tieren nicht von Gender sprechen können, sondern deren Geschlechtsklasse sich nur aus körperlichen Merkmalen ergibt, sprechen wir auch von Sexus.« (Kotthoff / Nübling 2018: 15 f.)**

Kurz, die Frage des Geschlechts und der Geschlechterordnung ist schon auf rein physischer Ebene komplexer, als man bei flüchtiger Betrachtung annehmen könnte. Im Übrigen sei angemerkt, dass die Problematik von Geschlechtsidentitäten jenseits der Binarität sich lange vor und (im Prinzip) unabhängig von der sprachlichen Benennung dieser Unterschiede stellt. Dennoch ist die sprachliche Benennung gesellschaftlicher Konzepte aufs Engste mit Werthaltungen und Diskriminierung verknüpft.

Die zweite außersprachliche Schicht, **Gender,** setzt auf dem biologischen Geschlecht auf, und kann als eine Art »Ausgestaltung« dieser durch die Biologie a priori gegebenen Unterschiede betrachtet werden. Da die relevante biologische Kategorisierung in unserer Gesellschaft dem binären Modell folgt, erstaunt es nicht, dass auch Gender prototypisch in zwei Kategorien gegliedert ist: Die biologische Kategorie ›weiblich‹ wird mit der Genderkategorie ›Frau‹ als inhärent verknüpft gedacht; die biologische Kategorie ›männlich‹ gilt analog dazu als mit der Genderkategorie ›Mann‹ verbunden. Gender erfasst die Rollenerwartungen und Stereotypen, was Frauen oder Männer tun, denken, dürfen oder müssen. Genderkonzepte sind die Denkmuster, die Folien, nach denen in einer Gesellschaft festgelegt ist, was es heißt, eine Frau bzw. ein Mann zu sein.

Hierzu eine kleine Denkübung: Überlegen Sie, welche unterschiedlichen Genderkonzepte mit verschiedenen Berufen verbunden sind: Wenn Sie eine Einbauküche bestellt haben, welche Personen erwarten Sie als diejenigen, die die Küche bringen und einbauen? Wenn Sie zur Fußpflege gehen, welche Person erwarten Sie als diejenige, die diese Dienstleistung durchführt? Überlegen Sie, welches Verhalten Sie bei Männern und Frauen bemerkenswert finden. Was denken Sie von einer Frau, die beim Laufen auf den Gehweg spuckt? Was denken Sie von einem Mann, der in der U-Bahn einen Taschenspiegel herauszieht, um seine Frisur zu kontrollieren? Bestimmt fallen Ihnen unzählige weitere Beispiele ein, die zeigen, dass die Erwartungen, die jeweils an Frauen und Männer gestellt werden, in fast allen Alltagsgeschäften unterschiedlich sind.

Die zunächst außersprachliche Einteilung der Menschen in zwei Geschlechter, in Frauen und Männer, stellt ein Grundmuster der mentalen und sozialen Organisation dar – im deutschsprachigen Raum und im globalen Kontext. Diese Zweiteilung strukturiert das gesamte gesellschaftliche und individuelle Leben. Auch wenn in unserer Gesellschaft die Genderrollen inzwischen nicht mehr so streng getrennt sind wie in früheren Zeiten und es inzwischen in vielerlei Hinsicht fließende Grenzen gibt, so ist doch das binäre Genderkonzept, die Einteilung in Frauen und Männer, grundlegend und für die allermeisten Menschen nicht wegzudenken. So stellen Kotthoff / Nübling (2018: 15) fest, »dass die große Mehrheit der Menschen der Zweigeschlechtlichkeit frönt und sich mehr oder wenig [sic!] stark zu ihrem Geschlecht bekennt«.

Dies wird auch in Arbeiten konzediert, die ansonsten dem Butler'schen Ansatz folgen, so z. B. in folgendem Zitat von Hornscheidt:

> **»Diese soziale Konstruktion [d. h. die Konstruktion von ›Geschlecht‹] kann so stark verfestigt sein, dass sie in vielen Situationen den Status von Natürlichkeit hat, zum Beispiel im alltäglichen Erleben der meisten Menschen, die sich als ›Frau‹ oder ›Mann‹ verstehen.« (Hornscheidt 2015: 3)**

Kotthoff / Nübling fassen zusammen: »Biologische Sexus- und soziale Genderklasse korrelieren zu weit über 90 %, und dies wird von vielen affirmiert« (2018: 16).

Wie grundlegend und tief diese Zweiteilung in unserer Gesellschaft verankert ist, zeigt sich auch und gerade im Gleichstellungartikel im Grundgesetz (Artikel 3 GG). Wie schon vorne zitiert, lauten dessen erste Absätze seit seiner letzten Veränderung vom 15. November 1994 wie folgt:

> »**(1) Alle Menschen sind vor dem Gesetz gleich. (2) Männer und Frauen sind gleichberechtigt. Der Staat fördert die tatsächliche Durchsetzung der Gleichberechtigung von Frauen und Männern und wirkt auf die Beseitigung bestehender Nachteile hin. […]**«

Absatz (2) geht – quasi selbstverständlich – von einem binären Geschlechtermodell aus. Der Auftrag zur Gleichstellung aller Menschen in Absatz (1) wird explizit mit der Nennung von Männern und Frauen verknüpft. Wir können davon ausgehen, dass diesem Gesetzestext nicht die Absicht zugrundeliegt, Menschen zu diskriminieren oder auszuschließen. Ganz im Gegenteil, es sind »alle Menschen« gemeint. Vor dem historischen Hintergrund einer patriarchalen Ordnung, die in allen Belangen eine Dominanz des Männlichen annahm, wird mit »Männer und Frauen« zum Ausdruck gebracht, dass alle und nicht nur Männer gemeint sind. Weitere Konzepte jenseits dieser binären Unterscheidung sind offensichtlich (auf dieser Stufe der Allgemeinheit) nicht vorhanden. Dies zeigt sehr deutlich, dass die Unterscheidung zweier Geschlechter, und zwar der Geschlechter Frau und Mann, eine kaum zu umgehende, grundlegende kognitive und soziale Kategorisierung in unserer Gesellschaft ist. Wir werden noch des Öfteren darauf zurückkommen (etwa in Abschnitt 1.4). Allein die Notwendigkeit der Formulierung des Absatzes (2) im dritten Artikel des Grundgesetzes bezeugt, dass die (historisch lange eingeübte) Ungleichbehandlung der Menschen in vielen Bereichen der Gesellschaft entlang den Grenzen der Typisierung nach zwei Geschlechtern verläuft: Die Einordnung in die Kategorie »Frau« verursacht immer noch zahlreiche, tief greifende strukturelle Benachteiligungen für eine sehr große Anzahl von Menschen.

Beide bisher besprochenen Schichten, Sexus und Gender, sind prinzipiell sprachunabhängig denkbar und liegen somit je nach Perspektive »vor« oder »unter« den beiden sprachlichen Kategorien (semantisches Geschlecht und grammatisches Genus), mit denen wir uns primär in den folgenden Kapiteln auseinandersetzen werden. Da beide jedoch die Sprache in fundamentaler Weise prägen, ist es nötig, einige linguistische Fakten bereits hier anzusprechen. Sonst wäre unsere Entscheidung, vom Konzept der Geschlechterbinarität auszugehen, nicht vollständig nachvollziehbar.

Sprachinterne Aspekte

Die beiden innersprachlichen Schichten bei der Konzeption von Geschlecht sind einerseits das semantische Geschlecht, andererseits das grammatische Geschlecht (= Genus). Das **semantische Geschlecht** bezieht sich auf die **Bedeutungen,** den Inhalt von Wörtern, also die Bedeutung ›weiblich‹ in Substantiven wie *Frau, Mädchen, Stute* und die Bedeutung ›männlich‹ in Substantiven wie *Mann, Junge,*

Hengst. Die semantische Ebene nimmt Bezug auf außersprachliche Gegenstände und Sachverhalte, also z. B. auf Personen (und höhere Tiere). Dennoch darf die Ebene des semantischen Geschlechts nicht mit dem biologischen Geschlecht in eins gesetzt werden. Ich muss eine weibliche Person, die eine bestimmte berufliche Position bezeichnet, nicht als *Frau X* benennen; ich kann stattdessen z. B. von der *Abteilungsleitung* oder dergleichen sprechen. Andererseits kann ich eine Person mit biologisch männlichem Geschlecht als »Mädchen« bezeichnen, was eine herabsetzende Wirkung hat (*Du Mädchen!* zu einem vermeintlich schwächlichen Jungen o. Ä.). Hier gilt, was für alle sprachlichen Ausdrücke gilt: Die Wahl der Wörter ergibt sich nicht automatisch aus der Essenz der zu bezeichnenden Dinge. Die Bedeutung der Wörter enthält jedoch Konzepte, die aus der Welterfahrung extrahiert sind (ausführlich in Abschnitt 2.1).

Die zweite sprachliche Schicht ist die des **grammatischen Geschlechts,** des **Genus.** Sie ist – zunächst – eine rein grammatische Klassifikation, die noch dazu nicht einmal von allen Sprachen getroffen wird (wohingegen Wörter zur Bezeichnung von Frauen und Männern in allen Sprachen zu finden sind). Jedes Nomen im Deutschen hat ein festgelegtes Genus (Maskulinum, Femininum, Neutrum). Dieses ist Bestandteil seiner grammatischen Merkmale und zeigt sich in entsprechenden sprachlichen Formen, z. B. Endungen. So hat das Substantiv *Tisch* das Genus Maskulinum, ohne dass dies explizit markiert wäre. Artikel, attributive Adjektive und Wiederaufnahmeformen bringen dieses Genus ihres Bezugsworts zum Ausdruck: *der neue Tisch, ein neuer Tisch, ein Tisch, der festlich gedeckt ist*. Analoges gilt für Substantive mit dem Genus Femininum *(die Bank)* oder mit dem Genus Neutrum *(das Regal)*.

Für die meisten Substantive, genauer für alle Substantive, die KEINE Personen bzw. höheren Tiere bezeichnen, ist Genus ein rein grammatisches Merkmal zur Einteilung in bestimmte Deklinationsklassen. Bei Personenbezeichnungen ist die Lage komplizierter und wir kommen noch ausführlich darauf zu sprechen (vgl. Abschnitt 2.1). Festzuhalten ist hier, dass sich bei Personenbezeichnungen Verbindungen zwischen Sexus, Gender, semantischem Geschlecht und Genus nachweisen lassen. Diese führen häufig dazu, dass die zunächst rein grammatische Kategorie Genus indirekt mit Geschlechtsbedeutung aufgeladen ist. In Kotthoff / Nübling 2018 wird dies ausführlich dargestellt (dort auch weitere Literaturangaben). Hier benötigen wir nur die Feststellung, dass das Deutsche, obwohl es ja drei grammatische Genusklassen hat, bei den Personenbezeichnungen durch das grammatische Genussystem (und durch weitere sprachliche Regeln) eine binäre Geschlechterordnung in die Sprache eingeschrieben hat. Dazu Kotthoff / Nübling:

> **»Auch die (deutsche) Sprache erzwingt eine Geschlechtsbinarisierung, da sie gerade in zentralen Bereichen nur zwei Optionen (und nicht drei oder vier) vorsieht, so etwa bei der Anrede (*Frau* oder *Herr*), in der Warteschlange (*die Dame / der Herr war vor mir dran* und kaum *diese Person war vor mir dran*), bei den Pronomen der 3. Person (*sie* oder *er*), bei der Namengebung (*Michael* oder *Michaela*). Unisexnamen (*Toni, Nicola*) irritieren viele, führen zu Nachfragen und werden nur selten vergeben. Standesämter raten von ihnen ab.«**
> **(Kotthoff / Nübling 2018: 15)**

Über die Festlegung dieser sekundären Aufladung der Grammatik (und Lexik) mit geschlechtlicher Bedeutung schreiben sie:

> **»Die meisten Menschen glauben schon lange an zwei Geschlechter und praktizieren sie hingebungsvoll. So nimmt es nicht wunder, dass dieses binäre Konzept tief in die deutsche Grammatik und Lexik eingesickert ist. Diese sedimentierten Strukturen beschreiben und analysieren wir im Folgenden. Das Genus- und das Flexionsklassensystem bilden besonders tiefe Schichten der Grammatik. Da wir ständig Substantive verwenden, die immer einem Genus und einer Flexionsklasse angehören, replizieren wir auch permanent die darin enthaltenen Geschlechtsunterscheidungen und -ordnungen.«**
> **(Kotthoff / Nübling 2018: 61)**

Als Fazit halten die beiden Autorinnen fest:

> **»Geschlecht ist im Deutschen sehr präsent, man kann der Geschlechtsauskunft kaum entrinnen. Sprachsysteme bestehen aus der Härtung jahrhundertelangen Sprechens der Geschlechter mit- und übereinander. [...] Offensichtlich ist oder war (viele Jahrhunderte lang) Geschlecht in der Interaktion eine so wichtige Information, dass Geschlechtshinweise tief in die deutsche Grammatik eingesickert sind. Damit handelt es sich um ein kaum zu umschiffendes Phänomen, das Geschlecht ständig aufruft. Es ist nicht übertrieben zu sagen, dass das deutsche Sprachsystem eine Obsession mit Gender hat.« (Kotthoff / Nübling 2018: 18 f., unsere Hervorhebung)**

Kurz, die Strukturen der deutschen Sprache kategorisieren erwachsene Personen binär in die zwei Kategorien Frauen und Männer. Ein Drittes ist sprachlich nicht vorgesehen. Dass dies erhebliche Folgen für die Bemühungen um geschlechtergerechten Sprachgebrauch hat, dürfte einleuchtend sein. An dieser Stelle ist zunächst festzuhalten, dass die Strukturen des Deutschen selbst es notwendig machen, die Frage der Geschlechtergerechtigkeit im sprachlichen Ausdruck auf der Grundlage des binären Modells zu beginnen und von da aus mögliche Veränderungen zu erkunden.

Schließlich sprechen zahlreiche **pragmatische** Überlegungen für das Beibehalten des binären Modells als Ausgangspunkt. Ein Argument ist das der Mehrheiten und damit der gesellschaftlichen Wirksamkeit. Weit mehr als 90 % aller Menschen betrachten sich als Männer oder Frauen. Und auch Transmenschen, die sich zunächst jenseits des binären Systems befinden, indem sie sich mit ihrem biologischen Geschlecht eben nicht identifizieren können, legen sehr häufig großen Wert darauf, im tatsächlich empfundenen Geschlecht wahrgenommen zu werden, genau in diese Kategorie zu »passen« und damit wieder dem binären Gendersystem (aber eben im anderen als dem ursprünglichen biologischen Geschlecht) zu entsprechen. Somit erfasst die geschlechtergerechte Nennung dieser beiden Gruppen die Mehrheit der Menschen. Insbesondere kommt sie – durchaus im Kontext der langen Auseinandersetzungen um die Verbesserung der Situation von Frauen – allen Frauen (d.h. mindestens 45% der Menschen nach unserer Daumenregel) direkt zugute. Dieser hohe Wirkungsgrad kann bereits durch eine entsprechend angepasste Sprachpraxis mit den bestehenden Regeln und Ausdrucksmöglichkeiten des Deutschen erreicht werden. Anders: Wir können mit kleinen Verschiebungen des Gebrauchs innerhalb der Regeln des Sprachsystems einen ganz erheblichen Beitrag zum Abbau von Diskriminierung und mehr Gerechtigkeit leisten. Die systematische Durchsetzung der Gleichstellung von Männern und Frauen (auch in der Sprache) verhilft einem sehr großen Teil der Gesellschaft in vielen Bereichen zu mehr Gerechtigkeit.

Ferner entspricht das Konzept der Zweigeschlechtlichkeit der Alltagswahrnehmung der allermeisten Menschen. Sie ist die Standardsituation, und die Erwartungen an geschlechtergerechte Sprache sind mit der Berücksichtigung dieser Standardsituation in sehr vielen Fällen in positiver Weise erfüllt. Denn auch die Frage der Akzeptanz durch die Sprachgemeinschaft spielt hier eine Rolle. Wie im Abschnitt über Sprachwandel (siehe oben Abschnitt 1.2) bereits angesprochen, folgen Veränderungen einer sehr komplexen und vielschichtigen Dynamik, die in ihrem Verlauf nicht gesteuert, in ihrer Zielrichtung nicht determiniert und in ihrem Ergebnis nicht vorhergesagt werden kann. Eine Beeinflussung durch die gelebte Praxis und auch durch Vorbilder ist jedoch sehr wohl möglich.

Dabei haben »niedrigschwellige« Anpassungen, die relativ wenig Aufmerksamkeit auf sich ziehen, eine hohe Chance der Verbreitung. Auf »avantgardistische« Vorschläge trifft dies sehr viel weniger zu. Es ist anzunehmen, dass Vorschläge in puncto geschlechtergerechter Sprache, die behutsames und flexibles Vorgehen propagieren, breiter und bereitwilliger aufgenommen werden als solche, die sprachliche Formen einführen, die dem Deutschen bislang fremde Wortbestandteile enthalten oder die zu stark an den Interessen von Minderheiten orientiert sind. Kurz, wir halten es für ein Gebot »revolutionärer List«, Veränderungen an dem Punkt zu beginnen, an dem am wenigsten Schwierigkeiten und der größte Erfolg zu erwarten sind. Der Kampf um die Gleichberechtigung von Frauen hat eine lange Geschichte, eine breite gesellschaftliche Basis und Zustimmung und hat bereits viel bewirkt. Er ist die Grundlage für weitere Verbesserungen. Dies gilt analog für die Bemühungen um geschlechtergerechte Sprache.

Diesen Abschnitt zusammenfassend sei festgehalten: Das Konzept der Zweigeschlechtlichkeit ist historisch und aktuell (noch) die prototypische Klassifizierung erwachsener Personen in unserer Gesellschaft. Dies zeigt sich in sozial-kognitiven Faktoren, insofern als eine sehr große Mehrheit der Menschen dieses Konzept affirmiert und sämtliche sozialen, historischen und individuellen Bereiche an dieser Opposition orientiert sind. Ferner ist die deutsche Sprache nicht nur in ihrem Wortschatz, sondern auch in ihren grammatischen Grundlagen zur Markierung dieses binären Geschlechtermodells ausgelegt. Weitere Konzepte waren bislang nicht vorgesehen, nicht oder kaum benennbar, und vor allem sind sie nicht in die grammatischen Regeln eingeschrieben. Diese linguistischen Fakten erfordern eine Orientierung auf der Folie der Zweigeschlechtlichkeit. Drittens sprechen zahlreiche pragmatische Überlegungen (Mehrheiten, Durchführbarkeit, Akzeptanz) für eine Konzentration auf die sprachliche Gleichstellung von Frauen und Männern.

Um aber erneut zu verdeutlichen, dass wir diesen Standpunkt nicht für das Ende einer Entwicklung halten, widmen wir uns im nächsten Abschnitt den neuesten Veränderungen der rechtlichen Stellung von Personen, die sich nicht zu einer der beiden prototypischen Kategorien zugehörig sehen.

1.4 Die »dritte Option«

Die Hintergründe

Von maßgeblicher Bedeutung für den derzeitigen Aufschwung der Debatte um geschlechtergerechte Sprache ist mit Sicherheit eine gerichtliche Entscheidung, bei der es zunächst nicht primär um Sprachliches ging, sondern um das Persönlichkeitsrecht: Am 10. Oktober 2017 entschied das Bundesverfassungsgericht über eine Verfassungsbeschwerde und stellte fest, dass die zu diesem Zeitpunkt gültigen Regelungen des Personenstandsgesetzes verfassungswidrig seien, soweit sie eine Eintragung des Geschlechts vorsehen, aber keine positive »dritte Option« ermöglichen, die über die Einträge »weiblich« und »männlich« hinausgeht. Der Gesetzgeber wurde angewiesen, bis zum 31. Dezember 2018 eine neue Regelung zu verabschieden. Dies ist inzwischen geschehen. Dem Ganzen vorausgegangen war ein jahrelanger Rechtsstreit durch alle Instanzen (Beschwerden 2014 vor dem Amtsgericht Hannover, 2015 vor dem Oberlandesgericht Celle, 2016 vor dem Bundesgerichtshof), bis das Bundesverfassungsgericht angerufen werden konnte. In der Sache ging es um die gewünschte Änderung des Eintrags einer Person im Geburtsregister zu **»inter/divers«.**

Im Verlauf der Verfahren – besonders natürlich im Rahmen der Verfassungsklage – gab es lange Diskussionen sowie diverse Stellungnahmen und Gutachten von verschiedenen Seiten (unter anderem hat auch der Ethikrat des Bundestages eine dritte Option empfohlen). Aber auch die »Community« ist sich hier nicht in allen Punkten einig: So unterschiedlich, wie der nun mögliche Eintrag »divers« andeutet, sind die verschiedenen möglichen Geschlechtsidentitäten und dementsprechend die Interessen – einig sind sich aber alle, dass die rein binäre Definition einer Unterteilung in lediglich »weiblich« und »männlich« den verschiedenen möglichen Identitäten nicht gerecht werden kann. Hintergründe zur Verfassungsbeschwerde können über die am Ende dieses Abschnitts genannten Internetadressen erkundet werden.

Mit dem Urteil des Bundesverfassungsgerichts und der nun geltenden Möglichkeit des Eintrags einer »dritten Option« ist tatsächlich ein großer Schritt in Richtung Sichtbarkeit anderer Geschlechtsidentitäten als der beiden prototypischen getan – es ist ein Unterschied, ob jemand nur als nicht eindeutig weiblich und nicht eindeutig männlich gilt oder explizit mit einer dritten Option benannt wird.

Denn nicht nur die rechtliche Situation hat sich damit erheblich verändert. Auch der Blick auf die gängige Kategorisierung von Geschlecht und die dafür vorhandenen sprachlichen Ausdrucksmittel hat sich verschoben. Legt doch die Diskussion um die sprachlichen Möglichkeiten der Benennung von Geschlechterkonzepten, die von den prototypischen abweichen, in aller Deutlichkeit offen, dass hier in der deutschen Sprache Benennungslücken bestehen. Die Einigung auf »divers«, das zunächst keine Personenbezeichnung ist und nicht einmal als Adjektiv bestimmte Merkmale von Personen benennt, sondern ein relativ abstraktes Bedeutungsspektrum hat, stellt nicht mehr als den kleinsten gemeinsamen Nenner dar. Es gab (und gibt bislang) keine allgemein üblichen Begriffe für die neuen Bezeichnungsbedürfnisse.

Die Frage nach der genauen Benennung der dritten Option hatte das Bundesverfassungsgericht offengelassen; lediglich »eine einheitliche positive Bezeichnung eines Geschlechts, das nicht männlich oder weiblich ist« (Rn 65)[1] sollte gefunden werden, was mit der Bezeichnung des dritten Geschlechtseintrags als »divers« umgesetzt und im Dezember 2018 letztlich verabschiedet wurde. Das Problem, das sich aber nun sowohl in rechtlicher Hinsicht (etwa in Stellenanzeigen) als auch in formalen Kontexten für eine breitere Bevölkerungsschicht stellt, ist die Frage nach einer nicht diskriminierenden, zutreffenden und korrekten Benennung der verschiedenen Identitäten (besonders wenn man sie nicht kennt) – sowohl in der Bezeichnung als auch in der Anrede.

Bevor wir auf die verschiedenen Möglichkeiten eingehen, die sich bisher zeigen, möchten wir auf einige relevante Internetseiten für weitere Informationen zum Thema »dritte Option« verweisen (in alphabetischer Reihenfolge, alle Zugriff 24. September 2019):

Antidiskriminierungsstelle des Bundes: https://www.antidiskriminierungsstelle.de/DE/ThemenUndForschung/Geschlecht/Dritte_Option/Dritte_Option_node.html

---

1 Das ganze Urteil im Wortlaut findet sich unter: https://www.bundesverfassungsgericht.de/SharedDocs/Entscheidungen/DE/2017/10/rs20171010_1bvr201916.html (Zugriff 25. September 2019).

Bundesverband Trans*: https://www.bundesverband-trans.de
Deutsche Gesellschaft für Transidentität und Intersexualität e. V. (dgti): https://www.dgti.org
Intersexuelle Menschen e. V.: http://www.im-ev.de/
Kampagne für eine dritte Option: dritte-option.de
PrOut@Work: https://www.proutatwork.de/nr-2-die-dritte-option-und-ihre-umsetzung-in-unternehmen/

Benennungsmöglichkeiten für die dritte Option

Da auf diesem Gebiet die Ansichten und Vorschläge innerhalb der Community so vielfältig wie die Identitäten sind, werden wir im Folgenden nur die geläufigsten und am häufigsten genannten vorstellen, wobei wir auch darauf achten möchten, dass sie mit den sonst in unserem Handbuch diskutierten Benennungsmöglichkeiten vereinbar sind. Klarstellen möchten wir vorab noch Folgendes: Grundsätzlich schließen wir uns der Ansicht vieler Verbände an, dass es nicht sinnvoll bzw. zutreffend ist, vom »dritten Geschlecht« zu sprechen, sondern wir nutzen die Formulierung »dritte Option«. Damit erkennen wir die Tatsache an, dass es nicht ein einziges weiteres, eben drittes Geschlecht neben den früher geläufigen Kategorien »weiblich« und »männlich« gibt, sondern bereits der Ausdruck »Intersexualität« einen Sammelbegriff für eine Vielzahl biologischer Geschlechtsausprägungen darstellt. Wir betrachten das biologische Geschlecht als eine Skala, ein Kontinuum – jeder Mensch wird sich irgendwo auf dieser Skala finden und verorten können.

Um das sprachlich auszudrücken, sind entsprechend »offene« Formulierungen nötig, was nicht immer ganz einfach ist. Wir versuchen eine erste Orientierung. Nicht mehr angebracht sind in diesem Kontext selbstverständlich die sonst üblichen Strategien der Beidnennung, die sich ausschließlich auf feminine und maskuline Formen beziehen, sowie der Kurzformen für diese Formen mithilfe des Bindestrichs und des Schrägstrichs (vgl. Abschnitt 2.4). Um die Vielfalt der Geschlechter auszudrücken, wird in der Regel auch das Binnen-I abgelehnt, da es sich (schon weil es der Tradition der Frauenbewegung entspringt) vorwiegend auf die Sichtbarmachung der femininen Form bezieht. Diskutiert werden daher andere Strategien:

Grundsätzlich von allen Verbänden und Gruppierungen empfohlen wird das **Abfragen der individuell gewünschten Anrede** bzw. des bevorzugten Pronomens im Vorfeld, soweit dies möglich ist. Das kann sowohl beim Erstkontakt mit einer Person der Fall sein (etwa: »Wie darf ich Sie in Zukunft korrekt ansprechen?« »Was ist Ihr Pronomen?«) als auch bereits im Vorfeld mit einer entsprechend gestalteten Abfrage oder automatisierten Anmeldemaske geschehen. Fragen Sie im Zweifelsfall also bei der betreffenden Person nach, wie sie gerne angesprochen werden möchte. Der Bundesverband Intersexuelle Menschen e. V. etwa rät dazu, eine Selbstauskunft nach zum Beispiel folgendem Muster einzuholen:

Selbstauskunft:

1. **Frau**
2. **Herr**
3. **Familie**
4. **Keine Angabe**
5. **Anders: Platz für die Selbstbenennung**

Mögliche Konsequenz (aus obigen Varianten):

1. **Sehr geehrte Frau**
2. **Sehr geehrter Herr**
3. **Sehr geehrte Familie Familienname**
4. **und 5. Sehr geehrte_ Vorname Familienname**

Wo dies nicht umsetzbar ist, wird anderes diskutiert. Um der Binarität auch visuell zu entgehen, zielen die meisten Vorschläge darauf, die Benennungslücke explizit sichtbar zu machen, indem bisher unübliche Zeichen (statt des großen I) verwendet werden, etwa der **Genderstern,** der **Unterstrich,** der **Doppelpunkt,** der **Mediopunkt** o. A. (vgl. Abschnitt 2.4). Das liegt zwar jenseits der offiziellen Rechtschreibregeln, spricht aber vielleicht gerade deshalb bisher nicht berücksichtigte Personen an:

Sehr geehrte*r Silke Segler
Sehr geehrte_r/geehrte:r/geehrte·r Silke Segler

Eine andere Möglichkeit wäre die **Anrede nur mit Vor- und Nachnamen** – wenn also bisher eine Person etwa mit »Sehr geehrte Frau Segler« angeschrieben worden ist, kann man problemlos ausweichen auf:

Guten Tag, Silke Segler

Weitere Möglichkeiten der **Anrede von Einzelpersonen** sind:

Hallo ((ohne Anrede))
Guten Tag ((ohne Anrede))
Hallo ((Vorname Nachname))
Mensch ((Vorname Nachname))

Gerade Letzteres (»Mensch Silke Segler«) statt »Frau« oder »Herrn« in der Anrede kann eine Alternative sein, wird allerdings in der Geschäftskorrespondenz in formalen Kontexten vermutlich nicht auf breitere Zustimmung treffen. Auch das schlichte »Hallo« empfiehlt sich in der Geschäftskorrespondenz weniger.

Hilfreich ist es natürlich, wenn in der Signatur zum Beispiel unter E-Mails bereits Angaben gemacht sind wie hier in einer E-Mail des Vereins Intersexuelle Menschen:

Absender*: Silke Sel V Arndt-Olejarz, 1. Vorsitzende_r
(Anrede bitte geschlechtsneutral, mit Vorname und Nachname)
Intersexuelle Menschen e. V. | Bundesverband

Auch auf der Homepage des Verbands wird unter »Kontakt« Folgendes konkret vorgeschlagen:

Intersexuelle Menschen e. V.
Slebuschstieg 6, 20537 Hamburg
Tel.: 0170-7090385
Eine respektvolle Anrede wäre »Sehr geehrter Vorstand«,
bei der Anrede von Einzelpersonen ist »Sehr geehrte*r
<Vorname Nachname>« geeignet.

Für eine allgemeine Anrede mehrerer, nicht definierter Personen sowohl in der Korrespondenz als auch bei öffentlichen Anlässen gibt es andere Mittel der **neutralen und alle umfassenden Anrede,** es bieten sich etwa folgende Varianten an:

Sehr geehrte Anwesende
Sehr geehrte Menschen
Liebe Menschen
Hallo Leute
Liebe alle
Guten Tag ((ohne Anrede))

Weitere Strategien besonders der geschlechtsneutralen Adressierung werden im folgenden Kapitel ausführlicher thematisiert (vgl. Abschnitt 2.4), hier nur noch ein paar Anregungen für die Umsetzung der dritten Option in der Ansprache am Arbeitsplatz:

Sehr geehrte Aktive
Sehr geehrte Fachkräfte
Liebes Team
Liebe Mitarbeitende
Liebe Lehrkräfte

Erwähnt sei in diesem Kontext nochmals **Lann Hornscheidt,** denn schon deutlich vor der juristischen Auseinandersetzung über die dritte Option setzte Hornscheidt sich dafür ein, das binäre Modell zu überwinden. Besondere Beachtung fand die Bitte Hornscheidts, statt mit gegenderten Bezeichnungen wie *Professor* oder *Professorin* nur noch neutral mit ***Professx, Profex*** oder ***Profx*** angesprochen zu werden (im Laufe der Jahre haben sich die Vorschläge leicht geändert, es war auch die Form *Professecs* im Gespräch – inzwischen bezeichnet sich Hornscheidt auf der eigenen Homepage als *Profex Drex*). Auch Hornscheidts jüngstes Buch »Exit Gender« (2019, zusammen mit Lio Oppenländer) beschäftigt sich mit dem Überwinden des binären Systems, weil damit immer noch an der sozialen Kategorie Geschlecht festgehalten werde.

Der Vorschlag: »Ex« stehe für »Exit Gender«, das Verlassen von Zweigeschlechtlichkeit, und gleichzeitig für das Personalpronomen der 3. Person Singular. Als Beispielsatz wird Folgendes formuliert: »Lann liebt es, mit anderen zu diskutieren. *Ex* lädt häufig dazu ein, einen Roman zu besprechen.« Weiterführend wird das Ganze auch auf Possessivpronomen und genusanzeigende Endungen ausgedehnt: »Lann und *ex* Freund*ex* haben *ex* Rad bunt angestrichen.« Alternativ wird das »Y« als Personalpronomen vorgeschlagen – englisch auszusprechen, um damit auch nach dem »Warum von Zweigenderung« zu fragen: »Lann liebt es, mit anderen zu diskutieren. Y lädt häufig dazu ein, einen Roman zu besprechen. Ys Lieblingsbeschäftigung ist es, zu lesen.«

Wir halten solche künstlich geschaffenen Lösungen für problematisch – zumal die Akzeptanz in weiten Teilen der Bevölkerung kaum vorhanden sein dürfte. Dennoch haben Hornscheidts Vorschläge breite Aufmerksamkeit erhalten.

Insgesamt zeigt sich an der ganzen Debatte um die »dritte Option« eines ganz deutlich: Es tritt klar hervor, in welchem Umfang die Sprache bzw. die Wahl der sprachlichen Mittel die Denkmöglichkeiten vorstrukturiert, also – je nachdem – erleichtert oder erschwert. Es zeigt sich, wie wichtig sprachliche Sichtbarkeit und explizites Gemeint-Sein im gesellschaftlichen Leben sind. Dieses komplexe Zusammenspiel zwischen Sprache, Denken und Gesellschaft ist genau das, was Gisela Schoenthal bereits im Jahr 1989 exakt auf den Punkt gebracht hat, indem sie die dreifache Funktion der Sprache so brillant zusammenfasste (vgl. das Zitat auf S. 29). Es bleibt festzuhalten: Die Entscheidung zur »dritten Option« hat die Benennungslücken und damit die Kategorisierungslücken jenseits der prototypischen Zweigeschlechtlichkeit offengelegt und sie hat den fundamentalen Beitrag der Sprache zum Denken erneut unterstrichen.

2

Sprachwissen-schaftliche Fakten

Das Material, mit dem wir arbeiten, ist die deutsche Sprache. Daher ist es hilfreich, sich einige Fakten über diejenigen Strukturen und Regeln des Deutschen zu vergegenwärtigen, die für die Anwendung geschlechtergerechter Sprache relevant sind. Das ist das Thema dieses Kapitels. Abschnitt 2.1 konzentriert sich auf die linguistischen Grundlagen, d. h. die grammatischen Regeln des Deutschen und den Aufbau von Bedeutungsunterscheidungen im Wortschatz; auch das Verwendungspotenzial verschiedener Wortarten (z. B. Pronomina wie *sie, er, wer*) kommt zur Sprache. Insbesondere werden die grammatischen und semantischen (inhaltlichen) Zusammenhänge derjenigen Personenbezeichnungen dargestellt, die das sogenannte generische Maskulinum betreffen. Während Abschnitt 2.1 also in den Kernbereich der Sprachwissenschaft fällt, greift Abschnitt 2.2 auf weitere Disziplinen aus, insbesondere auf die Psycholinguistik, die Kognitionspsychologie und die Rezeptionsforschung. In diesen und anderen Disziplinen wurden in den letzten Jahrzehnten zahlreiche Studien durchgeführt, die der Frage nachgehen, ob das sogenannte generische Maskulinum wirklich die Funktion erfüllt, die ihm oft nachgesagt wird, nämlich geschlechtsübergreifend zu referieren.

Abschnitt 2.2 ist einer kurzen und selektiven Darstellung der Ergebnisse einiger dieser meist experimentellen oder korpusanalytischen Untersuchungen zum »generischen Maskulinum« gewidmet. Abschnitt 2.3 befasst sich mit der Tatsache, dass geschlechtergerechte Sprache nicht an isolierten Wörtern oder Phrasen festzumachen ist, sondern erst im größeren sprachlichen Zusammenhang, im Text oder in der Äußerung, wirksam wird. Es werden Faktoren der Genderrelevanz dargestellt, also Bedingungen, die die Wirkung und Wichtigkeit geschlechtergerechter Formen an bestimmten Stellen im Text beeinflussen.

Die beiden Abschnitte 2.4 und 2.5 sind der praktischen Anwendung dieser sprachlichen Grundlagen gewidmet und bereiten so auf das dritte Kapitel mit den Beispielanalysen vor.

2.1 Linguistische Grundlagen

Da es beim Gendern um die geschlechtergerechte Repräsentation von Menschen im Sprachgebrauch geht, sind Personenbezeichnungen ein besonderer Schwerpunkt der sprachlichen Arbeit. Mit Personenbezeichnungen meinen wir alle sprachlichen Mittel, die auf Menschen referieren können. Dies sind alle Arten von Eigennamen, Titeln und Anreden *(Hans Müller, Professorin Meier, Frau Ministerin),* beschreibende Nominalphrasen *(die Abteilungsleiterin, ein Postbote),* Pronomina *(er, sie, alle, man, wer)* sowie weitere Ausdrucksmittel, z. B. Präpositionalphrasen wie *bei uns, unter Freundinnen,* aber auch Kollektivbezeichnungen wie z. B. *Team* oder *Professorenschaft*.

Zunächst sind im Feld der Personenbezeichnungen zwei große Bereiche zu unterscheiden. Dies sind erstens die sprachstrukturellen Gegebenheiten auf Form- und Bedeutungsseite – also grammatische Kategorien sowie semantische Felder – und zweitens funktionale Aspekte der Sprachverwendung im Satzzusammenhang (s. Abschnitt 2.3). In diesem Abschnitt geht es nun vor allem um Erstere, insbesondere um die grammatische Kategorie *Genus* und ihren Zusammenhang mit Begriffen wie *Gender* und *Geschlecht*.

Genus, Gender, Geschlecht

Wie in Abschnitt 1.3 schon angesprochen, ist üblich geworden, im Bereich »Genus und Geschlecht« vier Ebenen oder auch Schichten zu unterscheiden (vgl. z. B. den grundlegenden Text von Bußmann / Hellinger 2003, dem wir in unserer Einteilung folgen):

1. **grammatisches Geschlecht** = Genus *(der, die, das)*
2. **semantisches Geschlecht** (Inhalt/Bedeutung von Wörtern)
3. **soziales Geschlecht,** d. h. Gender im eigentlichen Sinn (stereotypische Annahmen über die sozialen Rollen und Charakterzüge von Männern und Frauen)
4. **biologisches Geschlecht** (Sexus)

Die ersten beiden betreffen die Sprachstruktur direkt, die dritte und vierte Schicht sind außersprachlich zu verorten, interagieren aber mit der Sprache. Wie sehen diese Schichten im Einzelnen aus?

1. Grammatisches Geschlecht = Genus

Es handelt sich hier um eine rein sprachliche, grammatische Kategorie des Deutschen und vieler anderer Sprachen. Wie das Englische zeigt, ist Genus jedoch nicht in jeder Sprache vertreten. Die Kategorie Genus hat im Deutschen drei Kategorienmitglieder: Maskulinum – Femininum – Neutrum. Grammatisches Genus betrifft die nominalen Wortarten (Nominalkategorien) des Deutschen, also

Substantive:	**(mask.)** ***Löffel,*** **(fem.)** ***Gabel,*** **(neutr.)** ***Messer***
Pronomina:	***er, sie, es; jener, keine, welches, dies***
Artikel:	***der (Löffel), eine (Gabel), kein (Messer)***
Adjektive:	
attributiv:	***(ein) silberner (Löffel), (eine) silberne (Gabel), (ein) silbernes (Messer)***
substantiviert:	***(ein) Guter / (eine) Gute / (ein) Gutes***

Substantive haben ein festgelegtes Genus: das Substantiv *Gabel* ist immer feminin. Die anderen Wortarten sind genusvariabel. Sie können alle drei Genuskategorien, also Maskulinum, Femininum und Neutrum, formal zum Ausdruck bringen. Dies wird gelegentlich mit dem Ausdruck »Differenzialgenus« belegt. Welches der drei grammatischen Genera bei der Verwendung dieser Wortarten jeweils realisiert wird, hängt von ihrer sprachlichen und nicht sprachlichen Umgebung ab. Hierbei gibt es zwei Faktoren, die die Genuswahl festlegen:

- Das Genus richtet sich innerhalb der Nominalgruppe immer nach dem Genus des Bezugswortes, d. h. des die ganze Gruppe dominierenden Substantivs – *eine silberne Gabel / ein silberner Löffel:* Das Genus des Artikels und das des attributiven Adjektivs sind abhängig vom Genus des Substantivs. Dies wird **grammatische** oder **syntaktische Kongruenz** genannt.

- Bei substantivierten Adjektiven und Partizipien (Partizip I und Partizip II), die sich auf Personen beziehen, richtet sich das Genus nach dem Geschlecht der gemeinten Person. Dies wird **semantische Kongruenz** genannt. Beispiele sind:
  - ***der/die Kranke, der/die Schöne***
  - ***der/die Reisende, der/die Vorsitzende***
  - ***der/die Angekommene, der/die Vorgesetze***

Diese Flexibilität verschiedener Wortarten bei der Genusauswahl und dabei insbesondere die Kongruenz (Übereinstimmung) mit einem anderen sprachlichen Element bildet eine wichtige Grundlage des Zusammenhangs zwischen Wörtern in Texten. Wir werden dieses Thema später wieder aufnehmen. Ausnahmen von der Regel der Genusflexibilität bei Pronomina bilden einige Frage- und Indefinitpronomina, z. B. *wer* oder *man* (siehe unten).

Die Kategorie Genus wird nur im Singular unterschieden; im Plural ist die Genus-Opposition neutralisiert, d. h., es gibt nur eine genusindifferente, also neutrale Form für alle. In den folgenden Beispielsätzen sind alle genusneutralen Pluralformen hervorgehoben.

Der Löffel, das Messer, die Gabel:
Sie ***liegen fein säuberlich geordnet in der Schublade.***
Die Löffel, die Messer, die Gabeln:
Sie ***liegen fein säuberlich geordnet in der Schublade.***
Die Gärtnerin und der Gärtner teilen sich die Arbeit.
Die beiden ***gehen Beet für Beet vor.***
Der Reisende und die Einheimischen begegneten sich im Gasthaus. *Sie* ***waren hungrig.***

Übrigens: Dass der Pluralartikel *die* und das Personalpronomen der dritten Personen im Plural *sie* genauso aussehen und klingen wie die Femininformen im Singular, ist ein historischer Zufall. Genauer gesagt liegt ein lautlicher Zusammenfall von Wörtern vor, die sich in älteren Sprachstufen des Deutschen in Lautung und Schreibung unterschieden haben – vergleichbar mit dem Zusammenfall in der Schreibung und Lautung der Wörter *Kiefer* (›Baum‹) und *Kiefer* (›Knochen‹).

Aus dieser Tatsache, dass der Plural kein Genus zeigt, ergibt sich eine wichtige Überlegung für gendergerechte Sprache: Wenn wir Personenbezeichnungen, die substantivierte Adjektive oder Partizipien sind, im Plural verwenden, ersparen wir uns die Unterscheidung eines Genus. Da diese Wortarten nur die Artikelwörter haben, um das Genus zu bezeichnen, ist bei ihnen im Plural das grammatische Genus automatisch neutralisiert und die Personenbezeichnungen sind damit auch genderneutral. Dazu folgende Beispiele:

> **Singular, Genus spezifiziert als Maskulinum:**
> ***Der Kranke sollte täglich spazieren gehen, um seine Beweglichkeit zu erhalten.***
> **Singular, Genus spezifiziert als Femininum:**
> ***Die Kranke sollte täglich spazieren gehen, um ihre Beweglichkeit zu erhalten.***
> **Plural, Genus nicht spezifiziert:**
> ***Die Kranken* (auch ohne Artikel: *Kranke*) *sollten täglich spazieren gehen, um ihre Beweglichkeit zu erhalten.***

In den Abschnitten 2.3 bis 2.5 finden Sie ausführliche Tipps zu diesem Bereich.

Die Zuordnung eines Substantivs zu einem Genus ist grundsätzlich willkürlich: vgl. *Löffel, Gabel, Messer.* Es gibt nichts inhaltlich »Männliches« im *Löffel* und nichts inhaltlich »Weibliches« in der *Gabel.* Kurz: Das grammatische Genus ist eine sprachinterne Einteilung der Substantive in verschiedene grammatische Klassen. Die Bezeichnung dieser drei Klassen als Maskulinum, Femininum und Neutrum fußt auf einer Tradition der Grammatikschreibung. Inhaltliche Merkmale sind damit nicht verbunden. So weit, so gut.

Es gibt allerdings eine Ausnahme von der Regel, dass das Genus nicht inhaltlich motiviert ist. Diese Ausnahme bilden – Sie werden es anhand der Beispiele schon erkannt haben – Personenbezeichnungen. Ausgerechnet!

Und hier eröffnet sich für die Bemühung um gendergerechte Sprache ein Diskussionsfeld, das seit Jahrzehnten einen der Hauptstreitpunkte der feministischen Sprachkritik und der traditionellen

Sprachnormierung bildet. Worum geht es? Hierzu müssen wir uns etwas ausführlicher mit der zweiten Schicht, dem semantischen Geschlecht, befassen.

2. Semantisches Geschlecht

Das semantische Geschlecht von Substantiven betrifft – anders als das grammatische Genus – nicht die formale Klassenzugehörigkeit, sondern die **Bedeutungsebene** der Sprache, die **Inhalte** der jeweiligen Sprachzeichen.

Bei Personenbezeichnungen und einigen Tierbezeichnungen geht es hier um die semantischen Merkmale ›männlich‹ und ›weiblich‹, die vielen Substantiven aus dieser Gruppe als Bedeutungsbestandteile zugeordnet sind (vgl. Bußmann / Hellinger 2003: 147). So enthält ein Substantiv wie *Stute* die semantischen Merkmale ›Pferd‹ und ›weiblich‹, ein Substantiv wie *Hengst* die semantischen Merkmale ›Pferd‹ und ›männlich‹. Die semantischen Merkmale von Substantiven beziehen sich auf Eigenschaften der außersprachlichen Welt; sie charakterisieren diejenigen außersprachlichen »Objekte«, auf die mit dem jeweiligen Ausdruck Bezug genommen werden kann. Der Ausdruck *Stute* wird dementsprechend im Allgemeinen verwendet, um ein außersprachliches Objekt zu bezeichnen, das der Gattung Pferd angehört und biologisch weiblich ist. Insofern hängt also das semantische Geschlecht mit dem biologischen Geschlecht (siehe unten) zusammen.

Bei Personenbezeichnungen gibt es oft einen Zusammenhang zwischen dem Genus (grammatisches Geschlecht) und dem semantischen Geschlecht (der Inhalt) auf folgende Weise: Das semantische Merkmal ›weiblich‹ tritt mit dem grammatischen Genus Femininum auf, während das semantische Merkmal ›männlich‹ mit dem grammatischen Genus Maskulinum versehen ist. Beispiele, bei denen dies zutrifft, sind:

Semantisches Merkmal ›männlich‹ und grammatisches Genus Maskulinum: *der Vater / der Onkel / der Bruder / der Ochse …*

Semantisches Merkmal ›weiblich‹ und grammatisches Genus Femininum: *die Mutter / die Tante / die Schwester / die Stute …*

Aber: Auch hier gibt es Ausnahmen. Bei nicht wenigen Substantiven zur Personenbezeichnung stimmen Genus (grammatisches Geschlecht) und semantisches Geschlecht nicht in dieser Weise überein. Diese Substantive werden auch **hybride Substantive** genannt:

> **Semantisches Merkmal ›weiblich‹ und grammatisches Genus Neutrum:** ***das Weib, das Mädchen***
> **Semantisches Merkmal ›männlich‹ und grammatisches Genus Neutrum:** ***das Männchen, das Jünglein***
> **Semantisches Merkmal ›männlich‹ und grammatisches Genus Femininum:** ***die Memme***
> **Semantisches Merkmal ›weiblich‹ und grammatisches Genus Maskulinum:** ***der Vamp***

Gerade diese Ausnahmen, die zum Teil mit zusätzlichen, wertenden Bedeutungsaspekten aufgeladen sind, zeigen, dass zwischen Genus und semantischem Geschlecht prinzipiell strikt unterschieden werden muss, auch wenn es häufig typische Korrelationen zwischen der Formklasse Maskulinum und dem semantischen Merkmal ›männlich‹ und der Formklasse Femininum und dem semantischen Merkmal ›weiblich‹ gibt. Im Kontext von Theorie und Praxis der geschlechtergerechten Sprache sind daher die folgenden Aussagen von zentraler Bedeutung:

> **Genus ist nicht gleich Sexus.**
> **Grammatisches Geschlecht ist nicht gleich semantisches Geschlecht.**

Darüber hinaus gibt es Personenbezeichnungen, die insofern geschlechtsneutral sind, als sie das semantische Geschlecht nicht spezifizieren. Selbstverständlich hat jedoch auch ein solches Substantiv, wie jedes Substantiv im Deutschen, ein grammatisches Genus. Substantive dieses Typs werden **geschlechtsneutrale Substantive** genannt. Beispiele sind folgende:

> **Genus Femininum:** ***Person, (z. B. Hilfs-)Kraft, Leiche, Geisel, Waise***

Genus Maskulinum:	***Mensch, Fan, Säugling, Prüfling, Schützling, Star***
Genus Neutrum:	***Kind, Individuum, Mitglied, Opfer, Genie, Wesen, Geschöpf***

Allen diesen Substantiven ist gemeinsam, dass sie – völlig unabhängig vom grammatischen Genus – sowohl auf männliche wie auch auf weibliche Lebewesen bezogen werden können. Die Bedeutung dieser Substantive macht über das semantische Geschlecht keine Aussage. Die Unterscheidung zwischen ›männlich‹ und ›weiblich‹, die bei vielen anderen Personenbezeichnungen ein Bedeutungsbestandteil des Substantivs ist, ist bei den geschlechtsneutralen Substantiven nicht vorhanden. Man spricht auch davon, dass diese Opposition bei ihnen neutralisiert ist. Damit ist nicht gesagt, dass die Lebewesen, die mit *Person, Kind* oder *Fan* bezeichnet werden, kein Geschlecht hätten. Die Substantive lassen dies jedoch offen.

Geeignet als Testsätze zum Erkennen solcher geschlechtsneutralen Substantive sind sogenannte Kopulasätze (d. h. Sätze mit dem Verb *sein* und zwei Nominalgruppen) wie folgende:

- *Anna* [›weiblich‹] *ist* *eine Person* [Genus f.] / *ein Säugling* [Genus m.] / *ein Individuum* [Genus n.].
- *Simon* [›männlich‹] *ist* *eine Person* (Genus f.) / *ein Säugling* (Genus m.) / *ein Individuum* (Genus n.).
- *Sie* [›weiblich‹] *ist* *eine Person* [Genus f.] / *ein Säugling* [Genus m.] / *ein Individuum* [Genus n.].
- *Er* [›männlich‹] *ist* *eine Person* (Genus f.) / *ein Säugling* (Genus m.) / *ein Individuum* (Genus n.).

Die geschlechtsneutralen Substantive können ohne semantischen, also inhaltlichen Widerspruch mit ›männlichen‹ oder ›weiblichen‹ Subjekten – also Eigennamen wie *Anna* (›weiblich‹) und *Simon*

(›männlich‹) oder Pronomina wie *sie* (›weiblich‹) und *er* (›männlich‹) – verbunden werden. Geschlechtsneutrale Substantive sind somit **merkmalsärmer** als geschlechtsdifferenzierende Substantive. Damit gleichen sie **Oberbegriffen** (Hyperonymen) in anderen Bereichen des Wortschatzes, die ebenfalls weniger Merkmale als ihre jeweiligen Unterbegriffe (Hyponyme) aufweisen. Zum Beispiel kann das Substantiv *Baum* als Oberbegriff zu den Unterbegriffen *Laubbaum – Nadelbaum* verstanden werden. Der Oberbegriff *Baum* enthält keine Angabe (kein semantisches Merkmal) dazu, ob es sich um einen Baum mit Nadeln oder einen Baum mit Blättern handelt. Die Opposition ›Laub‹ versus ›Nadeln‹ ist nicht vorhanden bzw. ist neutralisiert. Der Oberbegriff hat immer einen größeren Anwendungsbereich als die semantisch spezifischeren Unterbegriffe – er ist auf alle Mitglieder der gesamten Klasse anwendbar. Ebenso verhält es sich mit geschlechtsneutralen Substantiven wie *Person* im Vergleich zu geschlechtsspezifischen Unterbegriffen wie *Mann* und *Frau*. Das folgende Schema verdeutlicht dies:

Semantische Domäne	Pflanzen		Menschliche Lebewesen	
Oberbegriff	Baum		Person	
Unterbegriffe	Nadelbaum	Laubbaum	Frau	Mann
Semantische Merkmale der Unterbegriffe (distinktive Opposition)	›Nadeln‹	›Laub‹	›weiblich‹	›männlich‹

Analoge Unterscheidungen lassen sich zum Beispiel bei den Personenbezeichnungen *Kind* (geschlechtsneutraler Oberbegriff) gegenüber *Junge* (geschlechtsspezifischer Unterbegriff mit dem Merkmal ›männlich‹) und *Mädchen* (geschlechtsspezifischer Unterbegriff mit dem Merkmal ›weiblich‹) treffen. Oder auch beim Obergriff *Vogel* und den Unterbegriffen *Adler, Amsel, Huhn* usw. Am Ende dieses Abschnitts (s. S. 85–87) werden wir die Anordnung verwandter Wörter nach Oberbegriffen und Unterbegriffen bei der Besprechung des »generischen Maskulinums« noch einmal aufgreifen.

Die Indifferenz des Oberbegriffs bezüglich der semantischen Opposition ›weiblich‹ versus ›männlich‹ macht geschlechtsneutrale Substantive zu einem wichtigen Mittel beim richtigen Gendern (vgl. Abschnitte 2.3 bis 2.5). Als eine sehr einfache und wirkungsvolle Regel zur Umsetzung geschlechtergerechter Sprache gilt daher:

Suchen Sie nach geschlechtsneutralen Bezeichnungen, also Substantiven wie *Person, Genie, Fan.* Verwenden Sie solche Substantive, wann immer möglich.

Auch einige Wörter aus der übergeordneten Wortklasse der **Pronomina** sind geschlechtsneutral. Dazu gehören die Formen der ersten und zweiten Person Singular und Plural. Weder *ich* noch *du*, weder *wir* noch *ihr* noch die Höflichkeitsform *Sie* (Singular und Plural) treffen die Unterscheidung ›männlich‹ versus ›weiblich‹. Ferner werden die Fragepronomina *wer* und *was* und Indefinitpronomina wie *man, jemand* und *niemand* als geschlechtsneutral betrachtet:

Frage:	***Wer/Was war das?***
Antwort:	***Das war der Postbote / die Nachbarin.***
Frage:	***Wen/Was siehst du?***
Antwort:	***Ich sehe die Postbotin / den Nachbarn.***

Niemand ist gekommen. Susanne ist krank, Sabine ist verreist.
Man hatte keine Zeit für den Termin.
Niemand ist gekommen. Stefan ist krank. Sebastian ist verreist.
Man hatte keine Zeit für den Termin.

Anders als bei den geschlechtsneutralen Substantiven gibt es bei den geschlechtsneutralen Pronomina der dritten Person verschiedene Möglichkeiten – und Schwierigkeiten – der textuellen Wiederaufnahme. Wenn wir zum Beispiel einen Satz, den wir mit dem geschlechtsneutralen Pronomen *wer* eingeleitet haben, weiterführen und eine pronominale Wiederaufnahme im Singular beabsichtigen, dann müssen wir uns doch wieder zwischen Maskulinum und Femininum entscheiden. Also z. B.:

***Wer* mit der Bearbeitung der Klausur fertig ist, *der/die* kann *seine/ihre* Sachen packen und den Raum verlassen.**

Als traditionell normgerecht gilt in diesen Fällen – Sie haben es sicher schon geahnt – nur die Wiederaufnahme mit den Maskulinformen. Diese und ähnliche Probleme der (grammatischen und der semantischen) Kongruenz werden wir in den Abschnitten 2.3 bis 2.5 ausführlich besprechen.

3. Soziales Geschlecht

Das soziale Geschlecht, das wir bereits Gender genannt und kurz besprochen haben (s. Abschnitt 1.3), ist keine sprachliche, sondern eine gesellschaftliche und kulturelle Kategorie, die **stereotypische Annahmen** und Erwartungen über die sozialen Rollen, Eigenschaften und Charakterzüge von Männern und Frauen betrifft. Das soziale Geschlecht interagiert sehr stark mit sprachlichen Kategorien und Ausdrücken (vgl. hierzu auch Bußmann / Hellinger 2003: 149). So ruft ein sprachlicher Ausdruck wie *Pannendienst* in einer Erzählung wie

Wir blieben mitten in der Abfahrt liegen. Nach 30 Minuten kam endlich der Pannendienst.

mit sehr hoher Wahrscheinlichkeit das Bild einer männlichen Person auf, die bei der erwähnten Autopanne zu Hilfe kommt. Dies ist auf die Tatsache zurückzuführen, dass bestimmte Berufsbilder mit Genderrollen, also mit stereotypischen Erwartungen im Hinblick auf die Eignung dieser Berufe für Frauen oder Männer, verbunden sind. Ein weiteres Beispiel, das mit hoher Wahrscheinlichkeit weibliche Genderstereotype abruft, ist folgendes:

Die Yogagruppe hatte 20 Minuten im Schulterstand ausgeharrt und war dann in den Pflug übergegangen. In der Pause gab es im Innenhof einen grünen Smoothie.

Übrigens, vielleicht ist es Ihnen aufgefallen: Beide Beispiele erzeugen die entsprechenden Genderstereotype ohne die Mithilfe entsprechender sprachlicher Formen. In keinem der Beispiele sind genusmarkierte oder semantisch männlich oder weiblich spezifizierte Formen der Personenbezeichnung vorhanden. Genderrollen sind somit als Stereotype interpretierbar. Stereotype lassen sich beschreiben als Bündel von Merkmalen, die gleichzeitig und sozusagen »als Paket«, d.h. im Ganzen abgerufen werden. Es erfolgt keine Zerlegung in einzelne Merkmale.

Ein Beispiel zur Illustration: Ein sprachlicher Ausdruck wie *Vogel* ruft bei deutschsprachigen Personen im europäischen Raum typischerweise das Bild einer Amsel (oder eines ähnlichen kleineren Singvogels) hervor, dagegen eher nicht das Bild eines Pinguins oder eines Huhns. Die Amsel repräsentiert für diese Personengruppe also den Prototyp eines Vogels. Die Vorstellung vom Prototyp taucht reflexartig und automatisch auf. Andere weniger prototypische Vertreter einer Kategorie, z.B. unser Pinguin, kommen hingegen nur nach Überlegung, Nachfragen usw. zum Zuge (Derartiges wird bei psycholinguistischen Tests, z.B. der Wort-Bild-Zuordnung, ermittelt).

Der Vorteil von Stereotypen liegt auf der Hand: Sie sparen kognitive Energie und ermöglichen schnelle Reaktionen. Doch wo ein Vorteil ist, ist meist auch ein Nachteil nicht weit: Stereotype ignorieren andere – möglicherweise wichtige – Eigenschaften und können zu Fehleinschätzungen und Fehlurteilen führen.

Zur Verdeutlichung dieser wichtigen Erkenntnis wollen wir abschließend einen kleinen Test durchführen. Es geht um das Wort *Fan,* das ja ein geschlechtsneutrales Substantiv ist, und es geht um die Frage, welche Genderrolle, d.h. welche sozial definierten Eigenschaften, damit verbunden sind. Dazu stellen wir uns folgenden fiktiven Bericht in einer Lokalzeitung vor:

> ***Nach dem Fußballspiel ziehen die Fans grölend durch die Straßen und pöbeln Passanten an. An einem Kiosk machen sie halt, um sich für die Heimfahrt mit Bier einzudecken.***

Welches Genderstereotyp taucht bei Ihnen auf, wenn Sie diese Sätze lesen oder hören? Und was geschieht, wenn der Text wie folgt weitergeht? Fiktiver Bericht in einer Lokalzeitung, Teil II:

Als es ans Bezahlen geht, bemerken die Fans, dass sie ihre Handtaschen vergessen haben.

Sie werden nun vermutlich ihr ursprüngliches Genderstereotyp von ›männlich‹ zu ›weiblich‹ verändert haben. Dies haben Sie vermutlich aufgrund der Assoziationen getan, die sich aus der Erwähnung von Handtaschen ergeben (vgl. Abschnitt 1.3, Sprachexterne Aspekte).

4. Biologisches Geschlecht

Zum Schluss müssen wir einen Blick auf die letzte der vier Schichten, auf das referenzielle oder auch biologische Geschlecht einer Person (oder eines Tieres) werfen. Das biologische Geschlecht (Sexus) wird im Allgemeinen als natürlich gegeben betrachtet, d. h. als biologisches Faktum, das für die meisten Menschen von Geburt an eindeutig feststeht (s. Abschnitt 1.3, aber auch 1.4).

Wichtig im Deutschen ist, dass bei Personenbezeichnungen das grammatische Geschlecht oft genutzt wird, um das biologische Geschlecht zu markieren (vgl. Bußmann / Hellinger 2003: 150). Zum Teil haben wir das unter Punkt 1 schon gesehen. Gemeint sind hier **substantivierte Adjektive und Partizipien.**

der Kranke – die Kranke
der Reisende – die Reisende
der Gefeierte – die Gefeierte

Adjektive und Partizipien bezeichnen »normalerweise« keine Objekte oder Personen, sondern Eigenschaften und Zustände. Sie haben daher, anders als Substantive, kein grammatisches Genus. Wenn diese Wortarten nun substantiviert werden, dann erhalten sie ihr grammatisches Genus entsprechend dem semantischen bzw. biologischen Geschlecht der Bezugsperson. In diesen Fällen beeinflusst also das biologische Geschlecht das grammatische Genus des substantivierten Adjektivs oder Partizips.

Diese vier Schichten – das grammatische, das semantische, das soziale und das biologische Geschlecht – wirken bei Fragen des richtigen

Genderns zusammen; insbesondere in Zweifelsfällen ist es sinnvoll, zu überlegen, auf welcher Ebene ein Problem oder eine Unklarheit besteht.

Das »generische Maskulinum«

Einer der Hauptstreitpunkte in den Debatten um geschlechtergerechte Sprache seit den 1970er-Jahren ist das sogenannte generische Maskulinum. Diese Diskussion ist so wichtig wie kompliziert. Sie ist uns einen eigenen Abschnitt wert (vgl. zur historischen Entwicklung Abschnitt 1.2).

Zunächst wenden wir uns der Frage zu, welche sprachlichen Ausdrücke überhaupt von der Problematik des »generischen Maskulinums« betroffen sind. Die Schwierigkeit entfaltet sich bei paarigen Personenbezeichnungen mit systematischer Genusdifferenzierung, insbesondere solchen, die eine Ableitung semantisch weiblicher, grammatisch femininer Formen mit *-in* bilden. Dies sind beschreibende Bezeichnungen bzw. Rollenbezeichnungen wie *der Bürger/die Bürgerin, der Wähler/die Wählerin, der Patient/die Patientin* und Tätigkeits-, Amts- und Berufsbezeichnungen wie *der Professor/die Professorin, der Beamte/die Beamtin, der Kanzler/die Kanzlerin, der Student/die Studentin.* Auch die bereits ausführlich besprochenen substantivierten Adjektive und Partizipien im Singular gehören hierher (*der Reisende/die Reisende, der Versicherte/die Versicherte* usw.).

Beim Bezug auf »gemischte« Gruppen, also Gruppen von Personen, die Frauen und Männer und andere Geschlechter einschließen, wie auch bei allgemeingültigen (im engen Sinn »generischen«) Aussagen stellt sich die Frage, welche sprachliche Form gewählt werden soll. Genauer gesagt: Diese Frage stellt sich heute, nachdem sie von der feministischen Sprachkritik massiv vorgetragen wurde.

Vor dem Einsetzen dieser Kritik wurde noch im 20. Jahrhundert in solchen Fällen meist unhinterfragt das grammatische Genus Maskulinum gesetzt (vgl. Abschnitt 1.2). In dieser Tradition wird die Bezeichnung für männliche Personen als die »unmarkierte« Form und als korrekter sprachlicher Ausdruck auch für gemischte Gruppen angesehen. Weibliche Personen gelten als »mitgemeint«. Die Sprachwissenschaftlerin Luise Pusch, eine der Begründerinnen der feministischen Linguistik in Deutschland hat sich hierzu früh und in ihrer bekannten polemisch-zuspitzenden Art geäußert:

> **»99 Staatsbürgerinnen und ein Staatsbürger sind auf Deutsch 100 Staatsbürger. Die 99 Bürgerinnen können zusehen, wo sie bleiben; sie sind nicht der Rede wert. [...] Das Medium Sprache aber ist grammatisch so organisiert, daß mit fast jedem Satz, in dem von Personen die Rede ist, die Vorstellung ›männliche Person‹ erzeugt wird. Denn unsere Grammatiken schreiben vor, daß jede noch so große Menge von Frauen symbolisch zu einer Männermenge wird, sobald nur ein einziger Mann hinzukommt.« (Pusch 1999: 10 ff.)**

Nicht selten wird auch heute noch diese Position vertreten. Und in den romanischen Sprachen ist dies gegenwärtig noch die übliche Gebrauchsnorm für Personenbezeichnungen bei gemischten Gruppen. Doch sei an dieser Stelle festgehalten, dass in weiten Teilen der Gesellschaft die zitierte traditionell befürwortende Haltung zum »generischen Maskulinum« inzwischen nicht mehr dominiert. Selbstverständlich raten alle Leitfäden für gendergerechte Sprache von der Verwendung dieser **Gebrauchsgewohnheit** – denn das ist das »generische Maskulinum« letztlich – ab.

Woran liegt es nun, dass seine Verwendung derart in Verruf geraten ist? Auch hier hilft ein Beispiel. Wir stellen uns wieder eine Nachricht in unserer fiktiven Zeitung vor und fragen uns, worauf sich der Ausdruck *Erzieher* hier bezieht:

> ***In den Kitas fehlen Erzieher.***

Sind mit *Erzieher* nur männliche Personen oder auch Frauen gemeint? Solange wir nur dieses Textsegment vor uns haben, können wir nicht sicher sein. Der Ausdruck *Erzieher* ist in diesem Kontext mehrdeutig, d. h., er ist unterschiedlich interpretierbar. Einerseits kann *Erzieher* sich auf männliche Personen und nur auf diese beziehen. Dann ist der

Ausdruck geschlechtsspezifisch verwendet. Andererseits kann er jedoch – insbesondere in alter Tradition – auch so verwendet werden, dass Männer und Frauen gemeint sind. In diesem Fall wird vom »generischen Maskulinum« gesprochen.

Nun kann der sprachliche oder auch der außersprachliche Kontext die Frage klären, ob Frauen bei einer rein maskulinen Personenbezeichnung mitgemeint sein sollen oder ob dies nicht der Fall ist. Unser Beispielsatz lässt sich in beide Richtungen durch Hinzufügungen präzisieren:

- **Version A: *Erzieher* als »generisches Maskulinum«**
  In den Kitas fehlen Erzieher. 25 % aller Stellen in diesem Bereich sind unbesetzt.
- **Version B: *Erzieher* als spezifisch männlicher Ausdruck**
  In den Kitas fehlen Erzieher. In dieser Berufsgruppe gibt es nur 2 % Männer.

Während in der A-Version die Form *Erzieher* auf Männer und Frauen verweisen soll, sind in der B-Version Frauen nicht mitgemeint. Dies erschließt sich aus den jeweiligen Folgesätzen. Die sprachliche Form *Erzieher* jedoch ist ohne weitere Erläuterungen in ihrem außersprachlichen Bezug intransparent. Männer sind durch diese Form immer explizit angesprochen und können sich somit in jedem Fall gemeint fühlen. Frauen hingegen sind durch diese Form nicht direkt angesprochen. Sie wissen nie, ob sie in einem konkreten Fall »mitgemeint« sind und sich also angesprochen fühlen sollen oder ob sie nicht gemeint, also ausgeschlossen sind.

Dies hat gravierende Folgen, die inzwischen als diskriminierend und benachteiligend gegenüber Frauen erkannt worden sind. Wie Abschnitt 2.2 und die dort zitierte Literatur zeigen werden, gibt es zahlreiche psycholinguistische und kognitionspsychologische Studien, die belegen, dass bei der Verwendung des »generischen Maskulinums« Frauen mental nicht oder nicht adäquat repräsentiert werden. Die Vorstellung von Frauen als relevanten Personen im besprochenen Sachverhalt wird durch diese Sprachform erschwert oder gar unmöglich.

Ein sehr einfaches Testverfahren, das auch die Grundlage für einige wissenschaftliche Studien darstellt (vgl. Abschnitt 2.2), das Sie jedoch ganz einfach selbst erproben können, verdeutlicht die fatale Wirkung dieser Form und illustriert auf sehr plastische Weise, dass Frauen durch das »generische Maskulinum« mental nicht repräsentiert werden. Eine simple Alltagsvariante dieses Tests geht so:

Sie stellen einer Gruppe von Personen (einer Schulklasse zum Beispiel oder einer Runde Kollegen und Kolleginnen) folgende Frage:

Wer ist dein/Ihr Lieblingsschauspieler?

Sie bitten um Niederschrift auf einem Zettel und werten die gesammelten Ergebnisse dann aus. Sie werden vor allem die Namen männlicher Personen als Antworten auffinden. In einem zweiten Test, zu dem Sie eine andere, aber vergleichbare Gruppe einladen sollten, stellen Sie die Frage folgendermaßen:

Wer ist dein/Ihr Lieblingsschauspieler bzw. deine/Ihre Lieblingsschauspielerin?

Auch hier bitten Sie um Niederschrift. Die Zahl der Frauen- und Männernamen wird hier ausgeglichener sein. Mit diesem kleinen Fragespiel wird klar, was mit mentaler Aktivierung bzw. Nicht-Aktivierung von Konzepten (Stereotypen) gemeint ist. Und es wird deutlich, welche Rolle die Sprache hierbei spielt: Erst wenn explizit auch nach weiblichen Personen gefragt wird, ist sichergestellt, dass sie genannt werden. Wenn hingegen nicht explizit nach weiblichen Personen gefragt wird, dann wird an diese Gruppe nicht unbedingt gedacht. Denn die maskuline Form bei paarigen Personenbezeichnungen ist keine geschlechtsneutrale Form. Der Ausdruck »generisches Maskulinum« ist daher sachlich unzutreffend und irreführend.

Das »generische Maskulinum« verstößt zudem gegen das grundlegende Kommunikationsprinzip der Klarheit und Vermeidung von Mehrdeutigkeit. Schon aus diesem Grund sollte es nicht verwendet werden. Die offenkundige Benachteiligung von Frauen durch diesen Sprachgebrauch ist ein weiteres, nicht weniger wichtiges Argument gegen die Fortführung dieser Angewohnheit. Vermeiden Sie also das

»generische Maskulinum«, wenn Sie klar, eindeutig und gendergerecht kommunizieren wollen!

Ein kleiner Exkurs zu Gegensatzpaaren

Obwohl es, wie schon erwähnt, allen, die sich mit geschlechtergerechter Sprache befassen, klar ist, dass das »generische Maskulinum« nicht als korrekter Sprachgebrauch propagiert werden sollte, haben sich gerade in letzter Zeit wieder verstärkt Stimmen Gehör verschafft, die sich für diese letztlich frauenfeindliche Praxis stark machen. Die Argumentation ist – wenn überhaupt argumentiert wird – eine, die auf einer Fehlinterpretation der Verteilung semantischer Merkmale aufsetzt. Ohne in die zum Teil heftig geführte gesellschaftspolitische Debatte einzusteigen, sei hier abschließend und zum Zweck der sachlichen Klärung ein Blick auf die relevanten semantischen Bedingungen bei sprachlichen Gegensatzpaaren geworfen.

Wir erinnern uns an die gleichwertigen Gegensätze zwischen den Unterbegriffen *Stute* und *Hengst* zum Oberbegriff *Pferd* bzw. *Frau* und *Mann* zum Oberbegriff *Person* (s. S. 76). Nun gibt es nicht für alle Personenbezeichnungen solche Oberbegriffe. Insbesondere nicht für die zahlreichen paarig vorliegenden Personenbezeichnungen, die weibliche Ableitungsformen (vorwiegend auf *-in*) haben (Typ *Bürger/Bürgerin*). Die Verfechter und Verfechterinnen des »generischen Maskulinums« behaupten nun, dass diese Opposition genauso zu behandeln sei wie andere sprachliche Oppositionsbeziehungen, die ein markiertes Mitglied einem unmarkierten, allgemeineren Mitglied gegenüberstellen. Sehen wir uns zunächst die Struktur dieses Typs von Opposition an. Wir verwenden dazu die Opposition zwischen den Adjektiven *jung* und *alt*.

Hier liegt eindeutig der Fall einer unterschiedlichen Gewichtung der beiden Gegensatzbezeichnungen vor. *Alt* ist die allgemeinere Bezeichnung, *jung* hingegen die speziellere. Das zeigt sich z. B. daran, dass die normale Frage nach dem Alter einer Person immer lautet *Wie alt bist du / sind Sie?* (und nicht *Wie jung bist du / sind Sie?*), unabhängig davon, ob die befragte Person objektiv eher jung oder eher alt ist. Das Adjektiv *alt* übernimmt somit einerseits die Rolle des Oberbegriffs, der Neutralisationsstufe, andererseits die Rolle des Gegensatzes zum markierten Wert ›jung‹.

Diese Art der Strukturierung der Gegensätze gibt es auch bei Substantiven. Ein häufig zitiertes Beispiel ist die Opposition zwischen *Tag* und *Nacht*, bei der *Tag* der Oberbegriff und der unmarkierte Wert ist und *Nacht* der markierte.

Oberbegriff/ Neutralisationsform ›Zeiteinheit von 24 Stunden‹	*Tag*	
Unterbegriffe	*Tag*	*Nacht*
Merkmalsopposition der Unterbegriffe	›Zeit vom Aufgang der Sonne bis zum Untergang der Sonne‹	›Zeit vom Untergang der Sonne bis zum Aufgang der Sonne‹

Die Verfechter und Verfechterinnen des »generischen Maskulinums« behaupten nun, dass auch die genannten Personenbezeichnungen mit Feminin-Ableitungen notwendig nach diesem Muster des Gegensatzes aufgebaut sein müssten.

Hierzu gibt es jedoch keinen sprachsystematischen Grund. Der binäre Oppositionstyp *Tag/Nacht, alt/jung* ist in der Sprache zwar häufig vertreten, der äquipollente, gleichwertige (*Pferd: Stute – Hengst* usw.) ist es jedoch auch. Die folgende Tabelle gibt ein Beispiel für gleichwertige Opposition bei Adjektiven anhand des Beispiels *kalt/heiß*. Hier ist keines der beiden Adjektive als Oberbegriff verwendbar, sodass man einen völlig anderen Begriff verwenden muss: *Welche Temperatur hat das Freischwimmbecken?* Und nicht: **Wie heiß / wie kalt ist das Freischwimmbecken?* (Der Stern * bedeutet im Kontext sprachwissenschaftlicher Belege, dass die Äußerung als sprachlich nicht korrekt betrachtet wird; mit dem Genderstern hat dies nichts zu tun).

Oberbegriff/ Neutralisationsform ›Temperatur‹	*Temperatur*	
Unterbegriffe	*heiß*	*kalt*
Merkmalsopposition der Unterbegriffe	›hohe Temperatur‹	›geringe Temperatur‹

Wie wir bereits gesehen haben, gilt diese Struktur auch für Tier- und Personenbezeichnungen. Einen eigenen Ausdruck als Oberbegriff und jeweils zwei gleichwertige Ausdrücke als Unterbegriffe haben z. B. folgende Bezeichnungen:

Pferd:	***Stute – Hengst***
Person:	***Frau – Mann***
Kind:	***Mädchen – Junge***

Da dieses Muster in der Sprache geläufig ist und auch bei Personenbezeichnungen natürlich auftritt, gibt es grundsätzlich keinen Hinderungsgrund, dieses Muster auf weitere Personenbezeichnungen auszuweiten und damit die historisch erklärbare, jedoch eindeutig sexistische Praxis des »generischen Maskulinums« zu überwinden. Zur Verdeutlichung ein letztes Mal eine Tabelle mit gleichwertigen Oppositionen bei Personenbezeichnungen:

Oberbegriff/ Neutralisationsform	*Person*	
Unterbegriffe	*Frau*	*Mann*
Oberbegriff/ Neutralisationsform	*Kind*	
Unterbegriffe	*Mädchen*	*Junge*
Oberbegriff/ Neutralisationsform	*Fachkraft*	
Unterbegriffe	*Fachfrau*	*Fachmann*
Oberbegriff/ Neutralisationsform	*Studierende* (Plural)	
Unterbegriffe	*Studierende, Studentinnen*	*Studierende, Studenten*
Merkmalsopposition der Unterbegriffe‹	›weiblich‹	›männlich‹

Die Zahl solcher Gegensatzpaare ist groß. Sie repräsentieren ein wichtiges Muster des deutschen Sprachsystems. Nichts spricht dagegen, dieses im Sinne der Verbesserung der Gleichstellung auszubauen, wie es zum Beispiel bei der Berufsbezeichnung *Reinigungskraft* üblich geworden ist.

Wo dies nicht möglich ist, können andere Formen der geschlechtergerechten Sprachverwendung gefunden werden. Bevor wir uns diesen konkreten Formen des geschlechtergerechten Formulierens aber ausführlich widmen, möchten wir Ihnen im folgenden Abschnitt noch ein paar Argumentationshilfen in Form von wissenschaftlichen Untersuchungen und entsprechenden Ergebnissen an die Hand geben.

2.2 Evidenzen statt Behauptungen

Das »generische Maskulinum« ist eines der am besten untersuchten Phänomene in experimentellen und empirischen Studien aus einer Vielzahl von Disziplinen. Zugleich ist es eine der Sollbruchstellen des geschlechtergerechten Formulierens: Es ist nicht möglich, sich geschlechtergerecht auszudrücken und zugleich das »generische Maskulinum« beizubehalten. Daher sei in diesem Abschnitt zumindest ein kurzer Blick auf die Ergebnisse der vorliegenden Forschungen geworfen. Alle, die einen ausführlicheren Überblick wünschen, finden diesen in Kotthoff/Nübling (2018: 99–115), wo etwa ein Dutzend einschlägiger Arbeiten aus den Jahren 1988 bis 2012 in ihrem Aufbau, ihrer Zielsetzung und ihren Ergebnissen gut verständlich dargestellt werden. Auch Kusterle 2011 bietet eine detaillierte Würdigung der bis dato erschienenen einschlägigen Forschungen.

Die Studien haben unterschiedliche Herangehensweisen und Zielsetzungen. Einige arbeiten mit direkten Befragungen von Testpersonen. Andere führen Sprachverarbeitungsaufgaben durch, z. B. das Ausfüllen von Lückentexten bzw. die Ergänzung von Sätzen.

Zahlreiche psycholinguistische Studien verwenden technisch aufwendige Methodologie, z. B. Reaktionszeitmessungen bei der Entscheidung über »richtige« oder »falsche« Zuordnungen von Texten oder Bildern oder über »richtige« oder »falsche« Folgesätze oder auch Eyetracking-Untersuchungen, die oft der Erfassung des Leseprozesses dienen.

Die Zielsetzungen der Untersuchungen betreffen teils stärker linguistisch orientierte Problemstellungen, wie die Wirkung bestimmter Sprachformen im Hinblick auf Lesegeschwindigkeit und Anschlussfähigkeit durch andere Sprachformen oder auch das Zusammenspiel von sprachlichen Formen und sprachlichen und außersprachlichen Kontexten beim Aufbau eines kognitiven Modells über den Inhalt eines Textes. Teils stehen psychologische Fragen stärker im Vordergrund, wie zum Beispiel der Einfluss von gesellschaftlichen Rollenbildern (die ja auch sprachlich vermittelt sind) bei der Berufswahl oder der Zusammenhang zwischen einer mehr oder weniger sexistischen Grundhaltung und der mehr oder weniger großen Bereitschaft zur Veränderung von Kommunikationsgewohnheiten. Hervorgehoben sei, dass diese Untersuchungen den gängigen wissenschaftlichen und methodischen Standards verpflichtet sind und die Resultate entsprechend differenziert gewichtet werden. Sie können nicht durch einfache Meinungskundgaben, die sich auf persönliche und individuelle Erfahrungen berufen (Aussagen wie: »Bei mir ist das aber anders. Ich fühle mich durch maskuline Formen als Frau nicht diskriminiert«), widerlegt werden. Selbstverständlich sind solche Meinungskundgaben legitim und als Meinungskundgaben bzw. als Mitteilung individueller Erfahrung zu akzeptieren. Sie eignen sich jedoch nicht als Grundlagen für, zum Beispiel, überindividuelle Bewertungen der Wirkung von Sprachformen oder des Zusammenhangs von Sprache und gesellschaftlicher Praxis. Hier müssen wissenschaftliche Studien die Maßstäbe setzen. In der Gesamtschau ergeben sie mit all ihren verschiedenen Facetten ein eindeutiges Bild.

Wir skizzieren im Folgenden in stark vereinfachter und zusammenfassender Form Grundzüge und wesentliche Ergebnisse einiger Studien.

Explizite Befragungen der Testpersonen

Etliche Studien arbeiten mit direkter Befragung von Testpersonen. Zum Beispiel werden Testpersonen aufgefordert, bestimmte berühmte oder beliebte Persönlichkeiten zu benennen, also individuelle Repräsentanten oder Repräsentantinnen aus einer Gruppe aufzuführen (mehrere Studien hierzu präsentieren Stahlberg / Sczesny 2001). Eine vereinfachte Variante der in diesen Studien angewandten Fragemethode haben wir im letzten Abschnitt schon zur eigenen Erprobung empfohlen (s. S. 84).

In systematisierter und kontrollierter Form wird diese Art der Befragung in Stahlberg / Sczesny 2001 nutzbar gemacht. Dabei wird die Frage bzw. die Aufforderung systematisch in der Weise variiert, dass einmal das sogenannte generische Maskulinum auftritt (z. B.: *Wer ist dein Lieblingssänger?, Wer ist Ihr Lieblingsautor?*), in alternativen Formulierungen hingegen eine geschlechtergerechte Form, z. B. die Beidnennungen *(Wer ist dein Lieblingssänger oder deine Lieblingssängerin? Wer ist Ihr Lieblingsautor oder Ihre Lieblingsautorin?)* oder auch geschlechtsneutrale Formulierungen (z. B. *Nennen Sie Ihre liebste heldenhafte Romanfigur!*). Die Forschungsfrage hierbei ist, ob die jeweilige Sprachform in der Frage bzw. Aufforderung tendenziell bestimmte Antworten triggert, genauer: ob maskuline Sprachformen bevorzugt zur Nennung männlicher Repräsentanten führen, während geschlechtergerechte Formen eine bessere Repräsentanz von Frauen in den Antworten evozieren.

Die Tendenz der Antworten in den einschlägigen Testsettings ist eindeutig: Bei Fragen, die nur die männliche Variante enthalten, werden überwiegend Männer in den Antworten genannt, bei Fragen mit Beidnennungen oder neutralen Formen werden auch Frauen in den Antworten als Lieblinge aufgezählt. Das Resümee der Autorinnen zu den vorgestellten Studien lautet, dass »der Gebrauch des generischen Maskulinums zu einem **geringeren gedanklichen Einbezug von Frauen** im Vergleich zu alternativen Sprachformen wie der Beidnennung und dem ›Großen I‹ [führt]« (Stahlberg / Sczesny 2001: 137).

Lesezeitmessungen / Einschätzungen der Testpersonen

Eine andere Methode besteht darin, den Versuchspersonen identische Texte zu präsentieren, die sich jedoch in der Art der Personennennungen unterscheiden. Die Texte sind u.a. journalistische Berichte über Sportereignisse, wissenschaftliche Konferenzen oder dergleichen (Blake / Klimmt 2010, Braun et al. 1998) oder Sachtexte wie Beipackzettel von Medikamenten (Braun et al. 2007) oder Verträge (Friedrich / Heise 2019). Auch in diesem Typ des Testdesigns werden die gebotenen Formulierungen differenziert in das sogenannte »generische Maskulinum« *(Studenten)*, die Beidnennung *(Studenten und Studentinnen)* und andere als geschlechtergerechter angesetzte Formen wie Neutralisierungen durch Partizipien im Plural *(Studierende)* oder das Binnen-I *(StudentInnen)*. Die Methoden sind u. a. Lesezeitmessungen und Befragungen. Dabei geht es mit unterschiedlicher Gewichtung je nach Studie

- um den jeweils geschätzten Anteil von Frauen und Männern in den im Text dargestellten Gruppenereignissen, wobei angenommen wird, dass (bei kontrollierten sonstigen Kontextbedingungen) bei Verwendung des sogenannten generischen Maskulinums der Frauenanteil geringer geschätzt wird als bei Verwendung geschlechtergerechter Formen,
- um Textverständlichkeit (Lesbarkeit),
- um die Erinnerungsleistung bezüglich des Inhalts
- und um die (subjektive Bewertung der) Ästhetik.

Blake / Klimmt vertreten in ihrer Untersuchung von Nachrichtentexten (Lesezeitmessung und Befragung zum geschätzten Anteil von Frauen und Männern am dargestellten Sachverhalt) die These, dass journalistische Texte mit alternativen Personenbezeichnungen »zu einem […] stärkeren und […] realitätsnäheren gedanklichen Einbezug von Frauen [führen] als Texte mit homogen generisch maskulinem Personenbezeichnungsmodell« (2010: 293). Als Formalternativen verwenden sie das sogenannte »generische Maskulinum«, die Beidnennung, das Binnen-I und Neutralformen.

Im Ergebnis erweist sich, dass die sprachliche Form der Personenbezeichnung einen deutlichen Effekt hat. Beidnennung und Binnen-I erhöhen den geschätzten Frauenanteil; beim sogenannten »generischen Maskulinum« wird hingegen der Männeranteil überschätzt. Ähnliches finden bereits Braun et al. 1998, die zusammenfassend festhalten: »Der Verdacht der Sprachkritikerinnen, daß [sic] das generische Maskulinum ›männliche‹ Assoziationen verstärkt, hat sich in der empirischen Überprüfung als berechtigt erwiesen« (Braun et al. 1998: 281). Blake / Klimmt 2010 resümieren bezüglich der anderen Fragen Folgendes: Bei der **Lesbarkeit** ergeben sich **keine signifikanten Unterschiede** durch die jeweiligen Formen. Was die Bewertung der Ästhetik betriff, so bewerten Männer die Version mit dem »generischen Maskulinum« besser als Frauen, während Frauen die Binnen-I-Version positiver bewerten.

Packungsbeilagen von Medikamenten kommen in der Untersuchung von Braun et al. 2007 zum Einsatz. Der Titel des Beitrags »*Aus Gründen der Verständlichkeit ...*: Der Einfluss generisch maskuliner und alternativer Personenbezeichnungen auf die kognitive Verarbeitung von Texten« kennzeichnet die Zielrichtung: Es geht sowohl um die Lesbarkeit als auch um die (subjektiv bewertete) Textqualität und um die kognitive Verarbeitung (Memorierbarkeit) unter dem Einfluss alternativer Sprachformen für Personenbezeichnungen. Das Resultat dieser Studie lautet, dass die **Erinnerungsleistung** durch geschlechtergerechte Formen **nicht reduziert** wird; bei den subjektiven Bewertungen treten leichte, statistisch nicht signifikante Unterschiede zwischen Frauen und Männern auf.

Vergleich von Original- und gendergerechtem Text

Eine empirisch umfangreiche Studie jüngeren Datums ist die von Friedrich / Heise 2019. Sie überprüft anhand eines Experiments mit 355 Studierenden, ob ein überarbeiteter Originaltext (Stromliefervertrag eines deutschen Stromversorgers) in der ursprünglichen Version, die ausschließlich mit Maskulinformen operiert, verständlicher ist als sein geschlechtergerecht aufbereitetes Pendant, bei dem an 39 Textstellen Beidnennungen anstelle der ursprünglichen Maskulinformen gesetzt wurden (*Kontoinhaber oder Kontoinhaberin* statt *Kontoinhaber, er oder sie* statt *er*). Die Bewertung der **Textverständlichkeit** durch die Testpersonen ergab **keinerlei Unterschiede** zwischen den Versionen. Diese Studie bestätigt somit die früheren Studien, dass geschlechtergerechte Sprache durch Beidnennung die Verständlichkeit eines Textes gegenüber der Verwendung des sogenannten generischen Maskulinums nicht reduziert.

Bei diesen und weiteren Studien, die mit verschiedenen Varianten von Texten arbeiten, ergibt sich also ein im Detail differenziertes, in der Tendenz jedoch eindeutiges Bild:

- Die Lesefreundlichkeit und Textverständlichkeit werden durch geschlechtergerechte Formulierungen nicht erschwert.
- Subjektive Bewertungen der Textqualität/Textästhetik ergeben ebenfalls, dass insgesamt geschlechtergerechte Formen nicht negativ ins Gewicht fallen. Kleine Abweichungen ergeben sich insofern, als Männer in geringem Umfang die Maskulinformen besser bewerten.
- Die kognitive Einbeziehung von Frauen ist bei verschiedenen Sprachformen sehr unterschiedlich:
  - Die Verwendung des »generischen Maskulinums« erzeugt eine mentale Repräsentation bei den Textrezipierenden, in der Frauen nur zu einem sehr geringen Anteil an den Ereignissen beteiligt sind oder gar nicht als Akteurinnen in Erwägung gezogen werden.
  - Zugleich wird bei Verwendung des »generischen Maskulinums« der Anteil von Männern überschätzt.
  - Geschlechtergerechte Formen verbessern in unterschiedlichem Umfang den geistigen Einbezug von Frauen.

Lückentexte zur Ergänzung durch die Testpersonen

Ein weiterer, oft gewählter Versuchsaufbau besteht darin, Lückentexte und entsprechende Aufgaben zur Satzergänzung anzuwenden. Beispielsweise wird ein kurzer Text aus zwei Sätzen vorgegeben, wobei im zweiten Satz Lücken zu füllen sind, die die Personenreferenz des ersten Satzes wieder aufnehmen. Diese Methode verwendet zum Beispiel eine der ersten Studien auf diesem Feld, nämlich die Untersuchung von Klein aus dem Jahr 1988. Sie trägt den Titel »Benachteiligung der Frau durch das generische Maskulinum – eine feministische Schimäre oder psycholinguistische Realität?«, der indirekt Auskunft über den damaligen Zeitgeist mitvermittelt.

Es handelt sich um eine schriftliche Befragung, in der den Testpersonen zunächst »generische Maskulina« wie *Einwohner* oder *Kunden* präsentiert werden. Im nachfolgenden Text wird eine Person aus dieser Gruppe spezifiziert und es sollen Textlücken mit einer geschlechtsspezifischen Anrede und einem geschlechtsspezifischen Vornamen gefüllt werden. Eines der Testitems lautet:

> ***Immer mehr Kunden wechseln vom Tante-Emma-Laden zum Supermarkt, um ihre Einkäufe zu erledigen. (Anrede ________ / Vorname ______________) Huber widersetzte sich diesem Trend und nahm die Mehrausgaben in Kauf.***

Wäre das sogenannte generische Maskulinum (hier im Plural als *Kunden*) in der Tat geschlechtsindifferent, dann sollten die nachfolgenden Lücken jeweils zu 50 % mit männlichen und weiblichen Anreden und Vornamen aufgefüllt werden, da bei Rollenbezeichnungen wie *Kunden* keine sozial gegenderten Präferenzen anzunehmen sind (anders als z. B. bei einer Berufsbezeichnung wie *Pilot(en)*, die eindeutig – zumal vor dreißig Jahren – mit der männlichen Genderrolle assoziiert ist). Das Ergebnis der Studie zeigt jedoch, dass die **Mehrheit der Weiterführungen mit spezifisch männlichen** Personenkonkretisierungen erfolgte.

Auch die Arbeit von Rothmund / Scheele 2004, mit dem Titel »Personenbezeichnungsmodelle auf dem Prüfstand« verwendet Lückentexte mit unterschiedlichen Typen der Personenbezeichnungen (»generisches Maskulinum«, Beidnennung, neutrale Formen, Binnen-I), die durch die Testpersonen ergänzt werden müssen. Hier werden neben den sprachlichen Ausdrucksmitteln auch die Kontexte und ihre jeweiligen Genderprädispositionen (also die jeweils mit aufgerufenen Genderstereotype) einbezogen. Diese Untersuchung kommt zu dem Ergebnis, dass Texte, deren Kontext deutlich männliche Assoziationen aufruft (z. B. ein Bericht über Innovationen im Maschinenbau), unabhängig von der Sprachform zu mehr männlichen Ergänzungen führen, während neutrale Kontexte nur beim »generischen Maskulinum« mehr männliche Ergänzungen hervorrufen.

Schwierigkeit der Textverarbeitung bei den Testpersonen

Irmen / Roßberg 2004 messen in drei Experimenten die Lesezeiten von Texten und ziehen hieraus Rückschlüsse darüber, wie schwer die Texte zu verarbeiten sind und über die Bedeutung der enthaltenen Personenbezeichnungen. Die Einstiegssätze enthalten »generische Maskulina«, die Berufe mit entweder stark männlicher oder weiblicher Stereotypik bezeichnen. Daran schließen sich Folgesätze an, die entweder erwartbare oder unerwartete, d. h. semantisch inkohärente Informationen über die eingeführten Personen enthalten. Ein Beispiel ist:

> ***Telefonisten arbeiten zumeist im Sitzen. Daher gehen sie ihrer Figur zuliebe zum Aerobic.***

Hier wird mit dem »generischen Maskulinum« *(Telefonisten)* ein stereotyp weiblich gegenderter Beruf bezeichnet und im Folgesatz eine stereotyp weiblich gegenderte Aktivität *(der Figur zuliebe zum Aerobic gehen)* benannt.

Mittels Textsequenzen dieser Art werden die folgenden drei Experimente durchgeführt: Das erste Experiment untersucht die Auswirkungen des »generischen Maskulinums« in Verbindung mit stereotypisch männlichen, neutralen oder weiblichen Rollenzuschreibungen (z. B. *Astronauten, Hundebesitzer, Telefonisten*). Das zweite Experiment untersucht die Auswirkungen von Beidnennung und unmarkierten neutralen Personenbezeichnungen in Verbindung mit stereotypen Rollen (z. B. *Mechanikerinnen und Mechaniker, Europäerinnen und Europäer; Erzieherinnen und Erzieher* bzw. *Vorstandsvorsitzende, Studierende, Alleinerziehende*). Das dritte Experiment untersucht neutrale Formen wie z. B. *Gäste* oder *Aushilfen*.

Als Resultat präsentieren die Autorinnen folgende Erkenntnisse: Nach maskulinen Bezeichnungen dauert das Lesen weiblicher Bezüge länger. Dieser Effekt wird durch männliche Typizität verstärkt (z. B. *Mechaniker*) und weibliche Typizität abgeschwächt (z. B. *Näher*). Damit zeigt sich, dass sowohl Genus als auch geschlechtstypische Informationen (Genderrollen-Stereotype) einen Effekt auf die Konzeptualisierung von Personen haben. Ferner wird durch die Ergebnisse dieser Untersuchung nahegelegt, dass **Neutralformen nicht ausreichend** sind, um die gleiche mentale Repräsentation von Frauen und Männern zu erzeugen. Es ist notwendig, Frauen **explizit** zu benennen, um hier Gleichheit zu erzielen.

Sprachvergleiche

Sehr aufschlussreich ist die Untersuchung von Gygax et al. 2008, die parallel das Englische, das kein grammatisches Genus hat, und das Deutsche sowie das Französische, beides Sprachen mit grammatischem Genus, untersucht. Auch hier geht es um die Interdependenz von grammatischem Genus und Genderrollen in Verbindung mit der Frage nach dem Einfluss der unterschiedlich strukturierten grammatischen Genussysteme. Die Versuchsanordnung ist wie folgt:

Es werden Berufs- bzw. Rollenbezeichnungen im Plural gewählt, deren jeweilige Genderrollen entweder mit männlichen Personen oder mit weiblichen Personen assoziiert werden oder die neutral sind. Männlich gegenderte Testwörter sind beispielsweise englisch *spies* (›Spione‹ ≈ ›Spionierende‹), deutsch *Spione*; weiblich gegenderte Testwörter sind englisch *social workers* (›Sozialarbeiter‹ ≈ ›soziale Arbeit Verrichtende‹), deutsch *Sozialarbeiter*; neutrale Testwörter schließlich sind englisch *spectators* (›Zuschauer‹ ≈ ›Zuschauende‹) und deutsch *Zuschauer*.

Zunächst werden die Ausgangssätze mit den entsprechenden Nomina auf dem Bildschirm gezeigt. Dann erscheinen Anschlüsse, die entweder auf Männer oder Frauen verweisen. Also z. B.:

Ausgangssatz:	*Die Sozialarbeiter liefen durch den Bahnhof.*
Anschlusssatz 1:	*Wegen der schönen Wetterprognose trugen mehrere Frauen keine Jacke.*
Anschlusssatz 2:	*Wegen der schönen Wetterprognose trugen mehrere Männer keine Jacke.*

Die Aufgabe der Testpersonen bestand darin, die Folgesätze als mögliche Fortsetzung zu bewerten und die Entscheidung per Knopfdruck zu bekunden. Aus den Reaktionszeiten können Schlüsse über die semantische Kongruenz der beteiligten Sprachformen und das Zusammenwirken von Grammatik und Genderrollen sowie die Wirkung der unterschiedlichen Sprachstrukturen gezogen werden. Zusammengefasst und nur auf das Englische und Deutsche bezogen, hat sich Folgendes herausgestellt:

Aufgrund der Genuslosigkeit des Englischen bestimmen die Genderrollen die Entscheidung über die Fortsetzbarkeit und damit die Schnelligkeit der Reaktion. Während das neutrale *spectators* gleiche Reaktionszeiten für alle Folgesätze erbringt, weist das weiblich konnotierte *social workers* schnellere Reaktionszeiten für Folgesätze mit der Erwähnung weiblicher Personen auf usw. Die sozialen Genderrollen steuern im Englischen also das Antwortverhalten der Versuchspersonen.

Die Ergebnisse im Deutschen (Testwörter u. a. *Spione, Zuschauer, Sozialarbeiter, Kosmetiker*) zeigen ein anderes Bild. Die Genderrollen, die analog zu den Genderrollen im englischen Sprachraum verteilt sind, werden vom grammatischen Genus, das in den Einstiegssätzen in der Form des »generischen Maskulinums« im Plural (*Spione* usw.) vorliegt, vollständig überlagert. Die **grammatische Kennzeichnung** ist beim Antwortverhalten **wichtiger als das soziale Geschlecht** (Gender). Selbst bei typisch weiblichen Berufen wie *Kosmetiker* werden Folgesätze mit männlichen Referenten eher bzw. schneller akzeptiert (obwohl der Prozentsatz männlicher Personen, die diesen Beruf ausüben, gering sein dürfte).

Das Fazit dieses Typs von Studien lautet somit: Sowohl linguistische als auch nicht linguistische Faktoren (z. B. Kontextinformationen, Genderrollen) beeinflussen die mentale Repräsentation von Personen unterschiedlichen Geschlechts. In Sprachen mit einem grammatischen Genussystem wie dem Deutschen dominieren diese Markierungen über die sozialen (außersprachlichen) Genderrollen. Im Deutschen führt das maskuline Genus in den Verwendungen des sogenannten generischen Maskulinums zu mehr männlichen Zuordnungen bei Nachfolgesätzen. Die Stereotypizität der Rollenbezeichnung (z. B. *Pilot* versus *Kosmetiker*) spielt hierbei anders als im Englischen keine Rolle. **Maskuline Formen** werden **nicht generisch,** sondern **spezifisch** interpretiert.

Befragung von Schulkindern zu Berufsbezeichnungen

Die Studie Vervecken / Hannover 2015 arbeitet mit Schulkindern zwischen 6 und 12 Jahren und Deutsch oder Niederländisch als Muttersprache. Die Untersuchung befasst sich mit Berufsbezeichnungen in unterschiedlichen Sprachformen (»generisches Maskulinum« und Beidnennung) und deren Wirkung auf die Einschätzung der Kinder bezüglich des Status, der nötigen Kompetenz und der »Schwierigkeit« dieser Berufe sowie der Möglichkeit, später selbst diesen Beruf auszuüben.

Das Design der Studie besteht in einer mündlichen Präsentation und Beschreibung der Berufe (mit entsprechenden sprachlichen Ausdrucksvarianten), an die sich eine Befragung der Kinder mittels Fragebogen anschließt. Diese Befragung erbringt Folgendes: Traditionell männlich besetzte Berufe (Pilot/-in, Ingenieur/-in) werden als schwieriger und höher angesehen bewertet und somit als schwieriger erreichbar. Derartige Assoziationen verringern laut der Studie die Wahrscheinlichkeit, dass Kinder beiderlei Geschlechts sich für diese Berufe entscheiden, was z. B. im Bereich der sogenannten MINT-Fächer gesellschaftlich als nachteilig betrachtet werden kann (Vervecken / Hannover 2015: 86 f.). Weiterhin zeigt sich in der Befragung, dass unabhängig von Alter, Geschlecht oder der jeweiligen Muttersprache (hier Deutsch oder Niederländisch) Berufe, die in der Sprachform des »generischen Maskulinums« dargestellt wurden, als statushöher und schwieriger zu erreichen eingeschätzt wurden. Unabhängig von Alter, Geschlecht oder Muttersprache fühlten sich die Kinder jedoch dann eher selbstsicher genug, um die Anforderungen an den Beruf zu erfüllen, wenn der Beruf in der Beidnennung präsentiert wurde. Insgesamt fühlten sich die Jungen grundsätzlich sicherer, einen Beruf ausüben zu können, als die Mädchen. Die **Beidnennung** führt zu einer Verringerung des erwarteten Ausmaßes an Schwierigkeiten eines Berufs und somit zu einem **höheren Selbstvertrauen** bzw. zu einem höheren Gefühl der Selbstwirksamkeit (»self-efficacy«) der Kinder. Als allgemeines Fazit zu dieser Studie ist festzuhalten, dass Beidnennungen in Berufsbezeichnungen dazu beitragen können, dass mehr Menschen einen stereotyp männlich besetzten Beruf ergreifen.

Überblick und Desiderate

Neben dem erwähnten Überblick bei Kotthoff / Nübling 2018 findet sich eine Überblicksstudie, die zahlreiche einschlägige Arbeiten einer Würdigung unterzieht, in der Arbeit von Sczesny / Formanowicz / Moser 2016. Diese nimmt einen Vergleich verschiedener Länder bzw. verschiedener Sprachen bezüglich geschlechtergerechter Sprache vor. Der Anspruch ist wie folgt formuliert:

> **»By integrating research on (1) language structures, (2) language policies, and (3) individual behavior, we provide a critical review of how GFL [gender-fair language] contributes to the reduction of genderstereotyping and discrimination.«**

Einige Ergebnisse des Überblicks, die in unserem Zusammenhang bedeutsam sind, sind folgende:

- Geschlechtergerechte Sprache wird besser und eher akzeptiert, wenn offiziell reguliert wird.
- Mehr Studien sind nötig, die zeigen, welche Formen der Regelungen am effektivsten sind.
- Die Forschung sollte die politischen Einstellungen und Vorlieben zu traditionellen Geschlechterrollen beachten und einbeziehen.
- Stereotype entstehen zwar unabhängig von Sprache, werden jedoch stärker, wenn sie durch Sprache unterstützt werden. Ein Beispiel für diesen Zirkel: Frauen bewerben sich weniger auf stereotyp männliche Berufe, insbesondere dann, wenn Berufsanzeigen mit dem »generischen Maskulinum« formuliert werden. Das Stereotyp hindert somit Frauen an einer Bewerbung. Dies führt dazu, dass weniger Frauen in stereotyp männlich besetzten Berufen arbeiten. Dadurch bestätigt sich das Stereotyp im Stil einer sich selbst erfüllenden Prophezeiung.

Die hier getroffene Auswahl an Studien soll die Vielfalt der experimentellen Settings und theoretischen Ansätze illustrieren und verdeutlichen, dass die in den Studien erzielten Ergebnisse unabhängig von einer bestimmten Teildisziplin oder von einer bestimmten Ausrichtung in ihren zentralen Aussagen übereinstimmen.

Insbesondere beweisen die Studien die **ungünstige Wirkung des »generischen Maskulinums« auf Geschlechtergerechtigkeit** im Sprachgebrauch. Diese Gebrauchsgewohnheit wirkt diskriminierend für Frauen bzw. für alle, die sich nicht als Männer angesprochen fühlen. Die Beibehaltung von Rollen-Stereotypen, die sprachlich affirmiert werden, behindert die gesellschaftliche Weiterentwicklung in der Gleichstellung der Geschlechter. Ferner wird deutlich, dass geschlechtergerechte Sprache das Lesen und die (ästhetische) Textqualität nicht negativ beeinflusst. Auch die Verständlichkeit eines Textes leidet durch geschlechtergerechtes Formulieren nicht.

Zum Schluss sei zumindest angedeutet, dass es in zahlreichen Teilgebieten des Themas Sprache und Geschlecht große Forschungslücken gibt. So ist die Wirkung neuerer Gestaltungsvorschläge, z. B. des Gendersterns, auf verschiedene Gruppen von Rezipierenden, in verschiedenen Texten und in verschiedenen Funktionen noch nicht linguistisch untersucht. Auch im Bereich der Pronomina gibt es noch große Wissensdefizite.

2.3 Faktoren der Genderrelevanz

Um sich dem Thema geschlechtergerechte Sprache etwas fundierter zu nähern, muss man sich stets den sprachlichen Zusammenhang und die außersprachliche Situation vergegenwärtigen und die Frage nach dem richtigen Gendern von dieser übergeordneten Warte aus stellen – nur einzelne Wörter zu ersetzen, reicht häufig nicht aus. Daher möchten wir uns in diesem Abschnitt um die Regeln und Bedingungen der **Vertextung** des »Inventars« an Wörtern und Wortgruppen kümmern, bevor wir konkret zu den verschiedenen Strategien des Genderns kommen. Auch für die spätere Analyse realer Texte müssen wir hier wieder einige sprachwissenschaftliche Grundüberlegungen anstellen.

Der Gegenstand der Anwendung geschlechtergerechter Sprache sind sprachliche Einheiten jenseits von Wörtern und Wortgruppen; das sind in unserem Zusammenhang Sätze (bzw. äquivalente Formen), Texte und Gespräche.

Sätze sind typische Bausteine von Texten und unterliegen in ihrer Struktur und der Art, wie satzinterne Beziehungen ausgedrückt werden, vollständig den Regeln der Grammatik. Sätze geben gedankliche Sinneinheiten wieder. Sätze können auch als von anderen Sätzen abhängige Einheiten vorkommen (d. h. als Nebensätze) und haben dann keine unabhängige kommunikative Funktion. Zur Beschreibung des Aufbaus von Sätzen benötigen wir grammatische

Begriffe wie »Satzglied«, »Subjekt«, »Prädikat«, »Prädikativ«, »Objekt« und noch einige mehr, die wir jeweils an den entsprechenden Stellen (ohne lange grammatische Erklärungen) einführen.

Texte, also monologisch geschriebene sprachliche Äußerungen, und **Gespräche,** dialogisch gesprochene Äußerungen, folgen übergeordneten Bauregeln, die sich nicht mehr mit den Regeln der Satzgrammatik erschließen lassen. Ihre Struktureigenschaften und ihre kommunikative Funktion sind von der jeweiligen außersprachlichen Situation bestimmt.

So spielt es eine entscheidende Rolle für alle Ebenen der sprachlichen Gestaltung, ob das aktuelle Kommunikationsereignis in einer mündlich-dialogischen Situation stattfindet oder ob schriftlich-monologische Kommunikation vorliegt. In beiden Fällen macht es einen großen Unterschied, ob zwischen den Kommunizierenden situative und persönliche Nähe oder Distanz vorliegt. Diese und etliche weitere Faktoren prägen die Gestalt von Texten und Gesprächen maßgeblich.

Wir werden uns im Folgenden auf Texte in diesem Sinne, d.h. schriftlich-monologische Sprachereignisse, beschränken. Beispiele für solche Texte sind: amtliche Schreiben an Einzelpersonen, Rundschreiben an Mitglieder einer Organisation, Verbrauchertipps in einer Zeitschrift oder auch online, Hinweiszettel an einer Pinnwand in einem Café usw.

Wenn man beim Gendern ganze Texte und nicht nur einzelne Wörter ins Auge fasst, sollte man zunächst einen Blick auf diejenigen **Verhältnisse im Satz bzw. zwischen benachbarten Sätzen** werfen, die für richtiges Gendern wichtig sind. Wir schlagen ein Modell vor, das die Frage der Gendergerechtigkeit anhand des **Zusammenwirkens mehrerer sprachlicher Faktoren** bemisst. Wir unterscheiden folgende Faktoren:

- Referenztyp
- Syntaktische Funktion
- Textuelle Funktion (Wiederaufnahme, Kohäsion)
- Wortstatus

Diese werden wir auf den nächsten Seiten ausführlich besprechen. Für alle vier Faktoren gilt: Sie können jeweils unterschiedlich im Text realisiert sein, und die einzelnen Realisierungen sind für richtiges Gendern unterschiedlich wichtig. Es gibt Funktionen und Positionen im Text, die besonders sensibel für richtiges Gendern sind, und es gibt andere, die in diesem Punkt »unempfindlicher« sind.

Anders formuliert: Nicht alle Ausprägungen aller Faktoren sind gleichermaßen wichtig, gleichermaßen relevant. Diese kann man mit einer im Prinzip stufenlosen **Skala der Genderrelevanz** verbildlichen:

Höchste Genderrelevanz ▶ **Geringere Genderrelevanz**

Ausprägung 1 ▶ Ausprägung 2 ▶ . . . . ▶ Ausprägung x

Im Folgenden besprechen wir die vier Faktoren und ihre verschiedenen Ausprägungen und ordnen sie in ihrer Relevanz jeweils auf dieser Skala ein.

Referenztyp

Unter **Referenz** verstehen wir die Bezugnahme auf Außersprachliches durch die Verwendung sprachlicher Ausdrücke. Es geht um die Personen, Dinge, Sachverhalte in der **außersprachlichen** Welt, auf die wir uns, indem wir sprechen, beziehen und auf die wir die anderen Personen hinweisen wollen. Referenz wird durch sprachliche Ausdrücke realisiert, ist jedoch nicht allein an den sprachlichen Ausdrücken ablesbar; relevant ist immer der weitere sprachliche und außersprachliche Kontext.

Es ist sehr wichtig, zu verstehen, dass Referenz (als eine pragmatische Kategorie) nicht gleichgesetzt werden darf mit der **Bedeutung** sprachlicher Ausdrücke (als innersprachlicher Kategorie), auch wenn beide zusammenhängen. Dies wird sofort klar, wenn wir bedenken, dass wir auf denselben außersprachlichen Gegenstand durch völlig unterschiedliche sprachliche Formen und Bedeutungen Bezug nehmen können. Wir können auf dieselbe Person in einer Situation entweder mit *das Kind* verweisen oder aber mit *der kleine Racker* (und mit einer offenen Zahl weiterer Ausdrücke). Wir können auf Johann Wolfgang von Goethe Bezug nehmen, indem wir vom *Autor des Faust* sprechen; wir können auch den Ausdruck *der deutsche Dichterfürst* verwenden (und auch hier eine prinzipiell unbegrenzte Zahl weiterer Ausdrücke).

Außerdem gibt es sprachliche Ausdrücke, die niemals auf ein außersprachliches Objekt bezogen werden können, die aber dennoch Bedeutung haben. Der Begriff *Einhorn*, mit dem ein Fabeltier gemeint ist, ist ein Beispiel dafür, dass sprachliche Inhalte nicht gleichzusetzen sind mit konkreten außersprachlichen Objekten (»Referenzobjekten«). Auch grammatische Wörter, wie die Konjunktion *obwohl* oder ein Adverb wie *nichtsdestotrotz,* haben Bedeutung, ohne ein außersprachliches Objekt zu bezeichnen.

Wenn wir aber mit sprachlichen Ausdrücken auf konkrete außersprachliche Objekte referieren, dann können wir verschiedene **Typen der Referenz** unterscheiden, je nachdem, wie genau wir unser außersprachliches Objekt kennen und sozusagen »dingfest machen können«. Wir beschränken uns bei den Referenztypen auf die sehr einfache Unterteilung von Magnus Pettersson 2011, der zwischen **drei Referenztypen** unterscheidet: spezifischer Referenz, nichtspezifischer Referenz und klassenbezogener Referenz. Wir stellen sie im Folgenden kurz dar:

1. Spezifische Referenz ist die Bezugnahme auf ein konkret identifizierbares Referenzobjekt (oder mehrere solcher Objekte), wie in den folgenden Beispielen:

> *Susanne / Unsere Dozentin* ***ist in die Stadt gegangen.***
> *Susanne / Unsere Dozentin und ihre beiden Hilfskräfte* ***sind in die Stadt gegangen.***
> *Ich* ***will morgen in die Stadt gehen.***
> *Der Postbote* ***ist heute eine Stunde später gekommen.***

Die Referenzobjekte in diesen Beispielen sind nicht nur spezifisch, sondern auch allen an der Kommunikation Beteiligten bekannt. Dies wird durch die Eigennamen, durch die Nominalphrasen mit bestimmtem Artikel *(der)* und durch Formen wie *ich* sprachlich zum Ausdruck gebracht. Wir können von **definiter spezifischer Referenz** sprechen.

Übrigens referieren alle Formen der ersten und zweiten Person (*ich, du* usw.) immer definit spezifisch: Es geht immer um diejenigen außersprachlichen Entitäten – Personen –, die direkt an der aktuellen Kommunikation teilnehmen. Diese Formen haben außerdem den Vorteil, dass sie geschlechtsindifferent sind.

Es gibt auch den Fall der **indefiniten spezifischen Referenz:** Hier ist ein spezifisches Objekt bezeichnet, das aber nicht allen an der Kommunikation Beteiligten vorher bekannt war. Typisch ist hier die Verwendung des unbestimmten Artikels *(ein)*, wie in den folgenden Beispielen:

Dort drüben läuft ein **(bestimmter)** ***Postbote.***
Im Ratskeller sitzen einige Leute beim Mittagessen.

2. Nichtspezifische Referenz stellt keinen Bezug zu bestimmten (spezifischen) Objekten her. Im nachfolgenden Satz handelt es sich beim Referenzobjekt von *ein Postbote* nicht um eine spezifische Person, sondern um eine unbekannte Person oder – wahrscheinlicher – um verschiedene unbekannte Personen.

Egal, wo ich bin: Jeden Tag läuft mir ein Postbote über den Weg.

Ähnlich auch in folgendem Satz:

Im Sommer sitzen Leute auf der Terrasse des Ratskellers.

Die Nominalphrase *Leute* verweist hier nicht auf spezifische Personen, sondern auf eine nicht spezifizierte Menge.

3. Die **klassenbezogene Referenz** schließlich ist »die allgemeine Referenz auf eine Klasse oder Gattung insgesamt, nicht auf die einzelnen Mitglieder, Individuen der Klasse« (Pettersson 2011: 67). Beispiele hierfür sind:

Katzen fressen Mäuse.
Das Einhorn / Ein Einhorn ist ein nachtaktives Tier.

In sprachphilosophischen Debatten wird darüber diskutiert, ob dieser klassenbezogene Typus überhaupt als Referenz gelten kann. Denn es wird ja auf kein außersprachliches Objekt verwiesen – es wird etwas über definierende Merkmale einer Klasse ausgesagt, die rein begrifflich bestimmt ist. Selbst wenn es kein einziges Referenzobjekt dieser Klasse in der außersprachlichen Welt gibt, bleibt die Aussage sinnvoll:

Das Einhorn ist ein nachtaktives Tier. – Nur leider gibt es in unserer Welt keine Einhörner.

Dieser Referenztyp wird meist »generische« Referenz genannt. Wir vermeiden dies und sprechen von klassenbezogener Referenz, um Verwechslungen mit dem Ausdruck »generisches Maskulinum« vorzubeugen.

Es dürfte inzwischen deutlich sein, wieso das Problem der Referenz direkt mit der Frage der gendergerechten Sprache zu tun hat. Eine sehr differenzierte Darstellung hierzu findet sich in Kotthoff/Nübling (2018: 93). Dort liegt ein etwas anderes Einteilungsschema zugrunde, da Referenz, syntaktische Funktion und semantische Rolle auf einer Skala geordnet werden, sodass insgesamt acht Stufen unterschieden werden. Wir belassen es aus Gründen der Übersichtlichkeit bei getrennten Skalen für verschiedene Faktoren und unterscheiden daher mit Bezug auf den Referenztyp im Folgenden **drei Stufen der Wichtigkeit des richtigen Genderns:**

Gendergerechtigkeit ist bei **spezifischer Referenz** (insbesondere bei Definitheit und Singular) **absolut notwendig.** Dies gilt für Anreden ebenso wie für Benennungen. Aussagen werden falsch, wenn die Referenzobjekte nicht gendergerecht benannt werden. Wenn ich über eine weibliche Person, die *Susanne* heißt und unser Seminar leitet, spreche (= definite spezifische Referenz) und auf diese mit einem der beiden folgenden Sätze Bezug nehme, dann ist dies eine falsche bzw. semantisch widersprüchliche Aussage (markiert durch Sternchen):

Unser Dozent ist in die Stadt gegangen.
Susanne, unser Dozent, ist in die Stadt gegangen.

Definite, spezifische Referenz erfordert korrekte Genderzuweisung:

Unsere Dozentin ***ist in die Stadt gegangen.***
Susanne, unsere Dozentin, ***ist in die Stadt gegangen.***

Die Beachtung gendergerechter Sprache ist in diesen Fällen also eine Frage der sachlichen Richtigkeit der Aussage und damit eindeutig keine rein stilistische oder fakultative Operation. Genderkorrekte Referenz ist eine kommunikative Notwendigkeit. Unser Fazit:

Wenn ich auf konkrete, bekannte Individuen Bezug nehme, muss ich den passenden gendergerechten Ausdruck verwenden. Wenn unterschiedliche weibliche und männliche Formen zur Verfügung stehen, muss ich die passende auswählen. Alles andere führt zu falschen Aussagen.

Wie sieht es diesbezüglich bei der **nichtspezifischen Referenz** aus? Dazu zunächst ein Beispiel:

Textauszug aus dem Artikel »Jedes einzelne gerettete Huhn zählt« von Jördis Früchtenicht, taz 12./13. Nov. 2016:
Der Verein »Rettet das Huhn« vermittelt seit 2009 Legehennen aus der Landwirtschaft an Privatpersonen. So entgehen die Tiere der Schlachtung. […] Frau Laab, Ihr Verein »Rettet das Huhn« holt *von Landwirten* ***Legehennen ab, die sonst mit etwa anderthalb Jahren geschlachtet würden. Stattdessen werden sie an Privatleute vermittelt. So konnten Sie schon über 40 000 Hühner retten.***

Die hervorgehobene Nominalphrase *(von) Landwirten* referiert nichtspezifisch auf eine Gruppe von Personen, die in bestimmten außersprachlichen Situationen auftritt (es geht nicht um die »Klasse« der Landwirte). Wie Sie sehen, wird hier ausschließlich die maskuline Form verwendet, die traditionell als das »generische Maskulinum« deklariert wird. Beispiele wie diese sind – soweit wir bei unseren Analysen sehen konnten – der Hauptanwendungsbereich dieser alten Gebrauchsnorm.

Auch in unserem Beispiel ist unklar, ob der Ausdruck *Landwirte* auch auf Frauen referiert oder nicht. Verschiedene Arten der Weiterführung bzw. Wiederaufnahme zeigen hier die zweideutige und damit unklare Referenz der Form *von Landwirten:*

Unklare Referenz – die Weiterführung führt zu falschen Bezügen (markiert durch das hochgestellte Fragezeichen):

> ***?Frau Laab, Ihr Verein »Rettet das Huhn« holt von Landwirten Legehennen ab. Die Bäuerinnen würden die Tiere nach anderthalb Jahren schlachten.***

Bei einer solchen Weiterführung ist die dominante Lesart eine, die dem Ausdruck *die Bäuerinnen* eine andere Gruppe von Referenzpersonen als dem Ausdruck *die Landwirte* zuweist.

Anders ist es im folgenden Fall, bei dem auch in der Weiterführung unklar bleibt, ob Landwirtinnen und Bäuerinnen mitgemeint sein sollen oder nicht.

Unklare Referenz bleibt bei Weiterführung erhalten:

> ***Frau Laab, Ihr Verein »Rettet das Huhn« holt von Landwirten Legehennen ab. Die Bauern würden die Tiere nach anderthalb Jahren schlachten.***

Kurz: Bei nichtspezifischer Referenz auf Gruppen von Personen erzeugt die Gebrauchsnorm der ausschließlichen Verwendung des Maskulinums diffuse bzw. mehrdeutige Bezüge. Hier wird das kommunikative Grundprinzip, das Klarheit und Eindeutigkeit im Ausdruck fordert, massiv verletzt. Solche sprachlichen Unklarheiten können leicht vermieden werden (vgl. die folgenden Abschnitte). Eine gute Möglichkeit für unser Beispiel wäre folgende Fassung, die statt der Personen die betreffenden Betriebe benennt und damit die Technik der Neutralisierung anwendet:

Vermeidung der Genderfrage durch **Neutralisierung:**

> ***Frau Laab, Ihr Verein »Rettet das Huhn« holt von landwirtschaftlichen Betrieben Legehennen ab, die sonst mit etwa anderthalb Jahren geschlachtet würden.***

Diese Lösung hat den zusätzlichen Vorteil, dass nicht mehr die Personen (um die es ja gar nicht geht) fokussiert werden, sondern dass das eigentliche Thema, die schlechte Gesamtsituation in der kommerziellen Legehennenhaltung, in den Vordergrund rückt. Unser Fazit:

Verwenden Sie gendergerechte Formulierungen auch und gerade bei nichtspezifischer Referenz auf Gruppen. Ihre Aussage wird dadurch klarer. Ihr Text wird dadurch besser und überzeugender.

Zur **klassenbezogenen Referenz** muss hier nicht viel gesagt werden. Sie kommt erheblich seltener vor als die nichtspezifische Referenz – wir sprechen seltener über abstrakte Begriffsklassen und deren Definition als über reale Gruppen von Personen, die wir mit bestimmten Begriffen benennen müssen. Dennoch seien einige Fälle genannt, die hoch problematisch sind:

> ***Der Bürger in einer Demokratie hat das Recht auf freie Meinungsäußerung.***
> ***Die Bürger in einer Demokratie haben das Recht auf freie Meinungsäußerung.***

Hier werden allgemeine Aussagen gemacht, die ggf. überhaupt keine Referenzobjekte haben: die ausschließliche Verwendung maskuliner Formen ist stilistisch antiquiert. Es wird ein mentales Bild erzeugt, das eine männliche Person zum Stereotyp hat. Das alte, für Frauen nachteilige Prinzip »MAN« (das Männliche als Norm) wird hier unnötigerweise reproduziert. Besser ist in jedem Fall:

> ***Menschen in einer Demokratie haben das Recht auf freie Meinungsäußerung.***
> ***Bürgerinnen und Bürger in einer Demokratie haben das Recht auf freie Meinungsäußerung.***

Wir können festhalten: Die Skala der Genderrelevanz bezogen auf den Referenztyp sieht wie folgt aus (R = Referenz):

Höchste Genderrelevanz	▶	**Geringere Genderrelevanz**
Spezifische Referenz ▶	Nichtspezifische R. ▶	Klassenbezogene R.

Syntaktische Funktion

Als **zweiten sprachlichen Faktor der Genderrelevanz** betrachten wir die syntaktischen Funktionen einzelner Satzglieder, denn Referenz wird nicht durch isolierte Ausdrücke hergestellt, sondern entsteht ganzheitlich in Sätzen bzw. Äußerungen. Den verschiedenen Satzgliedern kommt dabei eine unterschiedliche Funktion zu.

Daher ist die Frage, welche satzinterne syntaktische Funktion ein Ausdruck einnimmt, für eine optimale Anwendung gendergerechter Sprache wichtig. Nicht jede syntaktische Funktion ist in gleichem Ausmaß an der Herstellung gendergerechter Sprache beteiligt. Auf der Ebene der Satzglieder halten wir die Unterscheidung zwischen **Subjekten** und **Prädikativen** für wichtig.

Der Grund dafür ist, dass über das Subjekt normalerweise der Bezug zur außersprachlichen Welt hergestellt wird. Das Subjekt ist mit einer sogenannten »Existenzpräsupposition« verbunden, d.h., das, worauf sich das Subjekt eines Satzes bezieht, wird tendenziell als tatsächlich existierend verstanden. Bei anderen Satzgliedfunktionen – Prädikativen, Objekten und adverbiellen Elementen – ist dies nicht im gleichen Umfang der Fall.

Dass korrektes Gendern bei Subjekten absolut notwendig ist, haben wir schon im letzten Abschnitt bei den Beispielen zur spezifischen Referenz gesehen. In Subjektposition verweisen männliche Bezeichnungen auf Männer und weibliche Bezeichnungen auf Frauen:

***Unser Dozent* bringt die korrigierten Klausuren mit.**
***Unsere Dozentin* bringt die korrigierten Klausuren mit.**

Wenn in Subjektposition mehrere Personen mit unterschiedlichem Geschlecht gemeint sind, sind diese auch entsprechend zu benennen. Dazu stehen Doppelformen, Neutralisierungen und andere Mittel zur Verfügung (vgl. die Auswahl an Möglichkeiten in Abschnitt 2.4):

> ***Unsere Dozentinnen und Dozenten / Unsere Dozierenden / Unsere Lehrkräfte / … bringen die korrigierten Klausuren mit.***

Etwas anders liegt der Fall bei **Prädikativen**. Prädikative sind Satzglieder, die – wie schon der Name sagt – etwas über das Satzsubjekt aussagen (prädizieren). Sie erfüllen zusammen mit dem »Kopulaverb« (eines der Verben *sein*, *werden* oder *bleiben*) die Funktion des Prädikats. Als Prädikative können viele verschiedene sprachliche Ausdrücke dienen: Substantivgruppen, Adjektive usw. Wichtig für uns sind hier nur substantivische Personenbezeichnungen und wir kümmern uns im Folgenden nur um diese. Wir stellen zunächst die zugrunde liegenden grammatischen Prinzipien dar, im dritten Kapitel werden in Beispielanalysen Details der Anwendung besprochen.

Prädikative Konstruktionen mit Personenbezeichnungen können durch folgendes Schema erfasst werden:

Subjekt	**Kopulaverb** *(sein, bleiben, werden)*	**Prädikative Personenbezeichnung**
Bezug zur außersprachlichen Welt – existierende Person(en)	Aussage über das Subjekt: Prädikat	
Sie	*ist/wird/bleibt*	*Lehrerin*

Üblicherweise kongruiert im Deutschen das Prädikativ semantisch mit dem Subjekt (vgl. semantisches Geschlecht versus grammatisches Genus in Abschnitt 2.1). Die Regel für **semantische Kongruenz** bei Prädikativen lautet also: Wenn das Subjekt eine weibliche Person bezeichnet, steht als Prädikativ eine weibliche Personenbezeichnung; wenn das Subjekt eine männliche Person bezeichnet, steht als Prädikativ eine männliche Personenbezeichnung.

Die folgenden Tabellen illustrieren diese Regel:

SEMANTISCHE KONGRUENZ ZWISCHEN SUBJEKT UND PRÄDIKATIV

SUBJEKT	KOPULAVERB	PRÄDIKATIV
weibliche Personenbezeichnung		weibliche Personenbezeichnung
Unsere Dozentin	*ist*	*eine hervorragende Didaktikerin.*
Unsere Chefin	*ist*	*eine geschickte Vermittlerin.*
Herta Schulz	*ist*	*Ärztin.*
Sie	*ist*	*Tischlerin.*

SUBJEKT	KOPULAVERB	PRÄDIKATIV
männliche Personenbezeichnung		männliche Personenbezeichnung
Unser Dozent	*ist*	*ein hervorragender Didaktiker.*
Unser Chef	*ist*	*ein geschickter Vermittler.*
Walter Müller	*ist*	*Arzt.*
Er	*ist*	*Tischler.*

Zu beachten ist Folgendes: Da das Prädikativ etwas über das Subjekt aussagt und nicht selbstständig auf etwas Außersprachliches Bezug nimmt, ist es in dieser syntaktischen Funktion im Prinzip möglich, auf die semantische Kongruenz zu verzichten. So **kann** ein männlicher Personenausdruck verwendet werden, wenn das Subjekt auf eine weibliche Person referiert *(Herta Müller / Sie ist Arzt)*. Diese Praxis gilt inzwischen als veraltet. Wir betonen ausdrücklich, dass wir diese Praxis **NICHT** empfehlen! Daher unser Tipp:

Sorgen Sie immer für semantische Kongruenz zwischen Subjekt und Prädikativ.

Wenn der Subjektausdruck eine **gemischte Gruppe** bezeichnet, gibt es mehrere Möglichkeiten für das Prädikativ. Die deutlichste Lösung ist die **Beidnennung:**

Unsere Dozentinnen und Dozenten sind geschickte Didaktikerinnen und Didaktiker.

Auch **Umformulierungen** sind hier oft eine gute Lösung:

Unsere Dozentinnen und Dozenten sind didaktisch geschickt / geschickt in der didaktischen Umsetzung.

Nicht selten anzutreffen ist die Verwendung von **maskulinen Personenbezeichnungen im Plural** als Prädikativ:

Unsere Dozentinnen und Dozenten sind geschickte Didaktiker.

Wir empfehlen dies **nicht,** doch ist bei den Pluralformen die Verletzung des Prinzips der Gendergerechtigkeit weniger gravierend als im Singular. Als generelle Regel gilt:

Prädikative Personenbezeichnungen erfüllen ihre Funktion besser, wenn sie semantisch mit dem Subjekt kongruieren.

Bei »gemischten« Subjektsausdrücken ergeben sich gelegentlich schwer lösbare Zweifelsfälle. Dies ist insbesondere dann der Fall, wenn im Subjekt eine männliche und eine weibliche Person (im Singular) koordiniert sind (vgl. auch die Zweifelsfälle auf S. 156–158). Wie würden Sie sich zum Beispiel in folgendem Fall entscheiden?

Herta Schulz und Walter Müller sind ...
... ? Arzt / Ärzte / Ärztin und Arzt

Die geschickteste Lösung besteht hier unserer Ansicht nach darin, die prädikative Funktion (»ärztlich tätig sein«) zu stärken, indem man eher verbal formuliert, also zum Beispiel:

Herta Schulz und Walter Müller üben den Arztberuf aus / sind beide im Arztberuf tätig.

Wir haben hier im Rahmen der syntaktischen Funktion das Subjekt und das Prädikativ in ihrer Genderrelevanz betrachtet. Während beim Subjekt sachverhaltsangemessenes Gendern absolut notwendig ist, besteht beim Prädikativ teilweise ein Spielraum. Zu anderen Satzgliedfunktionen, insbesondere zur Funktion des Objekts – des indirekten ebenso wie des direkten – möchten wir hier, ohne ins Detail zu gehen, vorschlagen, sie (die Objekte) so zu behandeln, wie Subjekte behandelt werden sollten – also die Regeln des richtigen Genderns auch bei dieser syntaktischen Funktion einzuhalten:

> **Indirektes Objekt / Dativobjekt:**
> ***Dieser Kurs vermittelt den Ärztinnen und Ärzten unserer Klinik Kenntnisse in Gesprächsführung.***
> **Direktes Objekt / Akkusativobjekt:**
> ***Diese Software unterstützt die Ärztinnen und Ärzte unserer Klinik bei ihrem Zeitmanagement.***

Auch bei Personenbezeichnungen innerhalb von Präpositionalphrasen, die typischerweise die syntaktische Funktion von Adverbialen haben, muss abgewogen werden, welche Form zu wählen ist:

> ***Heutzutage findet man beim Bäcker sehr viele verschiedene Brotsorten.***

Die Präpositionalphrase *beim Bäcker* fungiert hier als Ortsangabe und kann z. B. durch *in der Bäckerei* ersetzt werden.

Die verschiedenen syntaktischen Funktionen können also auf unsere Skala der Genderrelevanz folgendermaßen angeordnet werden:

Höchste Genderrelevanz ▶ **Geringere Genderrelevanz**

Subjekt/Objekt ▶ Prädikativ ▶ Präpositionalphrase

Diese Skala bringt zum Ausdruck, dass für eine Personenbezeichnung in Subjektposition das korrekte Gendern absolut unverzichtbar ist, während dies für die Funktion des Prädikativs oder einer Präpositionalphrase von etwas geringerer Relevanz ist.

Textuelle Funktion

Als **dritten sprachlichen Faktor der Genderrelevanz** betrachten wir die textuelle Funktion, und zwar konkret die Wiederaufnahme. Meist wird im Verlauf eines Textes auf bestimmte Personen und Personengruppen mehrfach verwiesen. Wir können daher grundsätzlich zwischen der **Ersterwähnung** einer Person oder Personengruppe und der **Wiederaufnahme** im weiteren Textverlauf unterscheiden.

Die Möglichkeiten der Wiederaufnahme sind extrem vielfältig: Auf eine bereits erwähnte Person kann zum Beispiel durch Eigennamen *(Herta, Walter, Müller)*, durch Personalpronomen *(sie, er, jene)*, durch Relativ- und Possessivpronomen und durch definite, beschreibende Nominalphrasen *(die Kundin, der langjährige Verwalter, der so Geehrte, diese Kinder)* verwiesen werden. Wir können diese verschiedenen Möglichkeiten nicht ausführlich behandeln. Doch werden wir bei der Diskussion der Beispiele im dritten Kapitel einige wichtige Formen der Wiederaufnahme besprechen. Grundsätzlich und im Sinne einer Merkregel können wir hier festhalten:

Die Ersterwähnung einer Person oder Personengruppe ist entscheidend für die Vorstellung, die sich diejenigen machen, die den Text rezipieren (Aufbau eines kognitiven Modells dieses Referenzobjekts). Daher ist die Ersterwähnung in Bezug auf richtiges Gendern von höchster Bedeutung.

Wiederaufnahmeformen enthalten dagegen häufig weniger Information als die Ersterwähnung: Indem sie auf die Ersterwähnung zurückverweisen, übernehmen sie deren semantische Merkmale. Insbesondere pronominale Wiederaufnahmeformen (*er* – *sie* – *es*, Pl. *sie* usw.) führen die Merkmale der Ersterwähnung meist ohne Hinzufügung weiterer Information weiter. Allgemein gilt: Wiederaufnahmeformen stehen nicht allein und müssen daher nicht allein die volle Last des richtigen Genderns tragen. Bei Wiederaufnahmen ist daher – tendenziell – eine geringere Relevanz der gendergerechten Formulierung im Gegensatz zur Ersterwähnung festzustellen.

Höchste Genderrelevanz	▶	**Geringere Genderrelevanz**
Ersterwähnung	▶	Wiederaufnahme

Was dies im Einzelfall heißt, können Sie an den Beispielanalysen in Kapitel 3 beobachten.

Wortstatus

Als **letzte** systematisch wichtige **Differenzierung für die Genderrelevanz** wollen wir auf die Problematik von Personenbezeichnungen innerhalb von **komplexen Wörtern** eingehen. Komplexe Wörter sind aus mehreren Wörtern bzw. Wortbestandteilen zusammengesetzt. Hier geht es konkret um die Frage, ob es unterschiedliche Prioritäten des Genderns bei Komposita (Zusammensetzungen) und Derivationen (Ableitungen) mit Personenbezeichnungen geben sollte. Wir meinen »ja« und halten als Regel fest:

Höchste Genderrelevanz	▶	**Hohe GR**	▶	**Geringere Genderrelevanz**
Direkter Personenbezug	▶	Indirekter Personenbezug	▶	Sachbezug

Dazu einige kurze Erläuterungen: Wenn mit dem komplexen Wort auf **konkrete Personen** verwiesen wird, ist Gendern notwendig, wie zum Beispiel in:

> ***Professoren- und Professorinnengruppe***

Oder besser aufgelöst als:

> ***Gruppe der Professorinnen und Professoren***

Wenn hingegen **Gegenstände** bezeichnet werden, ist die Verwendung von Beidnennungen nicht unbedingt relevant bzw. kann den unerwünschten Effekt haben, die Aufmerksamkeit auf das modifizierende Element anstatt auf den Kern der Wortbildung zu lenken. Daher **nicht:**

Bürger- und Bürgerinnensteig
Fleischer- und Fleischerinnenmesser
Arzt- und Ärztinnenkoffer

Dazwischen gibt es jedoch einen Bereich, der sehr schwer zu beurteilen ist, weil die Skala von konkreten Personenbezeichnungen über die Bezeichnung von Gruppen und Kollektiva bis zu Abstrakta und zur Benennung von Institutionen fließend ist. Wir besprechen später exemplarisch einige schwierige Fälle (vgl. die Ausführungen zu *Schüler- und Schülerinnenschaft*, zu Abstrakta und zu metaphorisch gebrauchten Wortzusammensetzungen wie *Gesetzgeber* in Abschnitt 2.5, S. 145).

In diesem Abschnitt haben wir die Relevanz bzw. Gendersensibilität bestimmter sprachlicher Formen und Funktionen für das richtige Gendern in ihrem grundsätzlichen Funktionieren beschrieben. In den folgenden beiden Abschnitten kommen wir nun weniger theoretisch zu den konkreten Möglichkeiten des geschlechtergerechten Formulierens, also den einzelnen Strategien (Abschnitt 2.4), aber auch zu den Problemen und Zweifelsfällen, die sich etwa durch Besonderheiten der Kongruenz in Bezug auf das richtige Gendern ergeben (Abschnitt 2.5).

2.4 Strategien des geschlechtergerechten Formulierens

Im Folgenden möchten wir Ihnen nun ein Instrumentarium an die Hand geben, wie Sie Ihre Texte geschlechtergerecht formulieren können. Es geht hier zum einen darum, zu zeigen, welche Möglichkeiten es grundsätzlich gibt, einzelne Wendungen im »generischen Maskulinum« durch gendergerechte Formulierungen zu ersetzen, sprich: wie es grundsätzlich möglich ist, geschlechtergerecht zu formulieren (Abschnitt 2.4). Der Großteil dieser Strategien wurde schon seit Beginn der Debatten in den verschiedenen Leitfäden vorgeschlagen und hat sich seitdem durchaus bewährt – manches (wie der Genderstern) hat sich erst in der letzten Zeit etabliert.

Nachdem wir die verschiedenen grundsätzlichen Möglichkeiten aufgezeigt und diese Techniken illustriert haben, werden wir besondere Schwierigkeiten und typische Zweifelsfälle näher betrachten (Abschnitt 2.5). Dabei werden auch größere Texteinheiten wie satzübergreifende Strukturen im Mittelpunkt stehen, in denen zum Beispiel Probleme wie das der pronominalen Wiederaufnahme meist erst entstehen.

Ausführliche Beidnennung: *Schülerinnen und Schüler*

Die Beidnennung femininer und maskuliner Formen ist die höflichste und eindeutigste Variante der sprachlichen Gleichstellung, denn es werden explizit die weiblichen und männlichen Personen genannt, um die es geht:

Kolleginnen und Kollegen
Schüler und Schülerinnen
Assistentin oder Assistent
einer oder eine
jede und jeder

Sie ist vor allem in der persönlichen Anrede üblich *(Liebe Mitbürgerinnen und Mitbürger)*, denn dort werden Sie ja explizit wollen, dass sich alle individuell angesprochen fühlen. Das funktioniert aber vor allem auch in schriftlichen Texten sehr gut, wenn man nicht in Platznot ist.

Bildung der femininen Formen

Gebildet werden die femininen Formen in der Regel mithilfe der **Endung *-in***:

Dieb – Dieb|in, Chef – Chef|in
Bot|e – Bot|in, German|e – German|in
Franzose – Französin, Arzt – Ärztin

Zu den meisten Zusammensetzungen mit *-mann* können die femininen Entsprechungen mit ***-frau*** gebildet werden und umgekehrt:

Feuerwehrmann → ***Feuerwehrfrau***
Vertrauensmann → ***Vertrauensfrau***
Kaufmann → ***Kauffrau***
Hausfrau → ***Hausmann***
Putzfrau → ***Putzmann***

Der Plural zu beiden Formen wird mit *-leute* gebildet:

Feuerwehrleute, Kaufleute

Die femininen Formen zu den maskulinen Berufsbezeichnungen auf *-eur* werden im Deutschen mit *-eurin* gebildet:

Dekorateurin, Ingenieurin, Konstrukteurin, Redakteurin, Regisseurin, Spediteurin

Zu einigen wenigen solchen Berufsbezeichnungen sind auch die Formen auf *-euse* möglich. Diese werden jedoch häufig abwertend verstanden, z. B. bei *Masseurin/Masseuse*: Beide femininen Bildungen zu *Masseur* konnten früher in gleicher Weise gebraucht werden. Inzwischen hat sich die Form *Masseurin* als allein korrekte Berufsbezeichnung durchgesetzt; die Form *Masseuse* hat heute dagegen meist die Bedeutung ›Prostituierte in einem Massagesalon‹.

Daher wird zunehmend auf die *-euse*-Formen verzichtet. Nur bei manchen Bezeichnungen sind sie noch sehr verbreitet bzw. die einzig übliche oder Hauptvariante. In Abstufung der momentanen Häufigkeit hier ein paar Beispiele:

Souffleuse, Diseuse
Dompteuse, **(seltener:)** ***Dompteurin***
Friseurin, **(umgangssprachlich:)** ***Friseuse***
Masseurin **(die Form** ***Masseuse*** **wird überwiegend in der Bedeutung Prostituierte gebraucht, s. o.)**

Die Strategie der Beidnennung ist oft das Mittel der Wahl, weil damit Männer und Frauen gleichermaßen benannt und explizit angesprochen werden. Besonders in denjenigen Kontexten, in denen es um beide Geschlechter geht, Frauen aber traditionell nicht so häufig vorkommen und daher bewusst angesprochen werden sollen, sollten Sie ausprobieren, ob die Beidnennung nicht das angemessenste Mittel ist. Das kann zum Beispiel in Beschreibungen von Berufen der Fall sein, die nach wie vor vorwiegend männlich besetzt sind, in denen aber die Förderung von Frauen oder die Erhöhung der Anzahl beschäftigter Frauen angestrebt werden soll – aber auch umgekehrt (z. B. Frauen in sogenannten MINT-Berufen, Männer im sogenannten Care-Sektor).

Mittlerweile gibt es bereits für viele Ämter und Verwaltungsbereiche die Empfehlung, Berufs-, Amts- und Funktionsbezeichnungen für Frauen mit den jeweils femininen Formen zu bilden. In bestimmten Zusammenhängen können geschlechtsneutrale Formen aber geeigneter sein:

Ersatzperson, Gewährsperson;
Fachkraft, Reinigungskraft **usw.**

Besonders wichtig sind feminine Formen dort, wo es konkret um Frauen geht, die mit einem Titel oder einer Berufsbezeichnung benannt und/oder **direkt angesprochen** werden. Zu nahezu allen solchen Titeln und Berufsbezeichnungen existieren die femininen Entsprechungen, die sich auch weitestgehend durchgesetzt haben.

Benennung:
Sie ist Professorin an der Musikhochschule.
Sie wird Staatssekretärin im Familienministerium.
Die Bundesministerin für Verteidigung, [Frau] X, eröffnete …
Ministerpräsidentin N. N. sprach vor dem Kongress.
Sie ist Amtfrau, Referentin für Jugendfragen, Redakteurin …
Sie als Prokuristin, Direktorin, Rechtsanwältin, Richterin …
Ihr wurde der Titel Diplomkauffrau, Magistra Artium verliehen.

Direkte Anrede:
Sehr geehrte Frau Staatssekretärin / Ministerialrätin …
Liebe Frau Bundeskanzlerin …

Bei manchen Titeln schwankt der Gebrauch: Zum Beispiel hat sich in der schriftlichen Anrede der feminine Titel *Professorin* zwar weitgehend durchgesetzt; in gesprochener Sprache sind dagegen (noch?) die Formen *Frau Professor* und *Frau Professorin* üblich. Bei den Formen *Doktor/Doktorin* ist die Bezeichnung *Doktorin* seltener und überwiegend in Österreich gebräuchlich, meist heißt es also nach wie vor *Frau Doktor.* Allerdings machen Sie überhaupt nichts falsch, wenn Sie eine Frau mit *Frau Doktorin* anreden.

Was dagegen heute gar nicht mehr üblich ist, ist die frühere Sitte, Titel oder Berufsbezeichnung eines Mannes [in der Anrede] auf die Ehefrau zu übertragen. Man sagt in diesen Fällen also **nicht** *Frau Professor* oder *Frau Doktor,* wenn die entsprechende Frau nicht selbst Professorin oder promoviert ist. Zuweilen wird zur Geschlechtskennzeichnung einem maskulinen Titel oder einer maskulinen Berufsbezeichnung auch das Attribut ›weiblich‹ vorangestellt *(Sie war der erste weibliche Minister).* Solche Formulierungen sollten Sie **besser vermeiden** (s. dazu auch Abschnitt 2.5).

Konkrete Gestaltung der Beidnennung

Praktisch können Sie die Beidnennung je nach Kontext in verschiedener Weise durchführen: Die Formen können im Singular oder im Plural stehen und sowohl mit *und* als auch mit *oder* verbunden werden; in welcher Reihenfolge Sie die beiden Formen nennen, ist vollkommen variabel:

Singular mit *oder:* ***der Antragsteller oder die Antragstellerin***
Singular mit *und:* ***der Schüler und die Schülerin***
Plural mit *und:* ***die Antragstellerinnen und (die) Antragsteller***
Plural mit *oder:* ***die Antragstellerinnen oder (die) Antragsteller***

Sie haben zudem die Möglichkeit, die Konjunktion durch einen Schrägstrich zu ersetzen (zu weiteren Varianten mit Schrägstrich vgl. den folgenden Abschnitt):

der Antragsteller / die Antragstellerin

Der Vorteil aller dieser Möglichkeiten liegt auf der Hand: Sie sprechen explizit alle potenziell Betroffenen an, sowohl Männer als auch Frauen werden sich gemeint fühlen.

STATT DER MASKULINEN FORM ...	... IST DIE BEIDNENNUNG BESSER
Der Antragsteller unterschreibt hier.	*Der Antragsteller oder die Antragstellerin unterschreibt hier.*
Die Schüler wechseln sich ab.	*Der Schüler und die Schülerin wechseln sich ab.*
Alle Mitarbeiter werden gebeten ...	*Alle Mitarbeiterinnen und Mitarbeiter werden gebeten ...*
Bewerber melden sich an der Pforte.	*Bewerberinnen oder Bewerber melden sich an der Pforte.*

Den Nachteil sieht man beim Blick auf die Tabelle: Man braucht für die Beidnennungen mehr Platz – was etwa bei einer Begrenzung der Zeichenzahl in bestimmten Textformaten ein Problem darstellen kann. Auch in der gesprochenen Sprache kann es störend wirken, in kurzen Abständen immer wieder zwei Formen statt einer auszusprechen. Daher sehen Sie im folgenden Abschnitt Möglichkeiten, wie Sie statt dieser langen Formen verkürzt schreiben können und wie Sie ganz anders formulieren können.

Verkürzte Beidnennung (Schrägstrich mit Bindestrich): *Schüler/-innen*

Aus Gründen der Übersichtlichkeit und um sprachökonomisch zu kommunizieren, findet man z. B. in Formularen und in Texten mit vielen Wiederholungen diverse Varianten der Beidnennung in Form der sogenannten Sparschreibung. Dabei wird jeweils ein Teil des relativ langen Ausdrucks eingespart – das kann z. B. regelgerecht mithilfe des Schrägstrichs in Kombination mit dem »Ergänzungsbindestrich«

erfolgen, der bei der Zusammenfassung mehrerer Wörter das Einsparen von Wortteilen ermöglicht, oder durch weitere kreative Techniken, die von der konventionellen Orthografie (noch?) nicht erfasst sind.

Der Schrägstrich dient grundsätzlich der Angabe mehrerer gleichberechtigter Möglichkeiten:

Frau/Herrn, Arzt/Ärztin, Patientinnen/Patienten, jede/jeder

Hinzu kann in vielen Fällen eine andere Möglichkeit treten, die uns die amtliche Rechtschreibung bietet, nämlich die Einsparung von Wortteilen mithilfe des Bindestrichs:

Textilgroßhandel und Textileinzelhandel
= Textilgroß- und -einzelhandel
Eingang und Ausgang = Ein- und Ausgang, Ein-/Ausgang

Bei Personenbezeichnungen, die sich **nur durch die Endung** unterscheiden, kann also mithilfe des Schrägstrichs und des Bindestrichs deutlich verkürzt geschrieben werden; der Ergänzungsbindestrich vor der Endung ist nach der amtlichen Rechtschreibung nach wie vor vorgesehen, wird allerdings aus typografischen Gründen häufig auch weggelassen:

AUSFÜHRLICHE BEIDNENNUNG	VERKÜRZTE BEIDNENNUNG
Mitarbeiter und Mitarbeiterinnen *Mitarbeiter/Mitarbeiterinnen*	*Mitarbeiter/-innen* *Mitarbeiter/innen*
Assistent und Assistentin *Assistent/Assistentin*	*Assistent/-in* *Assistent/in*
jede und jeder *jede/jeder*	*jede/-r* *jede/r*

Wenn die feminine Form allerdings mit einem Umlaut gebildet wird, ist dies nicht möglich, denn dann gibt es keinen gleichlautenden Wortteil, auf den man sich beziehen könnte. Solche Wortpaare können daher nicht verkürzt, sondern nur mit Schrägstrich geschrieben werden – es entfällt also lediglich *und* bzw. *oder:*

Arzt/Ärztin, Bauer/Bäuerin, Bischof/Bischöfin

Auch Wortpaare, bei denen die feminine Form nicht nur durch Anfügen einer Endung an die maskuline Form gebildet wird, sondern bei denen auch ein Wortbestandteil der maskulinen Form weggelassen werden muss, können nicht so einfach mit dem Schrägstrich verkürzt werden:

Singular: ***Kolleg-e*** → ***Kolleg-in***
Plural: ***Kolleg-en*** → ***Kolleg-innen***

Da verkürzte Formen wie *Kolleg-/-inn-/-en* **nicht** üblich und auch nicht zu empfehlen sind, sollten Sie hier entweder ausführlich formulieren oder auf eine der im Folgenden zu besprechenden Möglichkeiten ausweichen. Bei unterschiedlichen Endungen innerhalb einer Wortgruppe (etwa mit Adjektiven) sollten Sie ebenfalls besser alle Formen ausschreiben:

Wir suchen eine erfahrene Webdesignerin / einen erfahrenen Webdesigner.

Auf die Schwierigkeiten bei verkürzten Formen gehen wir in Abschnitt 2.5 noch näher ein.

Binnen-I: *SchülerInnen*

Das große I im Wortinnern wird auch als »Binnen-I« oder »Binnenmajuskel« bezeichnet:

LehrerInnen, MitarbeiterInnen, ManagerInnen, StudentInnen

Diese Schreibung ist seit Anfang der 1980er-Jahre bekannt und in bestimmten Kontexten sehr gebräuchlich. Allerdings sehen die offiziellen Rechtschreibregeln Binnengroßbuchstaben nicht vor.

Das ursprüngliche Ziel, mit der Verwendung des Binnen-I überhaupt erst einmal die Aufmerksamkeit auf das Problem zu lenken, dass mit dem »generischen Maskulinum« Frauen zwar formal mitgemeint sind, aber häufig gedanklich nicht in vollem Maße mit assoziiert werden, ist tatsächlich erreicht worden: Erstens zieht ein Großbuchstabe im Wortinnern Aufmerksamkeit auf sich (nicht umsonst verwendet inzwischen nicht nur die Deutsche Bahn diese Schreibweise in vielen Komposita). Und zweitens kann man mit der Verwendung des Binnen-I den grammatisch-stilistischen Problemen, die wir eben kurz skizziert haben, quasi entgehen, da ohnehin ein »Regelverstoß« zu verzeichnen ist. Zudem wissen alle sofort, wer gemeint ist und was das Ziel ist.

In einigen eher knapp gehaltenen Textsorten wie **Tabellen, Listen, Protokollen** usw. wird nach wie vor gern auf das Binnen-I zurückgegriffen – auch wenn es zunehmend durch den Genderstern ersetzt wird (s. S. 126). Der Ausdruck *MitarbeiterInnen* etwa hat den Vorteil, dass auf den ersten Blick deutlich wird, dass sowohl Frauen als auch Männer gemeint sind, und ist trotzdem nicht so unpersönlich wie etwa neutrale Ausdrücke wie *Belegschaft*. Es ist also eine Frage des Geschmacks, ob Sie das Binnen-I in Texten verwenden möchten oder zu denjenigen gehören, die das aus grundsätzlichen Erwägungen ablehnen. Trauen Sie sich eine eigene Meinung zu und probieren Sie es aus, wenn Sie nicht an das amtliche Regelwerk gebunden sind und eigene Texte frei gestalten können.

Kritik, man könne das nicht aussprechen, ist leicht zu entkräften: Die **Aussprache** ist unproblematisch, indem man in die Doppelform auflöst, die gemeint ist, hier in »Mitarbeiterinnen und Mitarbeiter«. Das ist vergleichbar mit Abkürzungen, die beim Sprechen die lange Form wiedererhalten: Die Kurzformen *usw.* oder *Hbf.* etwa werden beim Vorlesen auch nicht in dieser Gestalt vorgetragen, sondern selbstverständlich als »und so weiter« und »Hauptbahnhof« realisiert. Die Schreibung mit Binnen-I ist also als eine Form der Sparschreibung für die ausführliche Beidnennung anzusehen. – Als Alternative spricht man mit einer kleinen Pause vor dem Binnen-I, mit dem sogenannten Glottisschlag – diese Strategie hat durch die verstärkte Verwendung des Gendersterns deutlich zugenommen. Ähnlich wie in anderen Zusammensetzungen (etwa *Raum-Innenfarbe*) wird also an Kompositionsfuge eine Pause gesprochen: »Mitarbeiter-innen«.

Genderstern: *Schüler*innen*

Ähnlich wie beim Binnen-I verhält es sich mit der »Sternchenlösung«. Hierbei wird ein Stern, auch Asterisk und in unserem Kontext konkret Genderstern oder Genderstar genannt, statt des großen I vor die feminine Endung gesetzt:

Lehrer*innen, Mitarbeiter*innen, Manager*innen, Student*innen

Sowohl um Geschlechtsstereotypen entgegenzuwirken als auch um andere Geschlechtsidentitäten wie Transsexuelle, Transgender und intersexuelle Personen mit einzubeziehen, hat etwa die Partei Bündnis 90 / Die Grünen bereits Ende 2015 das Gendersternchen offiziell als einen Teil der Strategie beschlossen, ihre Texte gendergerecht zu gestalten. Auch andere Parteien und Organe – etwa die Jugendbewegung Fridays for Future – greifen inzwischen vermehrt zu dieser Strategie, da sich grammatische und orthografische Probleme (wie bei *Kolleg-/inn-/-en* oder Dativformen wie *Mitarbeiter(n)/-innen*) gar nicht erst stellen. Denn der Genderstern hat bisher keine klar definierte Funktion (der Asterisk steht etwa in Datenbanken als Platzhalter für Beliebiges, in der Lingustik zur Bezeichnung ungrammatischer Formen) und bietet daher die Möglichkeit, dieses Zeichen für die Zwecke der gendergerechten Sprache entsprechend zu interpretieren. Man sollte Wörter mit Genderstern (analog zum Binnen-I als eine Art Kurzform verstehen – wie es der Platzhalterfunktion des Sternchens entspricht. Dann verflüchtigen sich grammatische Probleme, wie sie bei Kurzformen auftreten (dort sind sogar die Pluralendungen andere als bei den Vollformen):

den Profs → den Professor*innen, den Hiwis → den Hilfswissenschaftler*innen, den OBs → den Oberbürgermeister*innen

Unterstrich u. A.: *Schüler_innen, Schüler:innen …*

Weitere Möglichkeiten, die sich nicht im amtlichen Regelwerk zur deutschen Rechtschreibung finden, ergeben sich mit dem sogenannten »Gendergap«, dem Unterstrich, dem Doppelpunkt und auch dem

Mediopunkt in der Mitte der Zeile. Auch diese stehen innerhalb der Wortform und sollen wie das Binnen-I und das Sternchen mindestens darauf hinweisen, dass feminine und maskuline Form *(Lehrerinnen und Lehrer)* gleichermaßen gemeint sind:

Lehrer_innen, Manager:innen, Student·innen

Ähnlich wie das Sternchen haben diese Varianten die zusätzliche Implikation, alle über das binäre System hinausgehenden sozialen Geschlechter und Geschlechtsidentitäten auch sprachlich auszudrücken. Gemein ist allen diesen Lösungen eine bewusste Irritation des normalen Schriftbildes. So soll z.B. mit dem Unterstrich durch das sichtbare »Loch« explizit auf die Lücke in den Benennungen hingewiesen werden.

Der Unterstrich kann allerdings zu praktischen Problemen führen: Wenn man ein solches Wort seinerseits unterstreicht, entsteht tatsächlich eine Lücke, denn der Unterstrich verliert sich quasi in der Linie, die sich durch das Unterstreichen ergeben hat. Auch Internetsuchen können durch die unkonventionelle Schreibweise erschwert werden – das gilt im Übrigen genauso für die Sternchenlösung.

Anmerkung zur Normierung: Aktuell, im Frühjahr 2020, sind diese Möglichkeiten, d.h. Binnen-I, Genderstern, Gendergap, Doppelpunkt und Mediopunkt zwar noch nicht Bestandteil der amtlichen Rechtschreibung, doch sind die drei zuerst genannten als weitverbreitete und legitime Mittel des Strebens nach geschlechtergerechtem schriftlichen Ausdruck durchaus anerkannt und werden auch in den Sitzungen des Rats für deutsche Rechtschreibung zumindest diskutiert – besonders der Gebrauch des Gendersterns wird vom Rechtschreibrat intensiv beobachtet.

Klammern: *Schüler(innen)*

Grundsätzlich können Buchstaben oder Wortteile zur Kennzeichnung einer Sparschreibung in Klammern eingeschlossen werden – was bedeutet, dass man das Wort mit oder ohne den eingeklammerten Teil lesen kann. Dies gilt unabhängig davon, ob die Klammer am

Wortende steht oder ob sie einen Einschub innerhalb des Wortes kennzeichnet:

> ***Schüler(in) = Schüler und/oder Schülerin,***
> ***Fahrer(innen) = Fahrer und/oder Fahrerinnen***
> ***jede(r) = jede und/oder jeder***
> ***Kolleg(inn)en = Kollegen und/oder Kolleginnen***

Die Einklammerung der femininen Endung wird jedoch vielfach abgelehnt: Sie erwecke den Eindruck, die feminine Form sei zweitrangig und weniger wichtig, weil der eingeklammerte Bestandteil weggelassen werden kann – denn übrig bleibt dann ja allein die maskuline Form. Das wiederum verletzt das Gebot der sprachlichen Gleichbehandlung, wie es dem geschlechtergerechten Formulieren zugrunde liegt. Die Klammerlösung ist daher heute **kaum mehr üblich.**

Abgesehen von den grundsätzlichen Bedenken gegen die Klammerlösung gibt es hier weitere Tücken: Wir können Ihnen Singularformen wie *eine(n) Lehrer(in)* besonders dann nicht empfehlen, wenn die Ergebnisse mit bzw. ohne Klammer nicht zusammenpassen: Das Genus der einen nicht eingeklammerten Form (des unbestimmten Artikels *eine* = Femininum) stimmt hier nicht mit dem Genus der anderen nicht eingeklammerten Form (des Substantivs *Lehrer* = Maskulinum) überein – hier kann man also nicht beide Klammern weglassen (denn das Ergebnis wäre fälschlicherweise *eine Lehrer*). Nur durch eine Beidnennung lässt sich dieses Problem vermeiden:

NICHT ÜBLICH	SINNVOLL
Wir suchen eine(n) Lehrer(in).	*Wir suchen eine Lehrerin oder einen Lehrer.* *Wir suchen eine Lehrerin / einen Lehrer.*

Oft ist es am sinnvollsten, ganz andere, bedeutungsgleiche oder bedeutungsähnliche Ausdrücke zu finden, statt mit den vorhandenen eine der eben erwähnten Varianten auszuprobieren. Inzwischen sind verschiedene Arten von »Ersatzformen« sehr üblich geworden; sie können helfen, Beidnennungen und unschön aussehende Schrägstrichlösungen zu umgehen. Außerdem wird mit ihnen die Festlegung auf genau zwei Geschlechter vermieden, sodass sie auch dem Wunsch nach der Berücksichtigung verschiedener Geschlechtsidentitäten gerecht werden. Es gibt mehrere Möglichkeiten, nach geeigneten Alternativen zu suchen, die wir im Folgenden vorstellen werden.

Substantivierte Partizipien oder Adjektive im Plural: *Studierende, Verwitwete*

Im Plural bietet sich häufig die Verwendung von substantivierten Partizipien und Adjektiven an, die gleichermaßen männliche wie weibliche Personen bezeichnen.

Hier gibt es drei Möglichkeiten – wählen Sie im Bedarfsfall diejenige, die zu dem Wort, das ersetzt werden soll, am besten passt:

- substantivierte Formen des **Partizips I:**
  Studierende, Lernende, Lehrende;
  die Studierenden, die Lernenden, die Lehrende
- substantivierte Formen des **Partizips II:**
  Gewählte, Verwitwete, Abgeordnete;
  die Gewählten, die Verwitweten, die Abgeordneten
- substantivierte Formen des **Adjektivs:**
  Gesunde, Große, Ältere, Jugendliche;
  die Gesunden, die Großen, die Älteren, die Jugendlichen

In den folgenden Tabellen sehen Sie, dass substantivierte Partizipien oder Adjektive schon im Singular nach dem bestimmten Artikel für männliche und weibliche Personen die gleiche Form haben *(der/die Studierende)*. Im Plural kommt der Vorteil hinzu, dass auch der Artikel identisch ist *(die Studierenden)*.

BEIDNENNUNG	PARTIZIP I SINGULAR	PARTIZIP I PLURAL
der Student / die Studentin	*der/die Studierende*	*die Studierenden*
der Lerner / die Lernerin	*der/die Lernende*	*die Lernenden*
der Lehrer / die Lehrerin	*der/die Lehrende*	*die Lehrenden*

BEIDNENNUNG	PARTIZIP II SINGULAR	PARTIZIP II PLURAL
der Witwer / die Witwe	*der/die Verwitwete*	*die Verwitweten*
der Chef / die Chefin	*der/die Vorgesetzte*	*die Vorgesetzten*
der Arbeiter / die Arbeiterin	*der/die Beschäftigte*	*die Beschäftigten*

BEIDNENNUNG	ADJEKTIV SINGULAR	ADJEKTIV PLURAL
der Patient / die Patientin	*der/die Kranke*	*die Kranken*
der Verlierer / die Verliererin	*der/die Letzte*	*die Letzten*
der Schüler / die Schülerin	*der/die Jugendliche*	*die Jugendlichen*

Ab und an wird der Einwand vorgebracht, dass substantivierte Formen des Partizips I nicht als vollwertiger Ersatz für andere Formen wie »generische Maskulina« verwendet werden könnten. Denn sie hätten eine andere Implikation, beschrieben etwa nur Personen, die die entsprechende Tätigkeit in einem bestimmten Moment gerade ausführten. So sei der Ausdruck *Studierende* nur für eine Person korrekt, die tatsächlich gerade lerne. Das stimmt so nicht, wie uns viele Beispiele zeigen.

> ***Vorsitzende*** **eines Vereins sind dies beispielsweise grundsätzlich während der gesamten Zeit, für die sie gewählt sind;**
> ***Hungernde*** **können auch zwischendurch einmal halbwegs gesättigt sein;**
> ***Reisende*** **können sich zeitweise an einer Stelle aufhalten – und** ***Studierende*** **sind eben auch Studierende, wenn sie gerade im Kino sind oder schlafen, weil sie grundsätzlich studieren.**

Es macht also einen Unterschied, was genau das entsprechende Verb bedeutet, denn genauso wie ein Partizip I eine im Verlauf befindliche Tätigkeit ausdrücken kann, ist es eben auch möglich, mit diesem Partizip einen andauernden Zustand, eine inhärente Eigenschaft zu beschreiben: *Fliegende Fische, fahrendes Volk, stotternde Kinder.*

> ***Fliegende Fische*** **sind nicht ständig am Fliegen,**
> ***fahrendes Volk*** **blieb immer auch zeitweise an einem Ort und ein**

***stotterndes Kind* kann auch mal nichts sagen oder einen flüssigen Satz äußern.**

Das Partizip I ist genauso wie ein Adjektiv in der Lage, ein Substantiv als sein Bezugswort zu beschreiben, und kann genauso wie ein Adjektiv substantiviert werden – mit dem Ergebnis, dass zwei unterschiedliche Lesarten möglich sind: *Studierende* sind 1. Personen, die im Augenblick etwas intensiv lernen (also studieren), oder 2. Personen, die an einer Hochschule eingeschrieben sind (s. hierzu auch S. 218).

Sachbezeichnung: *Staatsoberhaupt, Presse*

Eine andere Möglichkeit, Ersatzformen zu finden, ist es, statt der Personenbezeichnung ein Abstraktum zu verwenden:

Leiterin oder Leiter* → *Leitung
Professorin oder Professor* → *Professur

Das bietet sich tatsächlich in vielen Fällen an und kann eine sehr elegante Alternative sein, um umständliche Doppelformen zu vermeiden. Allerdings sollten Sie aufpassen, dass Ihre Texte dann nicht zu unpersönlich werden, besonders wenn Sie eine direkte Ansprache bestimmter Personen im Sinn haben.

BESSER NICHT	STATTDESSEN MAL SO
Informant	*Quelle*
Herrscher	*Staatsoberhaupt*
Journalisten	*Presse*
Kollegen	*Kollegium*

Das kann im Übrigen auch im Satzkontext funktionieren, wenn Sie etwa folgendermaßen neu formulieren:

Messebesucher links abbiegen.* → *Zur Messe links abbiegen.

Sachbezeichnungen sind also oft eine sehr gute Möglichkeit, geschlechtsspezifische Ausdrücke zu vermeiden. Sie bergen aber die Gefahr, dass Texte recht unpersönlich wirken, da der Aspekt des Handelns in den Hintergrund tritt.

Geschlechtsneutrale Personenbezeichnungen: *Mensch, Person, Mitglied*

Sehr gut als Ersatzformen eignen sich geschlechtsneutrale Personenbezeichnungen, die geschlechtsindifferenten Substantive (vgl. unsere Ausführungen zum semantischen Geschlecht in Abschnitt 2.1). In diese Kategorie gehören alle Wörter, deren grammatisches Geschlecht nicht notwendigerweise mit dem biologischen Geschlecht übereinstimmt und die automatisch verschiedene Geschlechter bezeichnen, bei denen mithin keine Ableitungen (Movierungen) möglich sind. Solche Wörter können im Singular und im Plural verwendet werden und meinen immer sowohl weibliche als auch männliche Bezugspersonen.

Genus Maskulinum: ***der Mensch, der Fan, der Gast***
Genus Femininum: ***die Person, die (z. B. Hilfs-)Kraft, die Geisel***
Genus Neutrum: ***das Mitglied, das Opfer, das Gegenüber***

BESSER NICHT	STATTDESSEN MAL SO
die Anhänger	*die Fans*
die Teilnehmer	*die Gäste*
die Helfer	*die Hilfskräfte*
mein Kontrahent	*mein Gegenüber*

Geschlechtsindifferente Substantive haben den großen Vorteil, dass sie nicht so unpersönlich wirken wie Sachbezeichnungen, da sie immer einen **konkreten Personenbezug** aufweisen. Außerdem sind sie standardsprachlich markiert – anders als etwa Kurzwörter.

Kurzwörter: *OB, Hiwi, Prof*

Eine noch wenig genutzte Alternative besteht in der Bildung von Kurzwörtern. Denn viele Kurzwörter haben den Vorteil, dass sie sowohl für feminine als auch für maskuline Langformen gelten, sodass sie eingesetzt werden können, um Doppelformen oder Sparschreibungen zu vermeiden. Diese Möglichkeit können Sie mit verschiedenen Arten von Kurzwörtern ausprobieren: Es funktioniert mit Silbenkurzwörtern genauso gut wie mit Buchstabenkurzwörtern und anderen Formen, allerdings, wie bei den substantivierten Adjektiven und Partizipien nur im Plural. Ferner bietet sich diese Möglichkeit nur in nicht allzu formalen Texten an, denn viele Kurzwörter gelten als informell und sind nicht in allen Kontexten willkommen.

LANGFORM	KURZWORT	ART DES KURZWORTS
der/die Hilfswissenschaftler/-in	*der/die Hiwi*	Silbenkurzwort
der/die Professor/-in	*der/die Prof*	Kopfwort
der/die Student/-in	*der/die Studi*	Kurzwort mit i-Suffix
der/die Oberbürgermeister/-in	*der/die OB*	Buchstabenkurzwort
die Schülerinnen und Schüler	*die SuS*	Buchstabenkurzwort

Die Endungen, die die ursprünglichen langen Bezeichnungen als maskuline bzw. feminine Ausdrücke gekennzeichnet haben, sind beim Kürzungsprozess, also der Kurzwortbildung, getilgt worden, sodass die Kurzform sowohl für die maskuline als auch für die feminine Langform gilt. Kurzwörter sind daher eine sehr **gute Möglichkeit,** geschlechtsspezifische Ausdrücke zu vermeiden. Allerdings kommt es ganz auf die Textsorte an, ob sie kommunikativ angemessen erscheinen, denn viele Kurzformen sind eher **umgangssprachlich** geprägt.

Direkte Anrede: *Ihre Unterschrift*

Eine weitere Möglichkeit der Umformulierung besteht darin, dass Sie die Adressaten und Adressatinnen Ihres Textes direkt ansprechen. Das ist in vielen formalen Kontexten eine sehr gute Lösung, wenn es unerheblich ist, ob nun eine Frau oder ein Mann angesprochen wird (vgl. hierzu auch die Ausführungen zu definiter spezifischer Referenz in Abschnitt 2.3). Zudem ist es hier anders als häufig sonst beim Gendern: Die geschlechtergerechte Formulierung mithilfe der direkten Anrede ist oft kürzer als die mit »generischem Maskulinum«.

BESSER NICHT	STATTDESSEN MAL SO
Der Antragsteller muss das Formular unterschreiben.	*Bitte unterschreiben Sie das Formular.*
Besucher werden gebeten, ihre Taschen einzuschließen.	*Bitte schließen Sie Ihre Taschen ein.*
Unterschrift des Steuerpflichtigen:	*Ihre Unterschrift:*
Antragsteller werden benachrichtigt	*Sie werden benachrichtigt.*

Sie können mit der direkten Anrede viele Texte also im wahrsten Sinne des Wortes **»ansprechender«** gestalten.

Umformulierung mithilfe des Adjektivs: *ärztlicher Rat*

Auch das ist eine Art der Umformulierung: Verwenden Sie statt der maskulinen oder femininen Form ein Adjektiv. Besonders wenn die maskulinen Formen in der Funktion eines Attributs auftauchen *(Rat des Arztes),* ist das Ersetzen durch ein Adjektivattribut oft nicht schwer – außerdem kann auch ein Partizip in der adjektivischen Funktion eines Attributs stehen (wie in den Beispielen *herausgegeben* und *verfasst*).

Wie Sie in der folgenden Tabelle sehen, kann das eine **kreative Lösung** sein. Sie funktioniert allerdings in vielen Fällen nicht, sodass Sie

Fantasie aufbringen müssen, um passende Ersatzformulierungen zu finden. Wir können hierfür besonders in diesem Abschnitt keine Patentlösungen bieten, denn in der Regel werden Sie Umformulierungen je nach Gegebenheit und Textsorte vornehmen. Es hängt also stark vom Kontext ab, welche Art des gendergerechten Formulierens jeweils am besten passt. Auf diese Fragen gehen wir im dritten Kapitel bei den konkreten Textanalysen noch ausführlicher ein.

BESSER NICHT	STATTDESSEN MAL SO
Rat des Arztes	*ärztlicher Rat*
Arztgeheimnis	*ärztliche Schweigepflicht*
Rat eines Fachmanns	*fachkundiger Rat*
Hilfe eines Fachmanns	*fachliche Hilfe*
Fragen Sie Ihren Arzt oder Apotheker.	*Holen Sie sich ärztlichen oder pharmazeutischen Rat.*
Kritiker	*kritische Stimmen*
Nachwuchswissenschaftler	*wissenschaftlicher Nachwuchs*
Herausgeber	*herausgegeben von*
Verfasser	*verfasst von*

Umschreibungen mit dem Passiv oder mit *wir*: *Es sollte beachtet werden / Wir sollten beachten*

Gelegentlich kann es sich anbieten, das Passiv und unpersönliche Konstruktionen oder das allumfassende *wir* zu nutzen – allerdings muss klar sein, an wen sich die Äußerung richtet, da sich das Subjekt ja ändert:

BESSER NICHT	STATTDESSEN MAL SO
Mitarbeiter müssen Folgendes beachten.	*Es muss Folgendes beachtet werden.* *Man muss Folgendes beachten.* *Wir müssen Folgendes beachten.*

Der Gebrauch des unbestimmten Pronomens ***man*** wird wegen seiner etymologischen Nähe zum Substantiv *Mann* und der lautlichen Übereinstimmung mit diesem Wort gelegentlich als unangemessen kritisiert. Die vor Jahren entsprechend neu gebildete Alternative *frau* ist jedoch auch nicht geschlechtsneutral, sondern wird im Allgemeinen nur (und oft scherzhaft) im Sinne von »die Frauen« verwendet.

Als Ersatz für beide Formen bieten sich ebenfalls das Passiv oder *wir* an:

VIELLEICHT NICHT	STATTDESSEN MAL SO
Man sollte …	*Es sollte …* *Wir sollten …*

Grundsätzlich ist es aber so, dass das Pronomen *man* schon im Althochdeutschen und Mittelhochdeutschen die allgemeine Bedeutung ›irgendeiner, jeder beliebige (Mensch)‹ hatte – wie übrigens auch das französische *on*.

Bildung von Relativsätzen: *Alle, die …*

Eine ganz andere Lösung liegt in der Bildung von Relativsätzen. Diese benötigen zwar mehr Platz, können aber auflockernd wirken und bieten sich als stilistische Abwechslung an.

BESSER NICHT	STATTDESSEN MAL SO
Alle Teilnehmer …	*Alle, die teilnahmen …*
Antragsteller …	*Personen, die einen Antrag stellen …*
Akademiker …	*Wer studiert hat …*
Die Autoren …	*Die(jenigen), die das Buch geschrieben haben …*

Im Sinne des geschlechtergerechten Sprachgebrauchs funktioniert das nur, wenn Sie bei der Wiederaufnahme nicht doch ein maskulines Pronomen verwenden – aber das ist bei Relativsätzen auch gar nicht nötig. Wenn also das (geschlechtsneutrale) Relativpronomen *wer* den Relativsatz einleitet, kann der übergeordnete Satz ohne Pronomen beginnen.

Vermeidung des Pronomens *der*: Wenn Sie zum Beispiel einen Satz wie *Mörder werden bestraft* umformulieren möchten, sollten Sie nicht neu formulieren: *Wer einen Mord begeht, der wird bestraft,* sondern gleich ohne Pronomen:

BESSER NICHT	STATTDESSEN MAL SO
Mörder werden bestraft.	*Wer einen Mord begeht, wird bestraft.*

Abschließend lässt sich sagen, dass bei einzelnen Formulierungen oft Umformulierungen das beste Mittel sind, einen Text geschlechtergerecht zu gestalten; allerdings verlangen sie auch die größte Kreativität. Wie Sie in den vorangegangenen Abschnitten sehen konnten, können Sie frei entscheiden, in welcher Weise Sie umformulieren möchten – ob durch schlichte Ersetzung mit neutralen Ausdrücken oder mit neuen Satzstrukturen.

Hier noch ein paar Beispiele, damit Sie sehen, welche Möglichkeiten sich nicht nur theoretisch, sondern auch im konkreten Einzelfall bieten:

BESSER NICHT	STATTDESSEN MAL SO
Wir suchen Mitarbeiter mit Erfahrung.	*Wir suchen Mitarbeiterinnen oder Mitarbeiter mit Erfahrung.* *Wir suchen kreative Köpfe mit Erfahrung.* *Ihre Erfahrung ist das, was wir suchen.* *Wer Erfahrung hat, meldet sich bitte bei uns.* *Wenn Sie Erfahrung haben, melden Sie sich bitte bei uns.* *Sie haben Erfahrung? Melden Sie sich!* *Erfahrung ist Voraussetzung für die Stelle.*

BESSER NICHT	STATTDESSEN MAL SO
Der Antragsteller muss das Formular unterschreiben.	*Der Antragsteller/Die Antragstellerin muss das Formular unterschreiben.* *Der/Die Antragsteller/-in muss das Formular unterschreiben.* *Wenn Sie den Antrag stellen, müssen Sie das Formular unterschreiben.* *Wer den Antrag stellt, muss das Formular unterschreiben.* *Bitte unterschreiben Sie das Formular.* *Das Formular muss unterschrieben werden.* *Das Formular ist zu unterschreiben.*

BESSER NICHT	STATTDESSEN MAL SO
Nutzer müssen beachten, dass …	*Es muss beachtet werden, dass …* *Es ist zu beachten, dass …* *Wir sollten beachten …* *Wenn wir x nutzen, sollten wir beachten …* *Wer diese Einrichtung nutzt, muss beachten, dass …* *Die Nutzung dieser Einrichtung erfordert …* *Bei Nutzung dieser Einrichtung ist zu beachten, dass …* *Die Beachtung von … ist wichtig.*

Geschlechtergerechte Stellenausschreibungen

Neutrale, nicht an ein Geschlecht gebundene Stellenausschreibungen lassen sich auf verschiedene Arten gestalten. Vor allem bei englischen Berufsbezeichnungen, bei denen im Deutschen oft keine feminine Form zur Verfügung steht, wird häufig eine **sexusbezogene Klammer** hinzugefügt: Ursprünglich stand dann *(m/w)* für ›männlich/weiblich‹ oder *(m/f)* für die englische Entsprechung ›male/female‹; inzwischen wird eine dreigliedrige Angabe gemacht: *(m/w/d)* für ›männlich/weiblich/divers‹, *(m/w/i)* für ›männlich/weiblich/inter‹ oder schlicht *(m/w/x)* für alle denkbaren Varianten. Auch der Klammerzusatz *(gn)* für ›geschlechtsneutral‹ ist zu finden. Damit soll zum Ausdruck gebracht werden, dass die Stellenbezeichnung nur die Funktion ausdrücken soll und dass die Stelle für alle Personen unabhängig vom Geschlecht ausgeschrieben ist – und damit der vom Bundesverfassungsgericht geforderten dritten Option ebenfalls gerecht wird (vgl. Abschnitt 1.4). Besonders häufig findet sich diese Klammer nach Fremdwörtern wie *Consultant, Engineer, Leader* oder *Specialist,* weil es hier ohnehin schwierig ist, diese Berufsbezeichnungen in anderer Weise explizit maskulin und feminin zu formulieren, da es im Englischen keine Genusdifferenzierung gibt.

Senior Consultant (m/w/d) Risikomanagement gesucht

Andere Möglichkeiten bieten die bisher beschriebenen Strategien:

Zum 1. Juli 2020 ist die Leitung der Abteilung neu zu besetzen.
Gefordert sind Organisations- und Verkaufstalent …
Referent/-in zum 1. Juli 2020 gesucht, der/die …

Hier ist besonders auf die formale Abstimmung der zusammengehörenden Teile zu achten, denn auch bei der Sparschreibung muss noch alles »passen«. Nicht korrekt (wegen der fehlenden Übereinstimmung zwischen *einen* und *Redakteurin*) wäre zum Beispiel: *Wir suchen einen Redakteur(in).* Ebenfalls problematisch: *Wir suchen eine(n) Redakteur(in),* weil die Formen nicht übereinstimmen, wenn die Klammern weggelassen werden *(*eine Redakteur).* Aber man kann gut **neutral** formulieren:

Redaktionsstelle/Praktikum zu vergeben ab 1. Juli 2020

2.5 Typische Probleme des geschlechtergerechten Formulierens

In diesem Abschnitt widmen wir uns den typischen Problemen und Zweifelsfällen, die beim Versuch, geschlechtergerecht zu formulieren, auftauchen können. Es geht sowohl um die Schwierigkeiten bei verkürzten Formen als auch um Einzelfälle, wie konkrete lexikalisierte oder andere mit maskulinen Formen zusammengesetzte Wörter, als auch um Fragen der Kongruenz, die in Satz- und Textstrukturen auftreten.

Schwierigkeiten bei verkürzten Formen

Wie bei einigen Strategien im letzten Abschnitt deutlich wurde, sind geschlechtergerechte Formulierungen manchmal schwer umzusetzen – und besonders im Singular sind sie oft nur aufwendig zu realisieren, da die Artikel, Adjektive und Pronomen der femininen und der maskulinen Formen im Singular nicht übereinstimmen:

> ***Jede Mitarbeiterin, die zu spät kommt, muss ihre Verspätung entschuldigen.***
> ***Jeder Mitarbeiter, der zu spät kommt, muss seine Verspätung entschuldigen.***

In solchen Fällen würde ein Verkürzungsversuch zunächst zu stilistisch und grammatisch kaum vertretbaren Ergebnissen führen (wie *Jede/-r Mitarbeiter/-in, der/die zu spät kommt, muss seine/ihre Verspätung entschuldigen*).

Was also tun? Prüfen Sie zunächst immer, ob Sie auf den **Plural** ausweichen können, denn da stimmen – wie wir oben (s. S. 72, 129) ausgeführt haben – zum Beispiel der Artikel *(die)*, das Relativpronomen *(die)* und auch andere Pronomen wie das Possessivpronomen *(ihre)* überein. Wenn Sie also etwa *jede und jeder* durch *alle* ersetzen können, ergibt sich eine einfache Lösung – die Sparschreibung sieht nicht mehr so kompliziert aus und ist auch formal schlüssig:

> ***Alle Mitarbeiter/-innen, die zu spät kommen, müssen ihre Verspätung entschuldigen.***

Allerdings wäre in manchen Fällen die explizite Beidnennung dann auch nicht viel länger als die Sparschreibung:

> ***Alle Mitarbeiterinnen und Mitarbeiter, die zu spät kommen, müssen ihre Verspätung entschuldigen.***

Das Ausweichen auf die Pluralform *alle* bietet sich auch als Strategie zur Vermeidung des Pronomens *jedermann* an, das häufig als geschlechtsspezifisch betrachtet wird:

> ***Gesundheitsvorsorge für jedermann → Gesundheitsvorsorge für alle***

Gibt es keine passenden Pluralformen, ist die ungekürzte Beidnennung des Singulars am übersichtlichsten und oft kaum länger:

NICHT ÜBLICHE SPARSCHREIBUNG	SINNVOLL
Wir wollen die Aufmerksamkeit des/-r Lesers/-in wecken.	*Wir wollen die Aufmerksamkeit des Lesers / der Leserin wecken.*
Nebenwirkungen teilen Sie bitte Ihrer/-m Ärztin/Arzt mit.	*Nebenwirkungen teilen Sie bitte Ihrer Ärztin / Ihrem Arzt mit.*

Eine weitere Möglichkeit, zwei ausgeschriebene Singularformen zu vermeiden, besteht darin, den bestimmten Artikel abzukürzen. Das aber gelingt nur dann, wenn das Bezugswort (wie im folgenden Beispiel *des oder der Erziehungsberechtigten*) in maskuliner und femininer Form gleich bleibt, etwa bei substantivierten Adjektiven und Partizipien.

NICHT ÜBLICH	SINNVOLL
d. Lesers / Leserin (für: *des Lesers / der Leserin*)	*Unterschrift d. Erziehungsberechtigten* (für: *der oder des*)

Aufgrund dieser Schwierigkeiten bei der Einsparung lässt sich in den letzten Jahren ein interessanter Wandel im Gebrauch der verkürzten Formen beobachten, der bereits vor der Verwendung des Gendersterns begann: Aus pragmatischen Gründen wird die Doppelform in der Sparschreibung wie ein Gesamtwort (ähnlich einem Pluralwort) behandelt, das entsprechend unkompliziert flektiert wird. Diese Variante, die nicht den amtlichen Regeln entspricht, kommt ohne Bindestrich und gegebenenfalls auch ohne eigentlich nötige Endung aus. Ein Beispiel ist der Dativ Plural des Maskulinums *(Mitarbeiter**n*** oder *Kollege**n**)*. Nicht zu empfehlen sind Formen wie *den Mitarbeiter(n)/-innen*. Das führt zu folgenden Formen:

den Mitarbeiter/innen = den Mitarbeiterinnen und Mitarbeitern
den Kolleg/innen = den Kollegen und Kolleginnen

Diese Form der verkürzten Schreibweise können Sie nutzen, wenn Sie **nicht an die amtlichen Regeln gebunden** sind (wie es etwa Schulen und Behörden aber sind!) – offiziell korrekt ist sie allerdings nicht.

Ähnlich wie bei Abkürzungen ist klar, was gemeint ist und was also (im Geiste) ergänzt werden muss, um die ausführliche korrekte Form zu erhalten. Damit entfallen die sprachsystematischen Probleme, die auftauchen, wenn man die beiden Formen unabhängig voneinander mit der jeweiligen Flexionsendung versehen möchte *(den Mitarbeiter-/-inne-/-n)* – allerdings bewegt man sich damit außerhalb der orthografischen Normen und der grammatisch korrekten Formen. Der Sprachgebrauch scheint sich hier also losgelöst von formalen Regeln zu entwickeln. Weitere Schritte in diese Richtung sind andere oben besprochene kreative Schreibungen wie *MitarbeiterInnen, Mitarbeiter*innen, Mitarbeiter_innen,* die sich ebenfalls nicht im Rahmen der amtlichen Rechtschreibung bewegen.

NICHT ÜBLICH	NICHT AMTLICH
Kolleg-/-inn-/-en	*Kolleg/innen* *KollegInnen* *Kolleg*innen* *Kolleg_innen*

Allerdings können sich beim Gebrauch des Gendersterns und vergleichbarer Formen andere Fragen ergeben, etwa wenn ein mit Genderstern verwendetes Substantiv ein Adjektiv bei sich hat (z.B. *studentische Mitarbeiterin, studentischer Mitarbeiter*). Denn das grammatische Geschlecht des Adjektivs richtet sich immer nach dem des Bezugsworts, also des zugehörigen Substantivs, wie wir oben in Abschnitt 2.1 ausgeführt haben. Aber wonach soll sich das Adjektiv richten, wenn das Substantiv aufgrund des Gendersterns bewusst kein eindeutiges Genus hat? Da ja weder die maskuline noch die feminine Form damit explizit bezeichnet werden sollen, ist zunächst offen, wie ein zugehöriges Attribut flektiert werden soll. Ein Beispiel aus einer Stellenanzeige, gesucht war:

Studentische*r Mitarbeiter*in

Solche Bildungen sind nicht unproblematisch. Gesucht ist natürlich entweder ein *studentischer Mitarbeiter* oder eine *studentische Mitarbeiterin.* Es stellt sich sprachlich ein ähnliches Problem, wie wir es kurz bei der Klammerlösung angesprochen haben (s. S. 128), denn die Formen ohne Sternchen wären nicht kongruent, also zueinander passend. Auf den Plural kann man hier auch nicht zurückgreifen, denn es wird nur eine Person für die Stelle gesucht. Was also tun? Wir bewegen uns hier ohnehin in einem kreativen Raum – sollte man also nur das Substantiv mit Genderstern versehen und das Attribut unflektiert lassen: *Studentische Mitarbeiter*in*? Diese Lösung wirkt auch nicht so recht passend. Konsequent ist also die Lösung mit Genderstern sowohl im Substantiv als auch im Adjektiv durchaus, wenn sie auch noch gewöhnungsbedürftig aussieht …

Wer solche Formen konsequent vermeiden möchte, auch weil sie nicht von den amtlichen Orthografieregeln gedeckt sind, greift dann in der Regel doch auf die ausführliche Beidnennung zurück. Oder aber Sie begeben sich auf die Suche nach anderen Lösungen, wie im vorhergehenden Abschnitt 2.4 gezeigt: Wählen Sie Ersatzformen (substantivierte Partizipien oder Adjektive, Sachbezeichnungen, geschlechtsneutrale Ausdrücke, Kurzwörter oder Umformulierungen), um an den geeigneten Stellen neue Formulierungen anzubringen. Werden Sie kreativ! Wenn Sie zum Beispiel aus stilistischen Gründen die Paarformel *Mitarbeiterinnen und Mitarbeiter,* aber auch Sparformen nicht zu häufig wiederholen wollen, können Sie je nach Kontext alternative Ausdrücke wie *Belegschaft* oder *Kollegium* verwenden.

Ableitungen und Zusammensetzungen

Wir kommen hier zu einem der schwierigsten Bereiche des Genderns auf der reinen Wortebene: den schon lange in den Wortschatz eingeführten Wortbildungen, deren Stamm bzw. Erstglied formgleich mit einem »generischen Maskulinum« ist wie ***Ärzte**schaft* oder ***Bürger**steig*. Immer wieder wird auch an solchen Formen Anstoß genommen. Was machen wir also mit dieser Art von Ableitungen (Derivationen) und Zusammensetzungen (Komposita)? Sollen auch sie gendergerecht umformuliert werden?

Nicht immer sind in diesen Fällen Wortbildungen mit femininen Stämmen möglich, nicht immer sind sie sinnvoll. An anderen Stellen jedoch sind sie wünschenswert und es ist wichtig, Alternativen zu finden, auch weil sich sonst zum Beispiel Stereotype weiter verfestigen können (vgl. unsere Ausführungen dazu in Abschnitt 2.1).

Wir differenzieren im Folgenden danach, ob Ableitungen und Zusammensetzungen auf einer (variablen) Skala sich eher auf Abstrakta und Dinge beziehen (wie *Bürgersteig*) oder tatsächlich auf Gruppen von Personen (wie *Ärzteschaft*). Und je nachdem, wie stark der Bezug auf reale Personen ist, ist das Gendern der Formulierungen geboten oder nicht so wichtig bzw. nicht sinnvoll (etwa bei *freundlich*). An dieser Stelle muss gesagt werden, dass hier in noch stärkerem Maße als ohnehin beim Gebrauch geschlechtergerechter Sprache das **eigene Urteil,** welche Form in einem konkreten Fall am besten ist, gefragt ist.

Meist nicht sinnvoll sind »feminine« Pendants bei weitgehend lexikalisierten (also schon so in den Wörterbüchern zu findenden und historisch gewachsenen) Formen. Hierzu zählen besonders Adjektive und auch Verben:

freund-lich, jurist-isch, schriftsteller-n

Interessant und immer wieder Gegenstand von Diskussionen sind auch Ausdrücke wie *der Gesetzgeber* (vgl. das Textbeispiel Merkblatt in den Beispielanalysen in Kapitel 3, S. 162 f.). Hier wird keine Person bezeichnet und auch keine konkrete Szene beschrieben, an der spezifische Personen teilnehmen, sondern es geht um eine Institution oder genauer um ein komplexes Verfahren in einer Institution. Dieses Verfahren wird sozusagen **metaphorisch** als agierende Person dargestellt (Personifikation). Oft handelt es sich bei solchen Ausdrücken um Fachwortschatz bzw. um technische Ausdrücke, die in ihrem jeweiligen fachlichen Kontext üblich sind. In diesen Fällen halten wir das Gendern für nicht angebracht.

Problematischer wird es bei der Benennung von Ereignissen und Prozessen **mit Personenbeteiligung,** bei Ableitungen (etwa mit *-schaft* oder *-tum*) und Zusammensetzungen, die einerseits Dinge, Abstrakta oder Kollektiva bezeichnen, sich aber (auch) auf individuelle weibliche und/oder männliche Personen beziehen:

Präsidentschaft, Lehrerschaft, Königtum, Kanzleramt, Lehrerzimmer

Soll es zum Beispiel *Schülerschaft* oder doch lieber *Schüler- und Schülerinnenschaft* oder *SchülerInnenschaft, Schüler*innenschaft* heißen? Wir halten in diesem Bereich die Schreibung mit einem Binnen-I oder dem Genderstern für eine sehr elegante und platzsparende Lösung, weisen jedoch darauf hin, dass dies nicht im Einklang mit den Regeln der Rechtschreibung steht.

Bezeichnungen wie *Schülerschaft, Bürgerschaft, Ärzteschaft* sind sehr geläufig und werden oft als ökonomisch und stilistisch sinnvoll erklärt. Wir möchten ihre Nützlichkeit nicht völlig von der Hand weisen, geben aber zu bedenken, dass alles, was über die Defizite des »generischen Maskulinums« bei der Sichtbarmachung von Frauen festgestellt wurde, in abgeschwächter Form auch auf diese abgeleiteten Kollektivbegriffe zutrifft. Hier raten wir zu einem reflektierten Umgang mit dem ganzen Spektrum an Benennungsmöglichkeiten, insbesondere zu Abwechslung in der Benennung und auch zum wohldosierten Ausprobieren neuer Formen.

Bei solchen Formen kann es zudem durchaus sinnvoll sein, sie auch mit femininem Stamm zu bilden, und zwar besonders wenn sie sich konkret auf weibliche Personen beziehen:

Lehrerinnenschaft, Königinnentum

In diesem Zusammenhang war etwa die Bildung *Kanzlerinnenamt* (sowohl in Bezug auf das Gebäude als auch in Bezug auf die Stelle) schon häufig in der Diskussion, seit in Deutschland mit Angela Merkel erstmals eine Frau in diese Position gewählt wurde. Immerhin ist auch *Bundeskanzlerin* erst seitdem ein wirklich eingeführter Terminus (und wurde damit zum Wort des Jahres 2005). Wenn konkret von der Position einer Amtsinhaberin die Rede ist, können Sie also durchaus auch vom *Kanzlerinnenamt* sprechen, wenn dieses Amt mit einer Frau besetzt ist. So wurde in einer Pressemitteilung der Universität Mannheim (9. Februar 2017) selbstverständlich vom *Kanzlerinnenamt* geschrieben, als zu Beginn des Jahres 2017 die neue Kanzlerin der Universität die alte ablöste:

Feierliche Übergabe des Kanzlerinnenamts

Grundsätzlich sollte immer eine Überlegung im Vordergrund stehen: Wie sehr steht in solchen Bildungen die **Person,** die im Bestimmungswort der Ableitung *(**Lehrer**schaft)* bzw. des Kompositums *(**Lehrer**zimmer)* genannt ist, im (gedanklichen) Mittelpunkt? Vermutlich haben

Sie bei *Lehrerschaft* eher die damit bezeichneten Personen im Kopf als beim *Lehrerzimmer*, das natürlich zunächst auch tatsächlich das Zimmer bezeichnet – oder denken Sie doch mehr an die Personen, die es nutzen? Ein schwieriges Abwägen, das wir Ihnen leider nicht abnehmen können. Beachten Sie hierzu wieder besonders unsere Skala der Genderrelevanz aus Abschnitt 2.3, um ein paar zusätzliche Anhaltspunkte zu erhalten. Zusammenfassend kommen wir zu folgendem Ergebnis:

Lexikalisierte Formen

Bei fest gewordenen Formen ohne Personenbezug sind »feminine« Pendants **nicht sinnvoll,** besonders nicht bei Adjektiven und Verben und auch nicht bei abstrakten Funktionsrollen etc.:

künstlerisch, schriftstellern, Gesetzgeber

Konkreter Sachbezug

Auch bei Zusammensetzungen, die sich nicht auf Personen, sondern auf **Dinge/Gegenstände** beziehen, werden die Personenbezeichnungen als erste Teile der Komposita häufig **nicht** gegendert. Oft finden wir hier auch Fachtermini.

Bürgersteig, Lehrerzimmer, Maurerkelle, Fleischermesser

Es spricht natürlich nichts dagegen, solche Benennungen zu vermeiden und andere ansprechende Lösungen zu finden:

ÜBLICH	NICHT SINNVOLL	AUSWEG
Bürgersteig	*Bürgerinnensteig*	*Gehweg*

Stärkerer Bezug auf Personen

Wenn sich die Komposita konkret auf **Personen** beziehen, ist es meistens sinnvoll, zumindest zu hinterfragen, ob nicht eine Umformulierung im Sinne des Genderns besser wäre. Häufig steht hier die Tätigkeit im Vordergrund (man spricht von Nomina agentis); Beispiele sind in den folgenden Komposita etwa *anfangen, benutzen* und *reden*:

Anfängerkurs, Benutzerordnung, Rednerpult

Das gilt im Übrigen nicht nur für Substantive, sondern kann auch Adjektive betreffen:

leserfreundlich, benutzerfreundlich, anwenderorientiert

Komposita mit femininen Erstgliedern sind in diesen Fällen natürlich prinzipiell möglich (s. o. *Kanzlerinnenamt*), allerdings in den meisten Zusammenhängen wenig üblich. Es sollte immer wieder eine wichtige Rolle spielen, ob konkret weibliche Personen gemeint sind oder ob es um abstrakte Begriffe geht.

Am besten prüfen Sie auch bei Zusammensetzungen, ob es zu dem Wortteil mit der maskulinen Form überhaupt eine feminine Form gibt und ob diese im konkreten Kontext vorstellbar und sinnvoll sein könnte. Dazu können Sie das Kompositum auch auflösen:

Anfängerkurs **= Kurs für Anfänger (und Anfängerinnen!)**
Arztbesuch **= Besuch bei einem Arzt (oder einer Ärztin!)**
Leserbrief **= Brief eines Lesers (oder einer Leserin!)**

Statt *Arztbesuch, Leserbrief, Bürgerbewegung* usw. wurden daher etwa *Ärztinbesuch, Leserinnenbrief, Bürgerinnenbewegung* usw. vorgeschlagen; durchgesetzt haben sich diese Formen aber nicht. Üblichere Lösungen sind dagegen Bildungen mit geschlechtsneutralem Bestimmungswort *(Redepult, Wahlverzeichnis)* oder anderen geschlechtergerechten Formulierungen *(Briefe an die Redaktion)*. Hier bieten sich verschiedene der Strategien an, die wir in den vorherigen Abschnitten vorgestellt haben.

Die folgenden Beispiele sollen Ihnen Mut machen, eigene Ideen auszuprobieren. Sie können an diesen Beispielen auch sehen, worauf Sie gegebenenfalls achten müssen, um solche Zusammensetzungen überhaupt erst einmal zu erkennen.

BESSER NICHT	STATTDESSEN MAL SO
Anfängerkurs	*Grundkurs, Einstiegskurs*
Benutzerordnung	*Nutzungsordnung*
Beratertätigkeit	*Beratung*
Besuchergruppe	*Besuchsgruppe*
Dozententätigkeit	*Lehrtätigkeit*
Expertenwissen	*Fachwissen*
Konfirmandenunterricht	*Konfirmationsunterricht*
Pendlerpauschale	*Pendelpauschale*
Rednerpult	*Redepult*
Rednerliste	*Redeliste*
Raucherpause	*Zigarettenpause*
Teilnehmergebühr	*Teilnahmegebühr*
Wählerverzeichnis	*Wahlverzeichnis*
anwenderbezogen	*praxisbezogen*
benutzerfreundlich	*benutzungsfreundlich*
leserfreundlich	*lesefreundlich*

Ob solche Bildungen standardsprachlich fest werden, muss jeweils die weitere Sprachentwicklung zeigen – manche sind es längst geworden. Kreativ werden können Sie in Ihren Texten auf jeden Fall immer, und viele solcher Bildungen finden sich heute ganz selbstverständlich in allen möglichen Kontexten und auch in den Wörterbüchern.

Kongruenz bei Titel und Anrede

Kongruenz meint die Übereinstimmung von grammatischen Merkmalen zwischen verschiedenen sprachlichen Einheiten. Sie betrifft damit auch die Kategorie Genus – bei grammatischer bzw. formaler Kongruenz *(ein fröhlich**er** Mann, ein**e** fröhlich**e** Frau)*, aber auch bei semantischer (inhaltlicher) Kongruenz *(**das** Mädchen ist ein**e** fröhlich**e** Jugendliche)*.

Wir gehen zunächst die einzelnen genderrelevanten Formen durch, die immer wieder Fragen aufwerfen und Probleme bereiten: von einzelnen Phrasentypen *(Frau Professorin, liebe Bärbel)* bis zu unterschiedlichen Strukturen der Wiederaufnahme im Satz wie prädikativen Strukturen *(Sie ist x)* oder der Wiederaufnahme durch Appositionen *(Unser Kunde, **die** Firma x)*, Pronomen *(Das Mädchen … **Es/Sie** …)* oder Relativsätze *(Unser Kunde, die Firma Meier, **die/der** …)*.

Frau Professorin / Frau Professor

In diesen Fällen plädieren wir in der Regel für semantische Kongruenz (vgl. Abschnitte 2.1 und 2.3), denn wenn jemand angeredet oder mit einem Titel bezeichnet wird, liegt eine spezifische Referenz auf eine konkrete Person vor:

MÖGLICH, ABER VERALTEND	BESSER
Frau Professor Carola Müller	*Frau Professorin Carola Müller*
Sehr geehrte Frau Staatsanwalt!	*Sehr geehrte Frau Staatsanwältin!*

Julia W., Professorin für Geschichte (Appositionen)

Das gilt besonders für die Apposition, die Beifügung, im Bezug auf Personen. Hier sollte immer das biologische Geschlecht der Bezugsperson beachtet werden:

Nadine Weber, die Lehrerin meiner Söhne
Dr. Ulrike Bauer, Staatssekretärin im Familienministerium

Julia W., Professorin für Geschichte
Louisa Maier, Magistra Artium (M. A.)

Bei spezifischem Bezug auf eine konkrete weibliche Person gilt in der Regel die inhaltliche Übereinstimmung; sowohl bei der Anrede als auch beim Nennen des Titels oder der Funktion sollten also die femininen Formen verwendet werden.

Liebe/Liebes Gretel • Lieber/Liebes Hansel! (Verkleinerungsformen)

Verkleinerungsformen weiblicher (und männlicher) Vornamen auf *-el* sind wie alle Verkleinerungsformen vom Genus, dem grammatischen Geschlecht, her Neutra. Trotzdem richtet sich bei ihnen das attributive Adjektiv oder das Pronomen nach dem **biologischen Geschlecht** des Namensträgers. Es ist also entweder maskulin oder feminin, je nachdem, ob das neutrale Substantiv ein männliches oder ein weibliches Wesen bezeichnet:

Liebe, gute Liesel!; der hübsche Hansel
***Meine liebe Bärbel!* (Dialektal aber: *das Bärbel*)**

Bei grammatisch neutralen Verkleinerungsformen weiblicher und männlicher Vornamen auf *-el* gilt in der Regel **semantische Kongruenz.** Die Attribute und auch die Wiederaufnahmemittel im Satz stehen also entweder im Femininum oder im Maskulinum, nicht im Neutrum.

Kongruenz im Satz: prädikative Strukturen

Prädikative sind Satzglieder, die nach sogenannten Kopulaverben *(sein, werden, bleiben)* eine Aussage über das Satzsubjekt machen (vgl. Abschnitt 2.3, S. 111–113). Sie kommen sehr häufig vor – entweder in Form eines Adjektivs *(Sie ist **schlau**)* oder als Substantiv *(Sie ist **eine Schlaue**/Sie ist **Ärztin**)*. Da sich **Prädikative** semantisch (inhaltlich) auf das Subjekt beziehen, kann es bei nominalen Prädikativen Zweifelsfälle geben, ob das semantische Geschlecht passend ist oder nicht (ob also Kongruenz mit dem Subjekt bezogen auf das semantische Geschlecht herzustellen ist oder nicht).

Sie ist Lehrer/Lehrerin (Titel und Berufsbezeichnungen)

Bei Bezeichnungen für eine **Person** ist Kongruenz im Genus die Regel:

> ***Petra ist Besitzerin, Paul ist Besitzer eines Hauses.***
> ***Sie gilt als beste Kundin dieses Ladens, er als bester Kunde.***
> ***Luca nennt Sebastian seinen Freund, Olga seine Freundin.***

Bei Titeln/Berufsbezeichnungen, die sich auf eine weibliche Person beziehen, standen früher auch maskuline Formen (meist wenn die Rolle oder Funktion hervorgehoben werden sollte). Heute wird eindeutig die Kongruenz im Genus bevorzugt:

> ***Sie ist Lehrerin, Ärztin, Busfahrerin, Abteilungsleiterin.***
> ***Frau Heller arbeitet als Laborantin, Typografin, Redakteurin.***
> ***Ulla Krause macht eine Ausbildung zur Zeichnerin, Journalistin, Kauffrau.***

Sie ist Herr/Herrin der Lage (feste Verbindungen)

Bei einigen festen Verbindungen mit Prädikativ schwankt der Gebrauch:

> ***Die Betriebsleiterin ist Herr/Herrin der Lage.***
> ***Frau Meier ist ein Freund / eine Freundin der Ordnung.***
> ***Frau Meier, stets ein Freund / eine Freundin der Ordnung, räumt auf.*** **(Apposition)**
> ***Sie war Zeugin/Zeuge des missglückten Attentats.***
> ***Die Schnittwunde war so tief, dass sie zum Arzt gehen musste.***
> ***Susanne behauptet, sie sei hier der Depp vom Dienst. /***
> ***Susanne behauptet, sie sei hier ?der Mann fürs Grobe.***
> ***Lukas behauptet, er sei hier das Mädchen für alles.***

Wie wir sehen, sind die Übergänge, wie fest eine Wendung im Sprachgebrauch geworden ist, fließend. »Herr der Lage sein« ist sicher fester als »Zeuge sein« – und dennoch wird auch in festen Wendungen zunehmend die feminine Form bevorzugt, wenn sie sich auf weibliche Personen der außersprachlichen Welt beziehen. Das können wir nur unterstützen.

Es gibt feste Verbindungen, die sich in maskuliner Form im Sprachgebrauch niedergeschlagen haben. Wenn Sie sie aber auf konkrete weibliche Personen anwenden möchten, können Sie durchaus auch die femininen Formen nutzen.

Das Kind ist ein Dieb · Ein Genie ist manchmal ein Einzelgänger (Bezug auf geschlechtsneutrale Personenbezeichnungen)

Bei vielen geschlechtsneutralen Personenbezeichnungen (*das Kind, das Baby, das Individuum* usw.) wird im Allgemeinen als Prädikativ (auch in der Apposition) ein maskulines Substantiv gewählt – wenn offen ist, um wen konkret es sich handelt.

> ***Das Kind ist ein Dieb.***
> ***Jedes Mitglied ist Besitzer eines Vereinsausweises.***
> **(Besser aber: *Jedes Mitglied besitzt einen Vereinsausweis.*)**

Etwas anders sieht das allerdings aus, wenn eine zusätzliche Information bereits vorhanden ist – hier ist wieder unsere Skala der Genderrelevanz hilfreich. Stellen Sie sich eine Situation vor, in der ein Mädchen (Clara) beim Ladendiebstahl erwischt wird und auf der Polizeiwache auf die Eltern wartet. Dann könnten anwesende Personen durchaus über das Kind reden – und bei nun gegebener entsprechend spezifischer Referenz sagen:

> ***Das Kind dort* (= Clara) *ist eine Diebin.***
> ***Dieses Mitglied* (= Frau Berger) *ist Besitzerin eines Vereinsausweises.***

Bei **spezifischer Referenz** auf bekannte weibliche Personen (hier: *Clara*) werden auch Prädikative (hier: *eine Diebin*), die zu geschlechtsneutralen Personenbezeichnungen als Subjekt gehören (hier: *das Kind*), in femininen Formen verwendet.

Dieses Mädchen ist eine gute Rechnerin / ein guter Rechner

Einen ähnlichen Fall haben wir vorliegen, wenn das grammatische Geschlecht (Genus) einer Bezeichnung nicht zum einzig möglichen natürlichen Geschlecht (Sexus) der bezeichneten Person passt (wir haben solche Bezeichnungen schon **hybride Substantive** genannt, vgl. Abschnitt 2.1). Denn bei dem (Rück-)Bezug in diesen Fällen kommt es zwangsläufig zu Konflikten zwischen grammatischer und semantischer Kongruenz. Auffällig und für unseren Kontext interessant ist das zum Beispiel bei *das Mädchen,* das wie alle Substantive auf *-chen* neutrales Genus hat, sich aber ausschließlich auf eine weibliche Person beziehen kann.

Was machen wir mit einem Prädikativ wie *eine gute Rechnerin / ein guter Rechner?* Hier gibt es keine Form im Neutrum (die grammatisch für *das Mädchen* ja gefordert wäre), sondern wir müssen uns zwischen Femininum und Maskulinum entscheiden.

Da das **semantische Merkmal** ›weiblich‹ vorliegt, sollte also notwendigerweise das Femininum stehen, wenn es eines gibt:

Dieses Mädchen ist eine gute Schülerin.
Das Mannequin ist eine erstaunlich gute Schauspielerin.

Zur Wiederaufnahme im Text (grammatische Kongruenz: *das Mädchen – es spielt* oder semantische Kongruenz: *das Mädchen – sie spielt*) kommen wir gleich ausführlicher.

Unser Fazit für dieses Phänomen: Bezeichnet eine neutrale Personenbezeichnung *(das Mädchen, das Mannequin)* nur eine weibliche Person, steht beim prädikativen Bezug ein feminines Substantiv.

Die Autoindustrie ist der beste Abnehmer / die beste Abnehmerin … (Exkurs zu Sach- und Kollektivbezeichnungen)

Dieser Zweifelsfall sei hier der Vollständigkeit halber erwähnt, weil es ebenfalls um Genuskongruenz geht. Denn auch wenn nicht auf Personen referiert wird, herrscht oft Übereinstimmung im Genus zwischen dem Subjekt und dem Prädikativ:

Die Stadt München ist die Auftraggeberin.
Der Sportverband ist der Auftraggeber.

Allerdings gibt es bei Sachbezeichnungen und kollektiven Personenbezeichnungen keine feste Regel, die Genuskongruenz fordert. Deshalb ist hier neben der Kongruenz auch ein Wechsel zum Maskulinum oder Neutrum möglich (da es nicht um weibliche Personen geht, ist dies keine Frage des Genderns):

Die Autoindustrie ist der beste Abnehmer / die beste Abnehmerin / das größte Anwendungsgebiet für Kunststoffe.
Die Not ist ein echter Lehrmeister / eine echte Lehrmeisterin.

Kongruenz im Text: pronominale Wiederaufnahme

Kommen wir nun zu der satzübergreifenden Wiederaufnahme. Auf der **Textebene** können wir nämlich ganz anders agieren als bei isolierten Sätzen oder gar einzelnen Formen. Wenn wir eine Referenz im Text weiterführen, ist bereits bekannt, worum oder um wen es sich handelt. Da die Erstnennung einer Person entscheidend ist (vgl. Abschnitt 2.3, Textuelle Funktion) und diese in einem bestimmten Kontext ja bereits erfolgt ist, sind die weiterführenden Formen oft semantisch reduziert, denn sie können Merkmale der Erstnennung einfach implizit übernehmen. Dennoch (oder gerade deshalb?) gibt es immer wieder Zweifelsfälle, von denen wir die relevanten im Folgenden nennen wollen.

Was macht das Mädchen? Ist es/sie noch krank? Das Mannequin, das/die … (Wiederaufnahmeformen hybrider Substantive)

Fraglich ist manchmal, welche Pronomen bei Genus-Sexus-Unterschieden verwendet werden sollen, wenn es um die Wiederaufnahme im Satz geht. Auch hier gibt es natürlich kein Patentrezept, häufig gibt es mehrere korrekte und angemessene Lösungen. Im Sinne des Genderns können wir versuchen, die dem Sexus entsprechende

Form zu nutzen. Beim Personalpronomen und beim Possessiv sind sowohl das Femininum als auch das Neutrum möglich:

Das** **Mädchen geht jetzt in die Schule. Es/Sie ist eine gute Schülerin.
Das Mädchen hat gestern trotzdem seine/ihre Hausaufgaben vergessen.

Die feminine Form wird besonders dann bevorzugt, wenn das Pronomen bzw. das Artikelwort weiter entfernt steht:

Das Mädchen fand schnell Freundinnen. Besonders bemühte sie sich um ihre Tischnachbarin.

In Relativsätzen dagegen ist zunächst in der Regel das Genus des Bezugswortes ausschlaggebend:

Das Mädchen, das sich nicht mehr zu erinnern schien, lief an mir vorbei.
Das Mannequin, das mit dem Schauspielern anfing …

Erst wenn im weiteren Verlauf des Textes eine erneute Wiederaufnahme erfolgt, kommt es zu semantischer Kongruenz:

Das Mannequin, das mit dem Schauspielern anfing …
Sie war tatsächlich bald international anerkannt.

Sie ist die erste Ärztin, die … / Sie ist die erste unter den Ärzten und Ärztinnen, die … (Beidnennung bei Berufsbezeichnungen)

Richtig kompliziert wird es aber erst in Fällen wie diesem, wenn eine Frau innerhalb einer **gemischten Menge Personen** herausgehoben werden soll. Um Missverständnisse zu vermeiden, ist es dann gelegentlich notwendig, Beidnennung oder andere Formulierungen zu wählen.

Missverständlich:

Gudrun Weber ist die erste Ärztin, die diese Operation gewagt hat.
(Man könnte fälschlicherweise annehmen, dass männliche Kollegen diese Operation schon vor ihr gewagt hätten.)

Maria Schneider ist die bekannteste Bundestagsabgeordnete.
(Man könnte fälschlicherweise annehmen, sie sei die bekannteste aller weiblichen Bundestagsabgeordneten.)

Eindeutig:

Gudrun Weber ist die erste unter den Ärzten und Ärztinnen, die diese Operation gewagt hat.
Maria Schneider ist das bekannteste Mitglied des Bundestages.

Wir sehen hier schnell, dass es in solchen Fällen am besten ist, auf der Textebene anzusetzen und eine andere Art der Vertextung zu suchen – wie wir es schon im vorangegangenen Abschnitt vorgeschlagen haben (s. S. 113). Im Übrigen: Sie haben es vielleicht bemerkt: Prinzipiell sind den obigen Beispielen analoge Sätze mit männlichen Hauptpersonen, die herausgehoben werden sollen, ebenso mehrdeutig und wir können völlig parallele Problemfälle konstruieren:

Missverständlich:

Günther Weber ist der erste Arzt, der diese Operation gewagt hat.
(Man könnte fälschlicherweise annehmen, dass Kolleginnen diese Operation schon vor ihm gewagt hätten.)
Max Schneider ist der bekannteste Bundestagsabgeordnete.
(Man könnte fälschlicherweise annehmen, er sei der bekannteste aller männlichen Bundestagsabgeordneten.)

Eindeutig:

Günther Weber ist der erste unter den Ärzten und Ärztinnen, der diese Operation gewagt hat.
Max Schneider ist das bekannteste Mitglied des Bundestages.

Wir wissen aber natürlich, dass die prinzipielle Zweideutigkeit der männlichen Beispielsätze aufgrund des Fortwirkens des Prinzips »MAN« (das Männliche als Norm), die hier in etwa so konkretisiert werden kann: ›Wenn es keinen Mann gibt, der x vorher gewagt hat, dann hat es niemand vorher gewagt‹ usw., praktisch nie zum Tragen kommt.

Es gibt eine Reihe weiterer, ähnlich gelagerter Problemfälle. Sie alle haben mit **Quantifizierung** zu tun. Einige notorische Fälle seien genannt:

> *10 Prozent aller Autofahrer* ***haben so starke Sehschwächen, dass sie eigentlich nicht mehr fahren sollten.***
> *Jeder fünfte erwachsene Deutsche* ***ist übergewichtig.***

Wie leicht erkennbar, liegt das Problem auch hier im Wesentlichen in der angeblich generischen Verwendung der Maskulinformen. Mögliche Auflösungen, wenn tatsächlich alle gemeint sein sollen, sind:

> *10 Prozent aller Personen, die Auto fahren,* ***haben so starke Sehschwächen, dass sie eigentlich nicht mehr fahren sollten.***
> *Jede fünfte erwachsene Person in Deutschland* ***ist übergewichtig.***

Quantifizierende Kontexte bieten übrigens ganz generell und unabhängig von geschlechtergerechter Sprache allerlei Möglichkeiten für Doppeldeutigkeiten und Missverständnisse (vielleicht erinnern Sie sich an Schlaumeierfragen wie: *Wie viele Mädchen sind im Spiel bei: Jeder Junge in der Klasse 9a liebt ein Mädchen?* usw.).

Sie sehen, Sprache birgt vielfältige Tücken, aber mit Kenntnis des Kontexts und ein wenig Kreativität kann man viele Probleme elegant umgehen. Nach diesem ausführlichen Kapitel zu den sprachwissenschaftlichen Fakten und Grundlagen sowie konkreten Möglichkeiten und Problemen des Genderns kommen wir im nächsten Kapitel zur konkreten Textarbeit, indem wir Ihnen verschiedenste Textbeispiele vorstellen und zeigen, wie Sie jeweils ohne viel Aufwand geschlechtergerechte Varianten produzieren können.

3

Beispielanalysen

Die Überlegungen des vorangegangenen Kapitels dienen uns als eine Art Kompass, mit dem wir nun die praktische Anwendung in den Mittelpunkt stellen und anhand unterschiedlicher Textvorkommen typische Probleme und Lösungsmöglichkeiten des richtigen Genderns beispielhaft besprechen. In diesem Kapitel wollen wir daher einige Beispieltexte »aus dem richtigen Leben« analysieren und vor allem darauf achten, welche Lösungen hier für die Fragen der richtigen Benennungen aller angesprochenen und besprochenen Personen gewählt werden. Vorab noch einige grundsätzliche Bemerkungen.

Zunächst ist festzuhalten, dass die möglichen Funktionen eines sprachlichen Kommunikationsereignisses und damit eines Textes im Prinzip unbegrenzt sind. Sie werden in der Sprachwissenschaft in verschiedenen Klassifikationssystemen – genannt »Redekonstellationen«, »Textsorten«, »Diskurstypen«, »Genres« usw. – erfasst. Wir begnügen uns mit einer kurzen Betrachtung der unverzichtbaren Grundfunktionen sprachlicher Kommunikation. Im Gefolge von Karl Bühler, der sie als Erster in seiner »Sprachtheorie« 1934 dargestellt hat, unterscheiden wir drei Grundfunktionen:

- Die **Ausdrucksfunktion:** Die sprechende Person (Ich/»Ego«) stellt ihre Intentionen und ihre eigene Befindlichkeit im sprachlichen Ereignis dar. Relevante Fragen zum Erkennen dieser Funktion sind: Wer spricht? Wie bzw. wodurch gibt diese Person sich zu erkennen? Welche Befindlichkeiten werden mitgeteilt? Was ist die kommunikative Absicht, d. h., was soll mit der Äußerung bewirkt werden? Wie deutlich ist diese Absicht zu erkennen?
- Die **Appellfunktion:** Die angesprochene Person (Du/»Alter Ego«) wird adressiert und es wird eine Handlungsaufforderung an sie zum Ausdruck gebracht. Relevante Fragen zum Erkennen dieser Funktion sind: Wer ist angesprochen? Wie erfolgt diese Ansprache? Zu welcher Art von Handlung wird durch die sprachliche Äußerung aufgefordert? (Mögliche Handlungen sind z. B. Zustimmen, Antworten, Ausführen einer bestimmten nicht sprachlichen Handlung.)

- Die **Darstellungsfunktion:** Der Inhalt, die Dinge und Sachverhalte, um die es geht (die besprochene Welt), werden zum Ausdruck gebracht. Relevante Fragen zum Erkennen dieser Funktion sind: Über wen oder was wird gesprochen? Was wird von dieser Person oder dieser Sache ausgesagt? Wie geschieht dies?

Kurz: Unabhängig von allen weiteren Details und Besonderheiten gilt für jede sprachliche Kommunikation: Wir sprechen **von uns ausgehend** (sprechendes Ego) **zu jemandem** (angesprochenes Alter Ego) **über bestimmte Dinge und Sachverhalte** in der Welt (Inhalt). Diese drei Komponenten sind in jedem Text, in jeder sprachlichen Kommunikation vorhanden. Allerdings unterscheiden sich die Anteile, die jede der drei Grundfunktionen jeweils einnimmt, erheblich. Und selbstverständlich spielen für die konkrete Ausprägung eines Textes viele weitere Faktoren eine Rolle: der Grad der Öffentlichkeit, der situative und institutionelle Kontext, soziolinguistische und intersubjektive Faktoren, der Grad der Vorbereitung, das Ausmaß des gemeinsamen (Vor-)Wissens und vieles mehr. Diese Faktoren kommen jeweils nach Bedarf in den Analysen zur Sprache. Die Einteilung dieses Kapitels in Abschnitte folgt jedoch eher **praktischen Überlegungen,** also leichter Auffindbarkeit und alltäglicher Vertrautheit mit bestimmten Texttypen. Sie hat nicht den Anspruch einer systematischen Textsortenklassifikation oder gar einer »vollständigen« Erfassung aller möglichen Textsorten.

Die ausgewählten Beispiele decken die Skala des richtigen Genderns von »sehr gelungen« über »kann noch treffender werden« bis »wurde überhaupt nicht bedacht« ab. Etliche Beispiele sind tatsächlichen Vorkommen »nachgebildet«, da wir die Quellen nicht direkt aufnehmen wollten, andere sind wortgetreu übernommen. Die Quellen der Originalzitate finden sich nach diesem Kapitel und vor dem Literaturverzeichnis.

Die Besprechung der Beispiele ist unterschiedlich ausführlich. Einerseits haben wir uns bemüht, jeden Einzelfall unabhängig von anderen gut lesbar zu halten, andererseits wollten wir unnötige Wiederholungen vermeiden. An manchen Stellen besprechen wir nacheinander sehr ähnliche Texte, die bezüglich geschlechtergerechter Sprache unterschiedliche Lösungen bieten. Dies ermöglicht einen direkten Vergleich der Wirkung bestimmter sprachlicher Mittel. Im Anschluss an die Textbeispiele fassen wir jeweils überblicksartig in einem »Fazit« zusammen (einzeln oder bei Vergleichen auch in Gruppen), welche der in Abschnitt 2.4 vorgestellten Strategien verwendet wurden – bei Bedarf schlagen Sie nochmals auf den Seiten 118–139 nach.

3.1 Texte an die »Allgemeinheit«

Diese Texte sprechen große und in jeder Hinsicht vielfältige Gruppen von Personen an. Sie sind stark auf die Rezipierenden ausgerichtet (Appellfunktion), die jedoch – und das ist das gemeinsame Merkmal dieser Texte – in ihrer Anzahl und ihren spezifischen Merkmalen unbekannt sind. Kurz: Sie richten sich an die Allgemeinheit. Texte dieser Art bringen oft eine Aufforderung, eine Anordnung, eine Bitte oder dergleichen vor und haben zugleich die Funktion, Informationen bereitzustellen. Oft besteht ihre dominante Funktion auch darin, auf intersubjektiver, emotiver Ebene Gemeinsamkeit zu bekräftigen oder zu reklamieren. Texte dieser Art reichen von Rundschreiben, Aufrufen, Wurfpost und Massenbriefen über Informationsangebote im Internet bis zu Reden und Deklarationen vor großem (offenem) Publikum.

Textbeispiel Merkblatt

Merkblatt für die Wahl der Vertreterversammlung

Sehr geehrte Wählerin, sehr geehrter Wähler,
mit diesem Brief erhalten Sie Ihre persönlichen Unterlagen zur Sozialwahl 2017 bei der Deutschen Rentenversicherung Bund.

Ihre Stimme entscheidet darüber, wer in der Vertreterversammlung in den kommenden sechs Jahren wichtige Entscheidungen trifft. Die Vertreterversammlung ist das Parlament der Deutschen Rentenversicherung Bund. Sie haben die Wahl zwischen verschiedenen Listen. Das sind Organisationen, die sich dafür einsetzen, dass die Interessen der Versicherten und Rentner Gehör finden. Je mehr Stimmen eine Liste erhält, desto mehr Sitze kann sie in der Vertreterversammlung mit ihren Kandidaten besetzen. Die gewählten Selbstverwalter sind kompetente Frauen und Männer, die sich ehrenamtlich engagieren und Ihre Interessen gegenüber Politik und Gesetzgeber vertreten. Ihre Stimme für eine starke Rentenversicherung! Nutzen Sie Ihr Recht auf Mitbestimmung und stärken Sie die Versichertenvertretung im Parlament der Deutschen Rentenversicherung Bund durch Ihre Stimmabgabe.

Dieses Merkblatt der Deutschen Rentenversicherung wurde 2017 mit den entsprechenden Wahlunterlagen per Post an alle Haushalte geschickt. Wir betrachten nun alle Personenbezeichnungen und die Formen des Genderns, die verwendet werden. Zunächst werfen wir einen Blick auf die direkte Ansprache der Rezipienten und Rezipientinnen. Direkte Adressierungen finden wir in mehreren Passagen des Textes: Gleich zu Beginn erfolgt die einleitende Anrede in Form der Beidnennung und mit üblichen Höflichkeitsformen als *sehr geehrte Wählerin, sehr geehrter Wähler*. Im weiteren Textverlauf werden diese Personen jeweils in der Höflichkeitsform *Sie* und entsprechenden Kongruenzformen – z.B. Possessivartikel: *Ihre persönlichen Unterlagen* – erneut adressiert. Diese Ansprache durchzieht den ganzen Text. Da gleich zu Beginn mit der Beidnennung eine geschlechtergerechte Adressierung erfolgt, ist für den gesamten Rest des Textes klar, dass alle Arten der Weiterführung – Formen der zweiten Person in der Höflichkeitsform, also der formal dritten Person Plural – ebenfalls auf Frauen und Männer bezogen sind.

Wir sehen hier sehr deutlich, dass faire sprachliche Benennung keineswegs ein Platzräuber ist, sondern sehr sparsam, unauffällig und elegant geschehen kann. Entscheidend ist der Einstieg, die **Erstbenennung.** Stünde hier eine Maskulinform, also nur *sehr geehrter Wähler,* würden sich auch alle Wiederaufnahmeformen hierauf beziehen und wir hätten keinen geschlechtergerechten Text (vgl. Abschnitt 2.3, Textuelle Funktion).

Um den Appellcharakter des Textes, also die Aufforderung, an der Wahl teilzunehmen, zu verstärken, stehen am Ende des Textauszugs die Adressierungen der Angesprochenen (in imperativischen Sätzen) sehr dicht: Es treten gleich fünf Formen auf:

> **Ihre Stimme / nutzen Sie Ihr Recht / stärken Sie die Versichertenvertretung / durch Ihre Stimmabgabe.**

Man kann sagen, dass die Adressierung der Angesprochenen im Hinblick auf Gendergerechtigkeit in jeder Hinsicht gelungen ist. Die Benennung der Personen, über die gesprochen wird, also die zur Wahl stehenden Personen und deren Funktion, ist hingegen weniger perfekt gegendert.

Mehrfach wird das Gremium, in das die Personen gewählt werden, als *Vertreterversammlung* bezeichnet. Diese Kollektivbezeichnung meint ganz offensichtlich ›die Versammlung der gewählten Vertreterinnen und Vertreter‹ und soll sich somit auf Männer wie Frauen beziehen. Da mit diesem Ausdruck tatsächlich auf Personen Bezug genommen wird (s. S. 147 f.), halten wir die Verwendung der maskulinen Form *Vertreter* als Bestimmungswort der Zusammensetzung hier nicht für angemessen. Besser sind andere Substantive zur Bezeichnung dieses Kollektivs, zum Beispiel die weiter unten im Text auftretende Nominalgruppe *Parlament der Deutschen Rentenversicherung Bund* oder die Zusammensetzung *Versichertenvertretung.* Der Ausdruck *Parlament* ist eine Sachbezeichnung (und keine Personenbezeichnung); der Ausdruck *Versichertenvertretung* enthält als Personenbezeichnung das geschlechtsneutrale Partizip *Versicherte.*

Auch die wohl als »generische Maskulina« zu verstehenden Substantive *Kandidaten* und *Selbstverwalter* sind unter dem Gesichtspunkt der Gendergerechtigkeit zu kritisieren, vor allem da hier sehr leicht

Abhilfe geschaffen werden könnte. Dies zeigt sich in der Gegenüberstellung des Originals mit einer verbesserten Lösung.

Ungünstig gegenderte Stellen:

> **Je mehr Stimmen eine Liste erhält, desto mehr Sitze kann sie in der Vertreterversammlung mit ihren Kandidaten besetzen. Die gewählten Selbstverwalter sind kompetente Frauen und Männer, die sich ehrenamtlich engagieren und Ihre Interessen gegenüber Politik und Gesetzgeber vertreten.**

Besser wäre:

> **Je mehr Stimmen eine Liste erhält, desto mehr Sitze kann sie in der Versichertenvertretung mit ihren Kandidatinnen und Kandidaten besetzen. Die gewählten Frauen und Männer engagieren sich ehrenamtlich in der Selbstverwaltung und vertreten Ihre Interessen kompetent gegenüber Politik und Gesetzgeber.**

Auch beim komplexen Ausdruck *die Interessen der Versicherten und Rentner* könnte durch die Beidnennung *Rentnerinnen und Rentner* anstelle der reinen Maskulinform *Rentner* leicht gendergerechte Sprache hergestellt werden. Beim Substantiv *Versicherten* handelt es sich, wie schon erwähnt, um ein geschlechtsneutrales Partizip im Plural, das hier als Substantiv verwendet wird.

Vielleicht ist Ihnen beim Lesen auch der Ausdruck *Gesetzgeber* in der Phrase *gegenüber Politik und Gesetzgeber* aufgefallen und Sie fragen sich, was Sie damit tun sollten. Wir vertreten die Auffassung, dass an dieser Stelle die maskuline Form korrekt ist: Handelt es sich hier doch um einen metaphorischen Ausdruck für den komplexen Prozess der Erstellung und Inkraftsetzung eines Gesetzes in einer Demokratie (vgl. Abschnitt 2.5, S. 147). Er bezieht sich nicht auf eine bestimmte Person oder Personengruppe, sondern auf eine abstrakte staatliche Funktion bzw. Aufgabe. Dies lässt sich dadurch erhärten, dass hier leicht statt *Gesetzgeber* ein Ausdruck wie *Legislative* oder dergleichen eingesetzt werden könnte *(gegenüber Politik und Legislative)*.

Fazit:

In diesem Text wurden folgende Strategien angewendet oder vorgeschlagen:

- **Beidnennung:** *Kandidatinnen und Kandidaten, Rentnerinnen und Rentner*
- **Direkte Anrede:** Höflichkeitsform *Sie,* Possessivpronomen *Ihre*
- **Geschlechtsneutrale Personenbezeichnungen:** *Parlament, Selbstverwaltung*
- **Substantiviertes Partizip im Plural:** *der Versicherten*
- **Sachbezeichnungen:** *Versichertenvertretung, Selbstverwaltung*
- **Umformulierung:** *Die gewählten Frauen und Männer …*

Wir sehen, dass bereits in diesem kurzen und recht einfachen Text durch die richtige sprachliche Formulierung sehr viel für die Gleichstellung der Geschlechter getan werden kann. Und wir sehen auch, dass es wichtig ist, einen Text durchgängig entsprechend den Überlegungen zur geschlechtergerechten Sprache zu konzipieren, wenn er als qualitätsvoll und problembewusst wahrgenommen werden soll.

Textbeispiel Ansprache

Die **Neujahrsansprache** von Bundeskanzlerin Angela Merkel zum Jahreswechsel 2018/2019 am Montag, 31. Dezember 2018, in Berlin dagegen ist weitgehend ein Beispiel für gelungenen geschlechtergerechten Sprachgebrauch.

> **Liebe Mitbürgerinnen und Mitbürger,**
> **[…] Ich weiß, viele von Ihnen haben sehr mit der Bundesregierung gehadert. […] Es ist mein Verständnis als Bundeskanzlerin, dass unsere Demokratie von der mehrheitlich getragenen Übereinkunft lebt, dass ihre Staatsdiener alles in ihrer Macht Stehende für den inneren Frieden und den Zusammenhalt unseres Landes tun. […] Wir bauen auf dem auf, was unsere Vorgänger uns überlassen haben, und gestalten in der Gegenwart für die, die nach uns kommen. […]**

Liebe Mitbürgerinnen und Mitbürger, […] Millionen Menschen stellen sich bereitwillig in den Dienst der Gesellschaft. Ich danke an diesem Silvesterabend besonders allen Polizistinnen und Polizisten, Soldatinnen und Soldaten, den vielen Rettungskräften und all denjenigen, die sich in Krankenhäusern und in der Pflege um andere kümmern, genauso wie den Millionen ehrenamtlich Tätigen.

Wir haben aufschlussreiche Stellen mit personenbezogenen Formulierungen herausgegriffen. Neben der gängigen Beidnennung in der Anrede werden verschiedene Strategien genutzt, um tatsächlich sowohl den weiblichen als auch den männlichen Teil der Bevölkerung anzusprechen. Nur zu Beginn wird an zwei Stellen ein Maskulinum im Plural verwendet, das sich mit ziemlicher Sicherheit nicht nur auf Männer beziehen dürfte – wir unterstellen, dass auch die *Staatsdienerinnen* ihr Bestes geben. Wenn aber auf dem Erreichten der *Vorgänger* aufgebaut wird, dann ist die Referenz schon deutlich weniger konkret und die Notwendigkeit des Genderns nicht ganz so dringlich.

An einer Stelle sieht man dagegen besonders gut, wie klar, eindeutig und gendergerecht kommuniziert werden kann. Die Anrede *Liebe Mitbürgerinnen und Mitbürger* wird wiederholt, um dann die Aufmerksamkeit der Zuhörenden auf die Menschen im Dienst der Gesellschaft zu lenken: Es wird von *Polizistinnen und Polizisten* und von *Soldatinnen und Soldaten* gesprochen. Schließlich wird Dank gesagt *den vielen Rettungskräften und all denjenigen, die sich in Krankenhäusern und in der Pflege um andere kümmern, genauso wie den Millionen ehrenamtlich Tätigen.* Durch diese Formulierungen werden in unauffälliger und geschickter Weise reine Maskulinformen – z. B. *Rettungssanitäter, Soldaten, Ehrenamtler* – vermieden.

Fazit:

In diesem Text wurden folgende Strategien angewendet oder vorgeschlagen:

- **Beidnennung:** *Mitbürgerinnen und Mitbürger, Polizistinnen und Polizisten, Soldatinnen und Soldaten*

- **Direkte Anrede:** Höflichkeitsform *viele von Ihnen*
- **Geschlechtsneutrale Personenbezeichnungen:** *Menschen, Rettungskräfte*
- **Substantiviertes Adjektiv im Plural:** *ehrenamtlich Tätige*
- **Relativsatz:** *denjenigen, die sich … um andere kümmern*

Textbeispiel Stadt

Für die Menschen einer Stadt gibt es in der Regel verschiedene Möglichkeiten, sich über Angebote an ihrem Wohnort zu informieren oder sich mit Fragen und Anregungen an die Stadt zu wenden. Hier ein Beispiel:

> **Anregungen und Kontakt: Schreiben Sie den Verantwortlichen, wenn Sie Fragen, Anregungen oder Beschwerden haben […]**
> **Bürgerreferat: Die Mitarbeiterinnen und Mitarbeiter des Bürgerreferats als Vermittlerstelle zwischen Bürgerinnen/Bürgern und der Verwaltung versuchen gern […]**
> **Pressereferat: Das Pressereferat der Landeshauptstadt Wiesbaden ist für die Pressearbeit zuständig und steht als Ansprechpartner für die Medien zur Verfügung.**
> **Wirtschaftsförderung: Die Wirtschaftsförderung der Landeshauptstadt Wiesbaden bietet allen Unternehmern, Investoren, Projektentwicklern, Maklern und Gewerbetreibenden eine kompetente und zielgerechte Fachberatung und Unterstützung an.**

Es finden sich auf der Internetseite dieser Stadt insgesamt vielfältige Strategien des Genderns (vgl. auch die Textbeispiele auf S. 203 und S. 230) – hier allerdings ist auffällig, dass sich in der Rubrik »Anregungen und Kontakt« die maskulinen Formen häufen. Ob es daran liegt, dass erst nach und nach die verschiedenen Bereiche des Onlineauftritts an geschlechtergerechtes Schreiben angepasst werden? Oder trifft man auf unterschiedliche Schwierigkeitsgrade? Wir schauen uns das genauer an.

Nachdem zunächst ganz neutral von *den Verantwortlichen* gesprochen wird, kommen maskuline Formen in Zusammensetzungen vor: *Bürgerreferat* (auch *Bürgertelefon*), *Vermittlerstelle*. Die ersten beiden Formen halten wir für vertretbar, wie wir es vorne schon ausgeführt hatten: Lexikalisierte Komposita, die zudem nicht auf konkrete Personen verweisen, sind nur sehr aufwendig zu ersetzen und können durchaus so beibehalten werden – zumal wenn sie sich in einem Kontext finden, in dem ganz offensichtlich viel Wert auf eine geschlechtergerechte Ansprache gelegt wird. Nicht ganz einzusehen ist, warum nicht statt *Vermittlerstelle* von *Vermittlungsstelle* gesprochen wird, aber vermutlich möchte man die aktive Funktion hervorgehoben haben. Auch die Form *Ansprechpartner* im nächsten Absatz stellt kein Problem dar, da sie sich explizit auf das Pressereferat bezieht, also auf die **Institution** und nicht auf eine konkrete Person.

Erstaunlich ist allerdings, dass im Abschnitt »Wirtschaftsförderung« dann die Beratung scheinbar vorwiegend Männern angeboten wird: *Unternehmern, Investoren, Projektentwicklern, Maklern* – nur mit *Gewerbetreibenden* sind Personen jeglichen Geschlechts auch angesprochen. Hier sind doch vermutlich – zumindest auch – Personen gemeint *(Unternehmer)*, nicht nur Institutionen, und es wäre durchaus eine Gelegenheit, auch im Wirtschaftsleben Frauen mit anzusprechen, indem zum Beispiel mithilfe eines Relativsatzes leicht umformuliert wird:

> **Die Wirtschaftsförderung der Landeshauptstadt Wiesbaden bietet allen, die ein Unternehmen leiten, Investitionen tätigen oder Projekte entwickeln, sowie Maklerinnen und Maklern und Gewerbetreibenden eine kompetente und zielgerechte Fachberatung und Unterstützung an.**

Fazit:

In diesem Text wurden folgende Strategien angewendet oder vorgeschlagen:

- **Beidnennung:** *Mitarbeiterinnen und Mitarbeiter, Maklerinnen und Makler*

- **Beidnennung mit Schrägstrich:** *Bürgerinnen/Bürgern*
- **Direkte Anrede:** Höflichkeitsform *Sie*
- **Sachbezeichnungen:** *Pressereferat, Vermittlungsstelle*
- **Relativsatz:** *allen, die ein Unternehmen leiten, Investitionen tätigen oder Projekte entwickeln*
- **Substantiviertes Partizip/Adjektiv im Plural:** *Gewerbetreibende, Verantwortliche*

Textbeispiele Bundespresseamt

Die folgenden beiden Texte sind Informations- bzw. Selbstdarstellungstexte einer zentralen bundesdeutschen Einrichtung: des Bundespresseamtes. Der Einfluss bzw. die Beispielwirkung des in solchen Texten gepflegten Sprachgebrauchs kann als sehr hoch betrachtet werden.

Geschichte und Aufgaben – Die Öffentlichkeit

Die Regierung informiert die Bürgerinnen und Bürger tagesaktuell. […] Aktuelle Fotos zu wichtigen Ereignissen und Terminen der Bundeskanzlerin teilen die offiziellen Fotografen mit Interessierten über Instagram. Monatlich nutzen mehrere Hunderttausend Menschen die einzelnen Internetangebote der Bundesregierung.
Zahlreiche Broschüren, Ratgeber und Faltblätter bieten den Bürgerinnen und Bürgern darüber hinaus Informationen zu wichtigen Themen der Regierungspolitik. […] Zielgruppenorientierte Ratgeber gibt es beispielsweise für Jugendliche, Arbeitnehmerinnen und Arbeitnehmer, Rentnerinnen und Rentner.
Das Bundespresseamt plant und finanziert außerdem politische Informationsfahrten, zu denen die Mitglieder des Deutschen Bundestages jährlich drei Besuchergruppen aus ihrem Wahlkreis nach Berlin einladen können. Bei rund 2000 Besuchergruppen im Jahr mit jeweils bis zu 50 Teilnehmern sind dies rund 100 000 Bürgerinnen und Bürger. Feste Programmpunkte dieser Besuche sind neben Gesprächen mit Abgeordneten

> **des Deutschen Bundestages Termine im Bundeskanzleramt, im Bundespresseamt und in den Ministerien. Darüber hinaus führen diese Informationsreisen in Museen und Gedenkstätten zur neueren deutschen Geschichte.**

Der Text vermeidet die direkte Ansprache (also nicht: *Die Bundesregierung informiert Sie …*) und betont damit die **Informationsfunktion** gegenüber der Appellfunktion, bietet jedoch zahlreiche Varianten geschlechtergerechter Benennung. Es treten Beidnennungen *(Bürgerinnen und Bürger, Arbeitnehmerinnen und Arbeitnehmer, Rentnerinnen und Rentner),* substantivierte Partizipien und Adjektive im Plural *(Interessierte, Jugendliche, Abgeordnete)* und geschlechtsneutrale Personenbezeichnungen *(Menschen, Mitglieder)* auf. Damit wird eindeutig signalisiert, dass auf diskriminierungsfreie Darstellung aller Personen Wert gelegt wird.

An einigen Stellen wird diese vorbildliche Praxis jedoch durchbrochen. So in folgender Passage:

> **[…] Informationsfahrten, zu denen die Mitglieder des Deutschen Bundestages jährlich drei Besuchergruppen aus ihrem Wahlkreis nach Berlin einladen können. Bei rund 2000 Besuchergruppen im Jahr mit jeweils bis zu 50 Teilnehmern sind dies rund 100 000 Bürgerinnen und Bürger.**

Hier stört zum einen das Bestimmungswort *Besucher* in *Besuchergruppen,* mehr jedoch die Maskulinform *Teilnehmern.* Die Passage könnte wie folgt umformuliert werden:

> **[…] Informationsfahrten, zu denen die Mitglieder des Deutschen Bundestages jährlich drei Gruppen aus ihrem Wahlkreis zum Besuch nach Berlin einladen. Bei rund 2000 Besuchsgruppen im Jahr mit jeweils bis zu 50 Personen sind dies rund 100 000 Bürgerinnen und Bürger.**

Eine weitere Option:

> **[…] Informationsfahrten, zu denen die Mitglieder des Deutschen Bundestages jährlich drei Besuchsgruppen aus ihrem**

Wahlkreis nach Berlin einladen. Bei rund 2000 Gruppen im Jahr mit jeweils bis zu 50 Teilnehmenden sind dies rund 100 000 Bürgerinnen und Bürger.

Man sieht: Die sprachlichen Alternativen sind vielfältig, sodass abwechslungsreiche und genaue Darstellung des Sachverhalts auf unterschiedliche Weise möglich ist.

Auch die *offiziellen Fotografen* gleich zu Beginn des Textabschnitts können und sollten ersetzt werden, z. B. durch Beidnennung:

die offiziellen Fotografinnen und Fotografen

Der zweite Text dieser Homepage, den wir ausgewählt haben, beschreibt die Funktionen des Bundespresseamtes innerhalb der Regierung.

Interne Kommunikation
Jederzeit auf systematisch ausgewertete und aufbereitete Informationen zurückgreifen zu können ist für den Bundespräsidenten, die Bundeskanzlerin und die Bundesministerinnen oder Bundesminister unverzichtbar. Deshalb informiert das Amt die Politiker auch, wenn sie im Ausland unterwegs sind. Zu diesem Zweck werden sowohl Pressemappen wie auch elektronische Nachrichtenspiegel von Mitarbeiterinnen und Mitarbeitern des Presse- und Informationsamts der Bundesregierung zusammengestellt. […]
Elektronische Nachrichtenspiegel fassen wichtige Meldungen, Berichte, Kommentare und Interviews zusammen. Sie informieren die Mitglieder der Regierung, die Bundestagsabgeordneten und die Mitarbeiterinnen und Mitarbeiter in Ministerien und Parlament. […]
Von ausländischen Medien werden schwerpunktmäßig Kommentare der Online-Presse für die Bundeskanzlerin und die Leitung des BPA ausgewertet und zusammengefasst. […]

Hier finden sich, wie oben, Beidnennungen, geschlechtsneutrale Personenbezeichnungen und Sachbezeichnungen sowie substantivierte Partizipien im Plural *(Bundestagsabgeordnete)*.

Der Bezug auf individuell identifizierbare Personen (definite spezifische Referenz) wird geschlechtsspezifisch zum Ausdruck gebracht in der Passage *für den Bundespräsidenten, die Bundeskanzlerin und die Bundesministerinnen oder Bundesminister.*

An einer Stelle ist jedoch eine Verbesserung nötig: Der Satz *Deshalb informiert das Amt die Politiker* könnte und sollte Beidnennung enthalten, also:

Deshalb informiert das Amt die Politikerinnen und Politiker.

Fazit:

In diesen beiden Texten wurden folgende Strategien angewendet oder vorgeschlagen:

- **Beidnennung:** *Bürgerinnen und Bürger, Bundesministerinnen oder Bundesminister, Mitarbeiterinnen und Mitarbeiter, Arbeitnehmerinnen und Arbeitnehmer, Rentnerinnen und Rentner, Politikerinnen und Politiker, Fotografinnen und Fotografen*
- **Geschlechtsneutrale Personenbezeichnungen:** *Mitglieder, Menschen, Gruppen, Personen*
- **Sachbezeichnung:** *Medien, Leitung, zum Besuch*
- **Substantivierte Partizipien/Adjektive:** *Bundestagsabgeordnete, Jugendliche, Interessierte, Teilnehmende*

Textbeispiel Hinweisschilder, Aufkleber

Orts- und situationsgebundene Hinweise, Schilder und Aufschriften finden sich in großer Zahl und Verschiedenheit in vielen Situationen des Alltags. Sie richten sich an alle Personen, die sich in einer bestimmten Situation befinden und eine bestimmte Absicht oder ein bestimmtes Interesse haben. Sie sind als Handlungsanleitungen oder auch Aufforderungen an »alle, die es betrifft« gerichtet. Oft steht auch hier das »generische Maskulinum«, wie in folgendem Beispiel, einem **Warnhinweis** im Flur eines Mehrparteienwohnhauses, der an

Personen gerichtet ist, die eventuell mit der Absicht, zu stehlen oder sonstigen Schaden anzurichten, an diesen Ort kommen.

Vorsicht! Wachsamer Nachbar!

Hier wird mit dem Ausdruck *wachsamer Nachbar* keine definite Referenz auf eine bestimmte Person vollzogen, sondern auf eine Gruppe, auf »die Nachbarschaft«, und es wird darauf hingewiesen, dass diese Gruppe grundsätzlich aufmerksam beobachtet, wer wann im Haus ist, wodurch Wohnungseinbrüche mit hohem Entdeckungsrisiko verbunden sind.

Beim Ausdruck *wachsamer Nachbar* handelt es sich somit um »nichtspezifische Referenz« (vgl. Abschnitt 2.3, Referenztyp), die sich sicherlich auf Frauen und Männer gleichermaßen beziehen soll. Dennoch wird durch den maskulinen Ausdruck *Nachbar* das mentale Bild, das kognitive Konzept einer männlichen Person hervorgerufen und das einer weiblichen Person, einer Nachbarin, in den Hintergrund gerückt. Hier wäre jedoch eine Beidnennung nicht sinnvoll. **Keine** gute Lösung ist also:

Vorsicht! Wachsamer Nachbar / Wachsame Nachbarin!

Durch diese Formulierung würde die Aufmerksamkeit auf die Personen gelenkt, die in der Nachbarschaft leben, und die zentrale Funktion des Hinweises – Abschreckung von potenziellen Wohnungseinbrüchen – abgeschwächt.

Wie kann man es besser machen? Ganz einfach: Man kann eine geschlechtsneutrale **Kollektivbezeichnung** wählen, also z. B. ein Substantiv wie *Nachbarschaft*. Eine **bessere** Lösung ist also eine Kollektivbezeichnung:

Vorsicht! Wachsame Nachbarschaft!

Noch besser ist es, die Situation, **den Zustand zu schildern,** der dazu führt, dass diejenigen, die einbrechen wollen, Gefahr laufen, bei ihrem Einbruch entdeckt zu werden. **Sehr geschickt** ist es, die Tätigkeit zu benennen:

Vorsicht! Wir passen aufeinander auf / Wir geben acht / Wir sehen, was hier geschieht.

Wenn Sie also auf bestimmte Tätigkeiten, Aktionen, Zustände hinweisen wollen, benennen Sie diese am besten durch **einen Satz, eine verbale Konstruktion.** Ersparen Sie sich Substantivierungen bzw. Personenbezeichnungen, die unnötiges Gendern erfordern würden.

Fazit:

In diesem Text wurden folgende Strategien angewendet oder vorgeschlagen:

- **Geschlechtsneutrale Personenbezeichnung:** *Nachbarschaft*
- **Umschreibungen mit *wir*:** *Wir passen aufeinander auf / Wir geben acht / Wir sehen, was hier geschieht*

Textbeispiel Newslettertext/Blog

Die folgenden vorbildlich gegenderten Textpassagen richten sich mit einem Aufruf zur Teilnahme an Protesten und Veranstaltungen gegen den Klimawandel an die Öffentlichkeit. Die junge Klimaschutzbewegung Fridays for Future verschickt regelmäßig per E-Mail Newsletter an Interessierte und verweist darin auf einen Blog auf ihrer Internetseite – aus diesen beiden Textsorten stammen die folgenden Auszüge:

Liebe Menschen,
über 450 junge Klimastreikende aus 37 Ländern Europas, darunter 30 Deutsche, versammeln sich angesichts der durch die Klimakrise bedrohten Zukunft der Erde […] Was dort so geschieht und wie alle teilhaben können, erfährst du in diesem Blogbeitrag [https://fridaysforfuture.de/smileforfuture-summit/, 5. August 2019]:

[…] Die Fridays-for-Future-Bewegung trifft sich in Lausanne, um unsere Hoffnung für die Zukunft in Taten umzusetzen. Etablierte politische Systeme haben darin versagt, gegen die

Ursachen der Klimakrise vorzugehen. Wir kämpfen für unsere von der Vernunft motivierten Forderungen […] Die jungen Europäer*innen in Lausanne wollen sich in gemeinschaftlichen Diskussionsrunden mit der Unterstützung wissenschaftlicher Expert*innen mit den Problemen der Klimakrise auseinandersetzen. […]
Prominente Gäste des Treffens: Als weitere Unterstützer*innen des Treffens kommen nach Lausanne unter anderem Prof. Dr. Ernst von Weizsäcker, Ehrenpräsident des Club of Rome, Prof. Dr. Jacques Dubochet, Nobelpreisträger in Chemie und von Beginn an Unterstützer der Bewegung, Roger Hallam und Dr. Rupert Read, der Gründer und der Pressesprecher von Extinction Rebellion, sowie Prof. Dr. Jean-Pascal van Ypersele, Klimatologe und ehemaliger Vizepräsident des IPCC.

Auffällig ist in diesem Text, der ohne Zweifel eine dominante Appellfunktion hat, die Veränderung der direkten Anrede von der zweiten Person Plural *(Liebe Menschen)* zur zweiten Person Singular *(Du)*. Neben der inhärenten Geschlechterneutralität der zweiten Person wird hier eine Fokussierung bzw. Intensivierung der Ansprache der Rezipierenden erzeugt. Die den Aufruf Verantwortenden treten in der ersten Person Plural auf *(wir)*. Als geschlechtergerechte Formen zur Benennung von dritten Personen finden sich substantivierte Adjektive und Partizipien im Plural *(Klimastreikende, Deutsche)*, geschlechtsneutrale Personenbezeichnungen *(Gäste)*, Sachbezeichnungen *(Systeme, Ursachen, Bewegung)*, das pluralische Indefinitpronomen *alle* und bevorzugt der Genderstern jeweils bei Personenbezeichnungen im Plural, also *Expert*innen, Europäer*innen, Unterstützer*innen.*

Maskulinformen treten dann auf, wenn sie sich, wie im letzten Absatz, konkret auf bestimmte identifizierte und namentlich genannte Männer beziehen: *Ehrenpräsident des Club of Rome, Nobelpreisträger in Chemie, Unterstützer der Bewegung, Gründer und der Pressesprecher, Klimatologe, Vizepräsident.*

Insgesamt zeigen sich in diesem recht kurzen Text auf vielfältige Weise verschiedene Strategien der Anwendung geschlechtergerechter Sprache bei Vermeidung der Beidnennung, da, so ist anzunehmen, auch nicht binäre Geschlechterkonzepte einbezogen werden sollen.

Fazit:

In diesem Text wurden folgende Strategien angewendet:

- **Geschlechtsneutrale Personenbezeichnungen:** *Menschen, alle, Gäste*
- **Sachbezeichnungen:** *Systeme, Ursachen, Bewegung*
- **Umschreibung mit *wir***
- **Direkte Anrede:** *liebe Menschen*, vertraute Anrede *du*
- **Substantivierte Partizipien/Adjektive im Plural:** *Klimastreikende, Deutsche*
- **Genderstern:** *Europäer*innen, Unterstützer*innen, Expert*innen*

Textbeispiel Straßenverkehr

Dieses Beispiel fällt in die Gruppe der Rat gebenden Texte. Es entstammt Hinweisen auf der Homepage des Allgemeinen Deutschen Fahrrad-Clubs ADFC.

> **Worauf sollte ich als Radfahrer achten?**
> **Menschen, die Rad fahren oder zu Fuß gehen, gehören zu den ungeschützten Verkehrsteilnehmern. Sie haben keine Knautschzone – deshalb ist es umso wichtiger, sich umsichtig im Straßenverkehr zu verhalten. Dazu gehört es, selbstbewusst als Radfahrender im Straßenverkehr aufzutreten, aber gleichzeitig defensiv zu agieren, stets vorausschauend zu fahren und mit Fehlern von anderen Verkehrsteilnehmern zu rechnen. Passen Sie Ihre Fahrweise der entsprechenden Situation an und verhalten Sie sich vorhersehbar, indem Sie beispielsweise Ihr Abbiegen durch Handzeichen ankündigen. Halten Sie Abstand von Lkw, Lieferwagen und Kommunalfahrzeugen. Aus bestimmten Winkeln können Fahrer nicht erkennen, ob sich seitlich neben dem Lkw Radfahrende befinden. Das kann bei Abbiegemanövern zu schrecklichen Unfällen führen.**

Beachten Sie immer die für alle Verkehrsteilnehmer gültigen Regeln – und seien Sie nicht als Geisterfahrer auf Straßen und Radwegen unterwegs.

Hier erkennt man durchaus das Bemühen, geschlechtergerecht zu formulieren. Es zeigt sich in der direkten Anrede *(Sie, Ihre Fahrweise, Radfahrende, Menschen, die Rad fahren oder zu Fuß gehen).* Allerdings ist diese gute Absicht nicht konsistent durchgehalten. Dies beginnt gleich mit der Einstiegsfrage *Worauf sollte ich als Radfahrer achten?,* die durch das Maskulinum *Radfahrer* das Ich, also alle, an die sich der Ratschlag richtet, auf einen stereotypisch männlichen Referenten festlegt (vgl. »male as norm«, Abschnitt 1.2). Eine Lösung wäre etwa:

Worauf sollte ich achten, wenn ich mit dem Rad unterwegs bin?

Und *Verkehrsteilnehmer* könnte durch ein substantiviertes Partizip im Plural ersetzt werden:

Verkehrsteilnehmende / am Verkehr Teilnehmende

Auch die Passage *selbstbewusst als Radfahrender im Straßenverkehr aufzutreten,* die zwar ein Partizip enthält, das jedoch – da im Singular – als »generisches Maskulinum« erscheint, kann umformuliert werden:

selbstbewusst mit dem Rad am Straßenverkehr teilzunehmen

Das Maskulinum *Fahrer* kann durch eine Beidnennung *Fahrerinnen und Fahrer* ersetzt werden. Eine Veränderung des Ausdrucks *Geisterfahrer* halten wir für nicht notwendig, da hier ein **idiomatischer Ausdruck** vorliegt (Bedeutung: ›in der falschen Fahrtrichtung fahren‹).

Fazit:

In diesem Text wurden folgende Strategien angewendet oder vorgeschlagen:

- **Beidnennung:** *Fahrerinnen und Fahrer*
- **Umformulierung:** *Menschen, die Rad fahren, wenn ich mit dem Rad unterwegs bin, mit dem Rad am Straßenverkehr teilnehmen*

- **Direkte Anrede:** Höflichkeitsform *Sie* bzw. simulierter innerer Monolog mit *ich,* Possessivpronomen *Ihr*
- **Substantivierte Partizipien/Adjektive im Plural:** *Verkehrsteilnehmende, Radfahrende, am Verkehr Teilnehmende*

3.2 Texte werbender Natur

In diesen Bereich fallen Texte, bei denen die »Ausdrucksfunktion«, also die Darstellung der eigenen Positionen, Absichten und Eigenschaften, eine große Rolle spielt. Dabei sollen selbstverständlich auch Informationen mitgeteilt werden und es sollen die Rezipierenden dazu ermutigt werden, sich der Instanz, die sich mit diesem Text präsentiert, in irgendeiner Form zuzuwenden. Typische Beispiele sind **Werbetexte** in Broschüren, Prospekten, Service-Informationen, Netzauftritten oder auch Interviews. Auch Leitbilder und »Mission Statements« haben wir dieser Gruppe zugeordnet. Sehr typisch sind ferner Texte, die die starke Ausrichtung einer Firma auf ihre Kundschaft anpreisen.

Textbeispiel Service-Informationen

Dieses Beispiel ist ähnlich auf der Homepage verschiedener **Banken** zu finden. Es enthält Informationen zum Eröffnen eines Kontos. Appellcharakter hat dieser Text insofern, als die Bank damit neue Kunden und Kundinnen gewinnen will.

> **Wir legen für Kunden aus jeder Branche Konten an. Geschäftskonten können auf den Namen des Kontoinhabers geführt werden.**
> **Konten eröffnen wir für deutsche Staatsbürger, die im Inland leben, sowie für ausländische Staatsbürger, die im Inland leben und hier steuerpflichtig sind.**

> **Sie sind als Freiberufler und Selbstständige bei uns herzlich willkommen. Die privaten Girokonten werden auf den Namen des Kontoinhabers und auf eigene Rechnung geführt.**

Dieser Text enthält zahlreiche Bezeichnungen für die angesprochenen Personen, also Menschen, die bei der Bank ein Konto eröffnen könnten und – so das Interesse der Bank – auch eröffnen sollten. Keine der Personenbezeichnungen ist gegendert, es gibt ausschließlich maskuline Formen: *Kunden, Kontoinhaber, deutsche Staatsbürger, ausländische Staatsbürger, Freiberufler.*

Wir können davon ausgehen, dass in unserem Land auch Frauen Bankkonten eröffnen. Insofern – aufgrund dieses Weltwissens – haben wir als Frauen Grund zur Annahme, dass wir uns in dieser Ansprache mitgemeint fühlen dürfen. Die Frage ist jedoch, ob eine derartige Adressierung nicht eher den Anlass gibt, eine andere, kundinnenfreundlichere Bank zu wählen.

Im Übrigen kann man auch hier erkennen, dass nicht jedes »generische Maskulinum« gleich unpassend wirkt. Formen im Plural *(Kunden, Staatsbürger)* sind – insbesondere in nichtspezifischer Referenz – weniger anstößig. Ausgesprochen abweisend klingt jedoch die Formulierung:

> **Sie sind als Freiberufler und Selbstständige bei uns herzlich willkommen.**

Hier wird eine direkte Anrede versucht *(Sie sind …),* die jedoch nicht gelingt. Offenbar sind ausschließlich Männer angesprochen: *Freiberufler.* Der Ausdruck *Selbstständige* ist wohl als Plural zu verstehen und eher nicht als feminine Form; dann wäre es Singular und es müsste eher heißen: *Sie als Freiberufler* (Sg. Mask.) und *Sie als Selbstständige* (Sg. Fem.). Falls hier im letzten Abschnitt des Textes ein Versuch auf gendergerechte Sprache gemacht wurde, so ist er leider als völlig missglückt zu bezeichnen, was auch daran liegt, dass man aufgrund des Vortextes nicht an die Genderbewusstheit des Verfassers oder der Verfasserin glauben kann. Ohne allzu große Veränderungen könnte man diese Sätze etwa folgendermaßen umformulieren:

Wir legen für Kundinnen und Kunden aus jeder Branche Konten an. Geschäftskonten können auf den Namen derjenigen geführt werden, die das Konto innehaben.
Konten eröffnen wir für Deutsche, die im Inland leben, sowie für ausländische Mitmenschen, die im Inland leben und hier steuerpflichtig sind.
Sie sind als freiberuflich und selbstständig Tätige bei uns herzlich willkommen. Die privaten Girokonten werden auf den Namen des Kontoinhabers / der Kontoinhaberin und auf eigene Rechnung geführt.

Fazit:

In diesem Text wurden folgende Strategien angewendet oder vorgeschlagen:

- **Beidnennung:** *Kundinnen und Kunden*
- **Verkürzte Beidnennung:** *des Kontoinhabers / der Kontoinhaberin*
- **Relativsatz:** *derjenigen, die das Konto innehaben*
- **Substantiviertes Adjektiv im Plural:** *Deutsche*
- **Umformulierung mithilfe des Adjektivs:** *ausländische Mitmenschen*
- **Umformulierung mithilfe des Adjektivs plus substantiviertes Adjektiv:** *freiberuflich und selbstständig Tätige*

Textbeispiel Kundenorientierung

Dieser und der folgende Textausschnitt sind typisch für werbende Texte von Unternehmen, die ihre »Unternehmensphilosophie« kundtun bzw. ein »Mission Statement« abgeben.

Wir wollen die Kunden begeistern: Kundenorientierung ist für uns besonders wichtig, denn Kundenbegeisterung ist ein zentraler Erfolgsfaktor. Daher möchten wir herausfinden, was der Kunde gut oder schlecht findet.

Unter der Perspektive der Gendergerechtigkeit weist dieser Text große Defizite auf. Die ausschließliche Verwendung der Maskulinform *Kunde* bzw. *Kunden* wirkt geradezu penetrant. Darüber hinaus wird hier eindrücklich vor Augen geführt, dass Singularformen, z. B. in *was der Kunde gut findet,* erheblich negativer auffallen als maskuline Pluralformen, wie *die Kunden begeistern,* und dass Zusammensetzungen wie *Kundenorientierung* noch am ehesten tolerabel sind.

Es ist mit hoher Wahrscheinlichkeit anzunehmen, dass zahlreiche (potenzielle) Kundinnen die Haltung, die aus diesem Text spricht, als Missachtung ihrer Person (bzw. der Personengruppe der Frauen) betrachten, sodass die angekündigten Bemühungen um bessere »Kundenorientierung« nicht den erhofften Effekt (des erhöhten Zuwachses an Kundschaft) haben dürften. Gendergerechte Sprache kann durchaus ökonomisch positive Effekte haben, während das Ignorieren von Frauen in der sprachlichen Kommunikation deren Interesse an den Angeboten negativ beeinflussen kann.

Die Verbesserungsmöglichkeiten liegen auf der Hand: Neben der Beidnennung *Kundinnen und Kunden* wären hier Umformulierungen das Mittel der Wahl. Eine Möglichkeit wäre:

> **Wir wollen unsere Kundinnen und Kunden begeistern: Denn unser Erfolg als Unternehmen hängt wesentlich von der Begeisterung und nachhaltigen Zufriedenheit unserer Kundinnen und Kunden ab. Daher möchten wir herausfinden, was die Menschen, die uns ihr Vertrauen schenken, gut oder schlecht finden.**

Textbeispiel Mitarbeiterbefragung

> **Wir befragen regelmäßig alle Mitarbeiter und Führungskräfte, denn wir möchten die Karrierechancen der weiblichen Mitarbeiter verbessern.**

Für dieses Beispiel gilt entsprechend das bereits oben Gesagte: Werden hier nur die männlichen Mitarbeiter befragt, wie die Karrierechancen der *weiblichen Mitarbeiter* verbessert werden können? Die referenzielle Unklarheit könnte hier leicht beseitigt werden, indem man von *Angestellten,* von *Mitarbeiterinnen und Mitarbeitern,* von *Firmenangehörigen* usw. spricht:

Wir befragen regelmäßig alle Angestellten und Führungskräfte, denn wir möchten die Karrierechancen der Mitarbeiterinnen verbessern.

Fazit:

In diesen beiden Texten wurden folgende Strategien angewendet oder vorgeschlagen:

- **Beidnennung:** *Kundinnen und Kunden, Mitarbeiterinnen und Mitarbeiter*
- **Substantiviertes Partizip im Plural:** *Angestellte*
- **Substantiviertes Adjektiv im Plural:** *Firmenangehörige*
- **Geschlechtsneutrale Personenbezeichnung:** *Führungskräfte*
- **Umformulierung:** *die Menschen, die uns ihr Vertrauen schenken*

Textbeispiel Leitbild der Universität Mainz

Leitbilder dienen der Selbstdarstellung und auch der Selbstverpflichtung einer Organisation, Institution oder Firma. Sie richten sich gleichermaßen nach innen und außen und formulieren die wichtigsten Grundsätze und Ziele der Institution. Im Allgemeinen werden Leitbilder in einem langwierigen und alle Gruppen einbeziehenden Diskussionsprozess erarbeitet. Sie können daher als stilistisch und inhaltlich sorgfältig redigiert und reflektiert gelten.

Das Leitbild stellt einen gemeinsamen Orientierungsrahmen dar und ist Selbstverpflichtung für alle Mitglieder der Universität. Es unterstützt die Universität bei ihrer Weiterentwicklung, damit sie auch zukünftig exzellente Leistungen in der Wissenschaft und Kunst erbringt. Die Johannes Gutenberg-Universität Mainz bietet ihren Studierenden, Forschenden und Lehrenden sowie allen Mitarbeiterinnen und Mitarbeitern attraktive

Arbeitsbedingungen und ist für Wissenschaft und Gesellschaft, Politik, Wirtschaft und Kultur ein kompetenter, Rat gebender und vertrauenswürdiger Partner. [...]

Wie zu erwarten, werden hier die Gruppen *(Mitglieder)* der Universität geschlechtergerecht benannt: *ihren Studierenden, Forschenden und Lehrenden sowie allen Mitarbeiterinnen und Mitarbeitern*. Bemerkenswert ist der prädikativ verwendete Ausdruck *ein kompetenter, Rat gebender und vertrauenswürdiger Partner*. Er bezieht sich auf das (weit entfernt stehende) Subjekt *die Johannes Gutenberg-Universität Mainz*. Der Subjektsausdruck benennt eine Institution als Ganzes – in der prädikativen Nominalphrase könnte man grammatische Kongruenz erwarten. *Die Universität* hat das grammatische Genus Femininum, somit könnte das Prädikativum ebenfalls im Femininum stehen, also *die Partnerin*. Hier ist das Maskulinum gewählt. Wir halten dies für legitim, da es ja nicht um Personenbezeichnungen geht. Diese Wahl spiegelt die Tatsache, dass die Maskulinformen paariger Personenbezeichnungen als (kürzere) Grundformen gelten und dass die Regeln der Kongruenz bei Prädikativen ohnehin flexibler sind (vgl. Abschnitte 2.3 und 2.5, hier besonders S. 155).

Fazit:

In diesem Text wurden folgende Strategien angewendet:

- **Geschlechtsneutrale Personenbezeichnung:** *Mitglieder*
- **Substantivierte Partizipien im Plural:** *Studierende, Forschende, Lehrende*
- **Beidnennung:** *Mitarbeiterinnen und Mitarbeiter*

Textbeispiel Leitbild Klinik

Als Nächstes betrachten wir die Leitbildbroschüre einer Klinik, die überarbeitet wurde und nun in einer gendergerechten Fassung vorliegt. Wir geben hier beispielhaft drei Passagen in beiden Fassungen wieder.

> **Jeder Patient ist besorgt, wenn er ein Krankenhaus aufsucht. Seine Ängste und Sorgen berücksichtigen wir ebenso wie seine Lebenssituation und -geschichte. […] Unser Handeln ist auf die Verbesserung der persönlichen Gesundheitssituation unserer Patienten ausgerichtet. Die Zufriedenheit unserer Patienten und der ihnen nahestehenden Menschen ist der Maßstab unseres Erfolges.**

Das Problem, das sich gleich zu Beginn stellt, ist offensichtlich: Durch die Maskulinform *Patient* sind explizit nur Männer angesprochen, was sich mit den maskulinen Possessivpronomen *(seine Ängste, seine Lebenssituation)* noch verstärkt. Fast schon penetrant wird dann im weiteren Verlauf die Maskulinform wiederholt.

Wenn man nun stattdessen die geschlechtsneutrale Form *Mensch* (die hier zudem inhaltlich mindestens genauso gut, wenn nicht besser passt) einsetzt, zeigt sich, dass das dazugehörende grammatisch maskuline Pronomen plötzlich seine Ausschließlichkeit verliert – auch Frauen sind mit angesprochen wie bei allen geschlechtsneutralen Ausdrücken und ihren Pronomina. Und im zweiten Teil wird durch die Beidnennung an nur einer Stelle sogar die stilistisch unschöne Wiederholung von »unserer Patienten« vermieden, da auf sie im Plural mit dem neutralen *ihre* referiert werden kann. Schließlich sieht man noch, dass der Text durch die Umformulierung im Sinne des geschlechtergerechten Schreibens keineswegs länger geworden ist:

> **Jeder Mensch ist besorgt, wenn er ein Krankenhaus aufsucht. Seine Ängste und Sorgen berücksichtigen wir ebenso wie seine Lebenssituation und -geschichte. […] Unser Handeln ist auf die Verbesserung der persönlichen Gesundheitssituation unserer Patientinnen und Patienten ausgerichtet. Ihre Zufriedenheit und die der ihnen nahestehenden Menschen ist der Maßstab unseres Erfolges.**

Auch die folgenden beiden Auszüge aus derselben Broschüre, die sich auf die in der Klinik Beschäftigten beziehen, sind durch das Umformulieren nicht länger geworden, aber stilistisch ansprechender und abwechslungsreicher. Machen Sie sich selbst ein Bild – wir geben sie unkommentiert nacheinander wieder:

Alt:

> **Unsere Mitarbeiter sind unser wichtigstes Gut. Wie wir mit unseren Mitarbeitern kommunizieren, ist ausschlaggebend für unser vertrauensvolles Miteinander. […] Wir übertragen unseren Mitarbeitern Verantwortung und Entscheidungskompetenz.**

Neu:

> **Unsere Mitarbeiterinnen und Mitarbeiter sind unser wichtigstes Gut. Wie wir mit ihnen kommunizieren, ist ausschlaggebend für unser vertrauensvolles Miteinander. […] Wir übertragen unseren Beschäftigten Verantwortung und Entscheidungskompetenz.**

Alt:

> **Wir arbeiten mit unseren Mitarbeitern langfristig zusammen. Die Fähigkeiten unserer Mitarbeiter nutzen wir.**

Neu:

> **Wir arbeiten mit unseren Mitarbeiterinnen und Mitarbeitern langfristig zusammen. Ihre Fähigkeiten nutzen wir.**

Es ist erfreulich zu sehen, mit welch einfachen Mitteln aus einem deutlichen Beispiel für unangebrachtes »generisches Maskulinum« ein geschlechtergerechter Text werden kann.

Fazit:

In diesem Text wurden folgende Strategien angewendet:

- **Beidnennung:** *Patientinnen und Patienten, Mitarbeiterinnen und Mitarbeiter*
- **Pronomen im Plural bei Bezug auf Beidnennung:** *ihre Zufriedenheit, mit ihnen, ihre Fähigkeiten*
- **Geschlechtsneutrale Personenbezeichnungen:** *Mensch*
- **Substantiviertes Partizip im Plural:** *Beschäftigte*

Textbeispiel Literaturhaus

Nun wollen wir uns zwei ganz unterschiedliche Texte aus dem Kulturbereich ansehen – jeweils den Internetseiten der Institutionen entnommen, auf denen sie sich vorstellen. Zunächst betrachten wir das Literaturforum im Brecht-Haus in Berlin, das sich folgendermaßen präsentiert:

> **Ganz im Sinne Bertolt Brechts fördert das Literaturforum den kritischen Diskurs. Im Mittelpunkt stehen Schriftstellerinnen und Schriftsteller mit ihrem Werk sowie wissenschaftliche Arbeiten zu Literatur, Kultur, Gesellschaft und Politik.**
> **Fixpunkte unseres Programms sind literarische, zeitgeschichtlich und politisch orientierte Veranstaltungen. Im Gespräch zwischen Autoren, Kritikern, Wissenschaftlern, Journalisten und Künstlern werden Neuerscheinungen auf dem Buchmarkt vorgestellt. Leben und Werk Brechts und seiner Wegbegleiter ist ein ständiger Bestandteil unseres Programms, die Veranstaltungen zeugen von der anhaltenden Aktualität und Anziehungskraft Brechts. […]**
> **Kleine experimentelle Theaterinszenierungen haben ebenso in unserem Haus ihren Platz wie literarisch-musikalische Abende mit Künstlern aus ganz Deutschland. Besondere Aufmerksamkeit widmet das Literaturforum im Brecht-Haus auch der Förderung des literarischen Nachwuchses. Regelmäßig bieten wir Workshops, Diskussionsforen und Lesungen für junge Autoren an.**
> **Unser Dank gilt den zahlreichen Partnern und Freunden unseres Hauses, die uns durch Tat und Anregung unterstützen.**

Es fällt natürlich sofort auf, dass hier bis auf die erste Erwähnung *(Schriftstellerinnen und Schriftsteller)* an keiner Stelle geschlechtergerecht formuliert ist, sondern fast ausschließlich das »generische Maskulinum« zu finden ist – nur der *literarische Nachwuchs* ist als neutrale Personenbezeichnung zu verbuchen. Da selbstverständlich im Programm und bei den Veranstaltungen ebenso Frauen zu finden sind (was ein Blick auf die konkreten Programmseiten bestätigt), stellt sich die Frage: Ging es nicht anders? Wir meinen »doch« und versuchen uns an einigen Vorschlägen.

Da tatsächlich die genannten Bezeichnungen (eventuell ausgenommen die im letzten Absatz) auf konkrete Personen referieren, möchten wir hier andere Formulierungen finden. Bei rein schriftlichen Texten, die keiner Zeichenbegrenzung unterliegen (wie im Internet meist der Fall), spricht in der Regel nichts gegen die Beidnennung, bei Aufzählungen wie im obigen Beispiel kann man aber auch versuchen, zusammenfassende Formulierungen zu finden. Ob man statt *Autoren* nun *Autorinnen und Autoren* oder *Literaturschaffende* sagt (der Ausdruck *Kunstschaffende* ist vermutlich etwas verbreiteter) oder sich andere kreative Lösungen überlegt, bleibt Geschmackssache. Ein Vorschlag könnte so aussehen:

> **Im Gespräch zwischen Literaturschaffenden sowie Vertreterinnen und Vertretern aus den Bereichen Kritik, Wissenschaft, Journalismus und Kunst werden Neuerscheinungen auf dem Buchmarkt vorgestellt. Leben und Werk Brechts und seinen Weg begleitender Personen / ihm Nahestehender ist ein ständiger Bestandteil unseres Programms.**
> **… wie literarisch-musikalische Abende mit Kunstschaffenden aus ganz Deutschland.**
> **Regelmäßig bieten wir Workshops, Diskussionsforen und Lesungen für junge Autorinnen und Autoren an.**

Im Vergleich dazu ist es übrigens spannend zu sehen, dass auf der Homepage unter dem Menüpunkt *Mitarbeiter* (!) sämtliche Stellen neutral formuliert sind: *Kommissarische Leitung, Stv. Leitung / Programm, Sekretariat, Haushalt, Koordination Bildung & Technik, Presse-, Öffentlichkeitsarbeit, Programmassistenz, Praktikum.* Das mag aber durchaus rechtliche Gründe haben, die zumindest bei Stellenanzeigen neutrale Formen vorschreiben. Ob die auffällige Verwendung des »generischen Maskulinums« vorher damit zu tun hat, dass das Brecht-Haus aus der DDR-Tradition stammt (vgl. S. 25–27) und sich auch in Ostberlin befindet, bleibt spekulativ.

Fazit:

In diesen Texten wurden folgende Strategien angewendet:

- **Beidnennung:** *Schriftstellerinnen und Schriftsteller, Vertreterinnen und Vertreter, Autorinnen und Autoren*
- **Geschlechtsneutrale Personenbezeichnung:** *seinen Weg begleitende Personen*
- **Substantivierte Partizipien im Plural:** *Literaturschaffende, Nahestehende, Kunstschaffende*
- **Sachbezeichnung:** ... *aus den Bereichen Kritik, Wissenschaft, Journalismus, Kunst, Leitung/Programm, Sekretariat, Haushalt, Koordination, Presse-, Öffentlichkeitsarbeit, Programmassistenz, Praktikum*

Textbeispiel Kulturzentrum/LSBTI-Bar

Im Vergleich dazu werfen wir einen Blick auf die Internetseite der »Bar jeder Sicht«, eines **Kultur- und Kommunikationszentrums,** das sich explizit an Menschen verschiedener Geschlechtsidentitäten wendet. Hier finden wir (nicht so sehr überraschend) ein überzeugendes Beispiel für unter Gendergesichtspunkten gut formulierte Texte, dem wir nichts hinzuzufügen haben:

> **Die Bar jeder Sicht ist das Kultur- und Kommunikationszentrum für Lesben, Schwule, Bisexuelle, Trans* und Intersexuelle in Mainz – ihr Name ist Programm. Sichtbar wollen Schwule, Lesben, Bisexuelle und transidentische Menschen in Mainz sein. Sich verabreden mit Freunden/Freundinnen und Bekannten, andere Lesben und Schwule treffen, sich austauschen können, an einem vielfältigen Kulturprogramm teilnehmen und es mitgestalten: alles das ist die Bar jeder Sicht.**
> **Ehrenamtliche gesucht: Ehrenamt ist die Grundlage der Bar jeder Sicht: Ob im Service oder in der Küche, bei der Öffentlichkeitsarbeit oder der Planung des Veranstaltungs-Programms – fast alle Leistungen werden von engagierten und motivierten Leuten ohne Entgelt erbracht. Möchtest Du ein Teil dieses**

familiären Teams werden und dazu beitragen, dass sich die Bar jeder Sicht gut weiterentwickelt? Dann bist Du herzlich willkommen! Interessierte melden sich bitte […]

Fazit:

In diesem Text wurden folgende Strategien angewendet:

- **Beidnennung:** *Freunden/Freundinnen*
- **Geschlechtsneutrale Personenbezeichnungen:** *Menschen, Leute, Team*
- **Sachbezeichnung:** *Ehrenamt, im Service, in der Küche, bei der Öffentlichkeitsarbeit oder der Planung*
- **Direkte Anrede:** vertraute Anrede *Du*
- **Substantivierte Partizipien und Adjektive im Plural:** *Bisexuelle, Intersexuelle, Bekannte, Ehrenamtliche, Interessierte*
- **Genderstern:** *Trans**

Textbeispiel Veranstaltungsankündigung

Eine Ankündigung der Alice Salomon Hochschule vom 7. Mai 2018 sei hier ausführlich zitiert, da sie sehr variantenreich formuliert:

Im Rahmen des Wettbewerbs werden 18 Geschäftsideen mit insgesamt mehr als 50.000 Euro ausgezeichnet. Selbst, wenn Sie am Ende nicht zu den Prämierten gehören, gewinnen Sie dennoch: Wissen, Erfahrung, Kontakte und vor allem halten Sie am Ende Ihr eigenes Konzept in den Händen.
[…] Seit 20 Jahren unterstützt der BPW branchenübergreifend Gründerinnen und Gründer bei der Erstellung eines Geschäftskonzeptes und fördert so erfolgreiche und nachhaltige Unternehmensgründungen in Berlin oder Brandenburg. […]
Netzwerk: Sie können Kontakte zu potenziellen Investor_innen, Gründungspartner_innen oder auch Kund_innen knüpfen. Sie lernen Unternehmer_innen, Gründer_innen und Gleichgesinnte kennen und haben die Chance Ihr Gründungsteam zu komplettieren.

Wettbewerb: Das Expertennetzwerk des BPW aus Banken, Kammern, Unternehmensberatungen etc. überprüft vertraulich Ihr Geschäftskonzept und gibt Ihnen individuelles Feedback zur Optimierung. […]
Zielgruppe: alle Studierenden und Absolvent_innen der ASH Berlin
Teilnehmer_innenzahl: unbegrenzt […]
Seminarleitung: […]

Dieser Text soll Interessierte zur Teilnahme an einem Wettbewerb animieren und informiert ausführlich über die sich aus einer Teilnahme ergebenden Vorteile. Durch die sprachliche Gestaltung wird sehr deutlich hervorgehoben, dass sich alle angesprochen fühlen sollen. Dies erfolgt durchlaufend durch die direkte Anrede in der Höflichkeitsform *Sie*. Wenn allgemein über Personen gesprochen wird, finden sich unterschiedliche Formen der geschlechtergerechten Sprache: neben Beidnennungen wie *Gründerinnen und Gründer* sind geschlechtsneutrale Formulierungen in Form von Partizipien und Adjektiven im Plural *(Prämierten, Studierende, Gleichgesinnte)*, Kollektivnomina *(Gründungsteam)* sowie Abstraktionen bzw. Sachbezeichnungen *(Seminarleitung)* anzutreffen. Besonders auffällig ist jedoch die systematische Verwendung des Unterstrichs (des »Gendergaps«). Dieser tritt in zahlreichen unterschiedlichen Personenbezeichnungen auf *(Investor_innen, Gründungspartner_innen, Kund_innen, Unternehmer_innen, Gründer_innen, Absolvent_innen, Teilnehmer_innenzahl)*. Hier wird zweierlei sehr deutlich zum Ausdruck gebracht: Erstens wird gezeigt, dass man sich bewusst ist, dass gesellschaftlich relevante Personen nicht nur männlichen Geschlechts sind, und zweitens wird hervorgehoben, dass man sich selbst als progressive und diskriminierungsfreie Institution versteht und als solche wahrgenommen werden will – auch wenn man damit nicht in allen Punkten der amtlichen Rechtschreibung entspricht.

Nur an einer Stelle, bei der Nennung des *Expertennetzwerks*, hätte man sich eine bessere Lösung vorstellen können. Eine Möglichkeit wäre *Expert_innennetzwerk*, entsprechend dem im Text auftretenden

Kompositum *Teilnehmer_innenzahl.* Da beide Komposita indirekt auf Personen bezogen sind und keine Referenz auf konkrete Gegenstände beinhalten, wäre eine solche Lösung durchaus angemessen. Eine andere Möglichkeit bestünde darin, den Begriff zu entpersonalisieren und zum Beispiel zu sprechen von

> **Expertisenetzwerk oder Kompetenznetzwerk**

Da der Text ansonsten sehr sorgfältig und konsequent gegendert ist, kann man davon ausgehen, dass hier das Kompositum so interpretiert wurde, dass es eher auf einen abstrakten Sachverhalt *(Netzwerk)* als auf die das Netzwerk bildenden Personen *(Expertinnen und Experten)* verweist.

Textbeispiel Vorstellung einer Galerie

Auch in der Vorstellung einer Galerie und ihres Programmkonzepts findet sich eine breite Palette geschlechtergerechter Formen:

> **[...] Die Galerie M zeigt und fördert vorrangig Projekte von konzeptuell arbeitenden Künstlerinnen und Künstlern, die in ihrer Arbeit den städtischen Raum in all seinen Aspekten thematisieren. Karin Scheel (Leiterin der Galerie M) hat 2010 das Atelierprogramm Marzahn-Hellersdorf in Kooperation mit der Wohnungsgesellschaft DEGEWO und Deutsche Wohnen initiiert. In dem Kiezrundgang Zeitgenössische Kunst in der Platte stellen sich mehrere Künstler_innen aus dem Atelierprogramm vor. [...] Es führen entweder Bürger_innen und Fachkräfte aus Marzahn-Hellersdorf oder Studierende und Lehrende der ASH Berlin zu Themen ihres Alltags. Bürgerinnen und Bürger des Bezirks Marzahn-Hellersdorf sind herzlich eingeladen, gemeinsam mit ASH-Studierenden und Mitarbeiter_innen den lokalen Nahraum zu zeigen und zu erkunden. [...]**

In diesem Text werden Beidnennungen, Partizipien im Plural, Kollektivbegriffe und als häufigste Variante der Unterstrich gewählt, wenn über Personen berichtet wird. Offenkundig wird ganz bewusst frei zwischen verschiedenen Varianten gewechselt. Dies zeigt sich insbesondere bei der freien Variation von *Bürgerinnen und Bürger* mit *Bürger_innen* sowie *Künstlerinnen und Künstler* und *Künstler_innen.* Von Interesse ist auch die Nominalphrase *Karin Scheel (Leiterin der Galerie M):* Die Nennung eines weiblichen Eigennamens wird mit einer Apposition versehen, die die Funktion der genannten Person bezeichnet. Diese Apposition steht in der Femininform *Leiterin* und kongruiert somit mit ihrem Bezugsausdruck, dem Eigennamen *Karin Scheel.* Hier bestätigen sich die Überlegungen zur Kongruenz in den Abschnitten 2.3, S. 107 und 2.5, S. 152: die Ersetzung von *Leiterin* durch die Maskulinform *Leiter* würde von den allermeisten Sprechenden als falsch empfunden.

Durch die hier praktizierte Anwendung verschiedener Formen der geschlechtergerechten Sprache entsteht ein klares Signal im Sinne eines Bekenntnisses zu Gleichberechtigung und fairer Repräsentation aller Personen.

Fazit:

In diesen beiden Texten wurden folgende Strategien angewendet oder vorgeschlagen:

- **Beidnennung:** *Künstlerinnen und Künstler, Bürgerinnen und Bürger, Gründerinnen und Gründer*
- **Geschlechtsneutrale Personenbezeichnungen:** *Gründungsteam, Fachkräfte*
- **Substantivierte Partizipien/Adjektive im Plural:** *Prämierte, Gleichgesinnte, Studierende*
- **Sachbezeichnung:** *Expertisenetzwerk, Kompetenznetzwerk, Seminarleitung*
- **Unterstrich:** *Investor_innen, Gründungspartner_innen, Kund_innen, Unternehmer_innen, Gründer_innen, Absolvent_innen, Teilnehmer_innenzahl, Künstler_innen, Bürger_innen, Mitarbeiter_innen*

Textbeispiele Arztpraxen

Dieser und die beiden folgenden Texte sind Auszüge aus Selbstdarstellungen von medizinischen Praxen im Internet. Sie gehen in sehr unterschiedlicher Weise mit der Frage der geschlechtergerechten Formulierung um und sind daher zum anschaulichen Vergleich hintereinander aufgeführt. Der erste Text wirbt für eine Praxis für Dermatologie.

> **Ihre Experten rund um die Dermatologie […]**
> **Liebe Patientinnen, liebe Patienten,**
> **wir freuen uns, Sie auf unserer Internetseite begrüßen zu dürfen. Als Experten für Hautgesundheit, medizinische Ästhetik und Lasertherapie möchten wir Ihnen […]**
> **In unserer Facharztpraxis kümmern sich vier Fachärzte mit unterschiedlichen Spezialisierungen in verschiedenen dermatologischen Bereichen um Ihre Anliegen. […] Unterstützt werden wir dabei von einem ausgezeichneten Team an freundlichen und kompetenten Helferinnen […]**
> **Unsere Praxisphilosophie stellt Ihr Wohl als Patient in den Mittelpunkt. Dabei ist es uns wichtig, Ihnen soweit als möglich […]**
> **Für Psoriasis-Patienten […] Des Weiteren kann […] z. B. für Neurodermitis-Patienten […]**

Auffällig ist die inkonsistente Anwendung geschlechtergerechter Formulierungen. Während die direkte Anrede zu Beginn eine Beidnennung aufweist *(Liebe Patientinnen, liebe Patienten),* ist im weiteren Textverlauf ausschließlich von *Patienten* die Rede. Auf der Seite des medizinischen Fachpersonals werden nur *Experten, Ärzte* und *Kollegen* angeführt, obwohl ganz offenkundig mindestens eine Ärztin im Team ist. Andererseits wird bei der Benennung des administrativen Teams nur die Femininform *Helferinnen* verwendet, wobei ein weiterer Blick auf die Darstellung des Teams offenbart, dass in diesem Bereich nicht nur Frauen arbeiten. Diese Aufteilung der Maskulin- und Femininformen wiederholt die im medizinischen Bereich immer noch üblichen Genderstereotype, dass die Fachkompetenz bei Männern liegt, während die Hilfstätigkeiten von Frauen ausgeführt werden, was inzwischen jeder Realität widerspricht.

Abhilfe könnte einmal darin bestehen, statt der »generischen Maskulina« Beidnennungen anzuwenden: Dies wäre eine Option bei der ersten Nennung von *Experten*, die durch *Expertinnen und Experten* zu ersetzen ist. Auch in der Passage *für Psoriasis-Patienten* und *für Neurodermitis-Patienten* ist eine Beidnennung notwendig. Und selbstverständlich ist statt der Femininform *Helferinnen* ebenfalls eine Beidnennung angebracht: *Helferinnen und Helfer.*

Andere Lösungen bieten sich in folgenden Fällen an: Statt *Als Experten für Hautgesundheit, medizinische Ästhetik und Lasertherapie möchten wir Ihnen …* wäre besser:

Mit unserer Expertise für Hautgesundheit … möchten wir …

In der Passage *In unserer Facharztpraxis kümmern sich vier Fachärzte* sollte besser auf die reale Situation (die ja auf den Internetseiten sichtbar wird) verwiesen werden, also z. B.:

In unserer spezialisierten Praxis kümmern sich drei Fachärzte und eine Fachärztin …

Der Satz *Unsere Praxisphilosophie stellt Ihr Wohl als Patient in den Mittelpunkt* kann ohne Informationsverlust reformuliert werden als:

Unsere Praxisphilosophie stellt Ihr Wohl und Ihre Bedürfnisse in den Mittelpunkt.

All dies würde nicht nur die Geschlechtergerechtigkeit verbessern, sondern auch die Asymmetrie zwischen Wissenden und Handelnden einerseits und Unwissenden und passiv Erleidenden anderseits reduzieren.

Die folgende Selbstdarstellung einer HNO-Praxis kommt fast vollständig ohne geschlechtergerechte Formulierungen aus:

HNO-Gemeinschaftspraxis Dres. […] Fachärzte für […]
Unser Ärzteteam: […] Unsere Mitarbeiter/-innen […]
Natürlich möchten wir Ihnen in unserer Praxis in allen Fragen

des HNO-Gebietes ein kompetenter Ansprechpartner sein.
Auf einige Bereiche, die wir im Folgenden näher darstellen, möchten wir jedoch besonders eingehen.
Denken Sie als gesetzlich versicherter Patient bitte unbedingt daran, bei Abholung des Rezeptes Ihre gültige elektronische Gesundheitskarte vorzulegen. […]

Es finden sich in diesem Text zahlreiche Maskulinformen, die offensichtlich geschlechtsübergreifend referieren sollen: *Ärzte, Ärzteteam, ein kompetenter Ansprechpartner, Sie als gesetzlich versicherter Patient*. Alle diese Formen könnten leicht entweder durch Beidnennungen oder durch Umschreibungen ersetzt werden.

Statt *Unser Ärzteteam* (denn es sind ein Arzt und zwei Ärztinnen, wie die Namen auf der Homepage verraten!) und statt *ein kompetenter Ansprechpartner sein* könnte stehen:

Unser ärztliches Team
… bieten wir Ihnen kompetenten Rat und Hilfe

Besonders auffällig ist die Formulierung *Sie als gesetzlich versicherter Patient*. Es ergibt sich hier ein sehr ungünstiger Eindruck, der viele Patientinnen abschrecken könnte. Eine bessere Lösung für diese Passage ist eine syntaktische Umschreibung:

Wenn Sie gesetzlich versichert sind, denken Sie bitte daran …

Die einzige Beidnennung in diesem Textbeispiel ist in der Variante mit Schrägstrich präsentiert: *Mitarbeiter/-innen.*

Dass es auch im medizinischen Bereich anders gehen kann und bereits anders geht, zeigt folgendes Beispiel, das dem Netzauftritt einer allgemeinmedizinischen Praxis entnommen ist:

Dr. med. S. Fachärztin für Allgemeinmedizin […]
Liebe Patientin, lieber Patient. Herzlich willkommen auf der Homepage der Praxis Frau Dr. med. S.
Wir stehen Ihnen […] **mit dem gesamten Leistungsspektrum der internistischen und hausärztlichen Versorgung zur Verfü-**

gung. Über einen persönlichen Kontakt mit Ihnen würden wir uns sehr freuen.
Mit freundlichen Grüßen im Namen des gesamten Teams.
Nutzen Sie unseren Online-Service zur Bestellung von Rezepten für Medikamente, welche Ihnen als Dauertherapie verordnet wurden. [...] Bitte beachten Sie, dass für die Nutzung dieses Online-Services bei gesetzlich Versicherten die Vorlage der Krankenkassenkarte im laufenden Quartal notwendig ist.

Hier wird die weibliche Form *Fachärztin* verwendet und auch die Voranstellung von *Frau* in *Frau Dr. med.* weist darauf hin, dass ein Bewusstsein für neue Ausdrucks- und Darstellungsbedürfnisse in der Kommunikation vorhanden ist. Die direkte Anrede erfolgt über Beidnennung und über die Höflichkeitsform. Interessant ist – vor allem im Gegensatz zum vorherigen Text – der Hinweis bezüglich der Karten der Krankenkassen: Hier wird ein Partizip im Plural gewählt und damit geschlechtergerecht formuliert: *bei gesetzlich Versicherten* gegenüber obigem *Sie als gesetzlich versicherter Patient*.

Fazit:

In diesen Texten wurden folgende Strategien angewendet oder vorgeschlagen:

- **Beidnennung:** *Liebe Patientinnen, liebe Patienten / Liebe Patientin, lieber Patient, Helferinnen und Helfer, Expertinnen und Experten, Ärztinnen und Ärzte*
- **Verkürzte Beidnennung:** *Mitarbeiter/-innen*
- **Sachbezeichnungen:** *Expertise, spezialisierte Praxis, internistische und hausärztliche Versorgung*
- **Direkte Anrede:** Höflichkeitsformen *Sie, mit Ihnen*
- **Geschlechtsneutrale Personenbezeichnung:** *Team*
- **Substantiviertes Partizip im Plural:** *gesetzlich Versicherte*
- **Umformulierung:** *ärztliches Team, Wenn Sie gesetzlich versichert sind, ... bieten wir kompetenten Rat und Hilfe*

3.3 Formulare

Formulare dienen primär der Informationsgewinnung in einem spezifischen Bereich. Sie enthalten eine sehr konkrete Handlungsaufforderung an die Rezipierenden: Diese müssen an den dafür vorgesehenen Stellen vorgegebene Arten von Informationen, oft mittels vorgegebener sprachlicher Formen und Formulierungen, bereitstellen – sie müssen »ein Formular ausfüllen«. Gerade in dieser stark reglementierten Textsorte ist die Frage, wie die Rezipierenden adressiert werden und welche Möglichkeiten ihnen zugestanden werden, sich selbst an den vorgesehenen Stellen zu benennen, unter dem Gesichtspunkt der geschlechtergerechten Sprache von entscheidender Bedeutung.

Textbeispiel Finanzamt

Dieses Beispiel ist der Anleitungstext eines Formulars über die »Bestätigung über Sachzuwendungen«, das auf der Seite des Bundesfinanzministeriums zu finden ist. Jede der Lücken in einem Formular enthält die Aufforderung zum Ausfüllen. Die Anweisungen und Erläuterungen sind diesbezüglich »situationsgebunden« – sie gelten für die jeweilige Lücke und die jeweiligen konkreten Akte des Ausfüllens.

In dem genannten Formular lesen wir nun an der Stelle, an der die Person, die die Sachzuwendung getätigt hat, ihren Namen einfügen muss:

Name und Anschrift des Zuwendenden

Am Ende des Formulars muss die Person unterschreiben, die die Zuwendung erhalten hat. Hier heißt es im Formular:

Ort, Datum und Unterschrift des Zuwendungsempfängers

Wir waren sehr überrascht, Ende des zweiten Jahrzehnts des dritten Jahrtausends noch amtliche Texte in dieser antiquierten Form zu finden. Ein solcherart gestaltetes Formular missachtet die Regeln der gendergerechten Sprache aufs Gröbste; man kann davon ausgehen, dass es den gesetzlichen Vorgaben nicht entspricht.

Es ist bei direktem Bezug auf konkrete Personen absolut notwendig, Frauen und Männer gleichermaßen anzusprechen, wenn sie jeweils gemeint sind. Also:

Name und Anschrift des oder der Zuwendenden
Ort, Datum und Unterschrift des Zuwendungsempfängers / der Zuwendungsempfängerin

Fazit:

In diesem Text wurden folgende Strategien angewendet oder vorgeschlagen:

- **Substantiviertes Partizip:** *des oder der Zuwendenden*
- **Beidnennung:** *des Zuwendungsempfängers / der Zuwendungsempfängerin*

Textbeispiel Fahrgastrechteformular

Die Deutsche Bahn verwendet ein Formular, mit dem Entschädigungen bei Verspätungen und Zugausfällen beantragt werden können. Es enthält folgende Passagen:

Fahrgastrechte-Formular

Sehr geehrte Kundin, sehr geehrter Kunde,
wir bedauern sehr, dass Ihnen durch eine Verspätung oder den Ausfall eines Zuges Unannehmlichkeiten entstanden sind, und entschuldigen uns dafür. Ab 60 Minuten Verspätung am Zielbahnhof erhalten Sie eine Entschädigung von 25 %, ab 120 Minuten von 50 % des gezahlten Fahrpreises für die einfache Fahrt. Entschädigungsbeträge unter 4 Euro werden nicht ausgezahlt. Detaillierte Informationen zu Ihren Fahrgastrechten finden Sie unter www.fahrgastrechte.info und www.bahn.de/fahrgastrechte.

> **Mit dem ausgefüllten Fahrgastrechte-Formular, der Bestätigung Ihrer Verspätung und der Originalfahrkarte erhalten Sie sofort Ihre Entschädigung in einem DB Reisezentrum oder einer Verkaufsstelle […] Eine Bestätigung der Verspätung erhalten Sie vom Zugbegleiter, an den DB Informationen oder in DB Reisezentren, sofern die Daten dort vorliegen. […]**
> **Wünschen Sie eine Überweisung, geben Sie bitte die Bankverbindung an: Kontoinhaber (Name, Vorname)**

Dieses Formular und die darin angebotenen Informationen sind bezüglich der Adressierung der Kundinnen und Kunden sorgfältig im Blick auf Geschlechtergerechtigkeit formuliert. Wie zu erwarten, ist durchweg die direkte Anrede mittels Beidnennung *(Sehr geehrte Kundin, sehr geehrter Kunde)* und in der Höflichkeitsform gewählt *(Ihnen, Sie, Ihre Entschädigung).* Die Seite der den Text produzierenden Stelle wird ebenso erwartungsgemäß mit der ersten Person Plural markiert *(wir)* bzw. durch Sachbezeichnungen *(an den DB-Informationen, in DB-Reisezentren)* markiert. Auch geschlechtsneutrale Varianten werden gewählt *(Fahrgastrechte).* An zwei Stellen finden sich jedoch Maskulinformen, die nicht spezifisch männlich referieren sollen. Sie sind durch Beidnennungen zu ersetzen: also *von der Zugbegleiterin oder dem Zugbegleiter* statt *vom Zugbegleiter* und *Kontoinhaberin bzw. Kontoinhaber* oder auch *Kontoinhaber/-in* statt *Kontoinhaber.*

Fazit:

In diesem Text wurden folgende Strategien angewendet oder vorgeschlagen:

- **Beidnennung:** *Sehr geehrte Kundin, sehr geehrter Kunde, von der Zugbegleiterin oder dem Zugbegleiter, Kontoinhaberin bzw. Kontoinhaber*
- **Kurzform der Beidnennung:** *Kontoinhaber/-in*
- **Geschlechtsneutrale Personenbezeichung:** *Fahrgast*
- **Sachbezeichnungen:** *DB-Informationen, DB-Reisezentren*
- **Direkte Anrede:** Höflichkeitsformen *Ihnen, Sie,* Possessivpronomen *Ihrer Verspätung*

Textbeispiel Formular für Gasthörende

Dieses Formular der Universität Passau zur Einschreibung von Gasthörerinnen und Gasthörern bietet eine Mischung aus geschlechtergerechten Formulierungen und Textpassagen, die sich des sogenannten generischen Maskulinums bedienen.

> **Zulassungsantrag Gasthörer/in**
>
> **I. Angaben zur Person:**
> **II. Folgende Lehrveranstaltungen beabsichtige ich zu belegen:**
> **Vorlesungs-Nr. Titel der Lehrveranstaltung**
> **Name Hochschullehrer/in [...]**
> **Im Rahmen der vorhandenen Studienplatzkapazität kann es vorkommen, dass trotz erfolgter Einschreibung ein Besuch von teilnehmerbegrenzten Lehrveranstaltungen ausgeschlossen ist, wenn die vorhandenen Plätze von Studierenden der Universität Passau in Anspruch genommen werden.**
> **Ort, Datum Unterschrift des Antragsstellenden [...]**
> **Studienbewerber, die einzelne Unterrichtsveranstaltungen besuchen wollen, werden auf Antrag als Gaststudierende immatrikuliert. [...] Die Immatrikulation berechtigt den Gasthörer grundsätzlich zum Besuch der im Immatrikulationsantrag aufgeführten Lehrveranstaltungen, soweit diese im laufenden Semester tatsächlich angeboten werden. [...]**
> **Wenn Sie als Gasthörerin oder Gasthörer die IT-Dienste (z. B. Stud.IP) der Universität Passau nutzen möchten, benötigen Sie eine Benutzerkennung. Die Antragstellung kann nur beim ZIM (Zentrum für Informationstechnologie und Medienwissenschaften) vorgenommen werden. [...]**

Einige der direkten Adressierungen und Benennungen von Personen im Formularteil sind mittels Kurzform mit Schrägstrich wie bei *Gasthörer/in* und *Hochschullehrer/in* durchgeführt. Auch in den Passagen, die allgemeine Regelungen wiedergeben, finden sich verschiedene geschlechtergerechte Formen, so z. B. Partizipien im Plural und Beidnennungen: *Gaststudierende* (Plural), *Sie als Gasthörerin oder Gasthörer.*

Allerdings sind auch Maskulinformen zu finden, die mit Sicherheit nicht spezifisch auf männliche Personen referieren sollen. Besonders auffällig und störend ist die Formulierung *Unterschrift des Antragsstellenden,* die leicht durch *Unterschrift des/der Antragsstellenden* oder durch eine Umformulierung wie *Ihre Unterschrift* substituiert werden könnte.

Auch der Plural *Studienbewerber* und der Singular *Gasthörer* bieten völlig überflüssigerweise Anlass zur Irritation. Die Passage würde durch die direkte Anrede erheblich ansprechender:

> **Wenn Sie einzelne Unterrichtsveranstaltungen besuchen wollen, werden Sie auf Antrag als Gaststudierende oder Gaststudierender immatrikuliert. [...] Die Immatrikulation berechtigt Sie grundsätzlich zum Besuch [...]**

Beim Ausdruck *Benutzerkennung* liegt eines der Komposita vor, die nicht direkt Personen benennen, sich jedoch indirekt auf Personen beziehen. Hier kann, wie in Abschnitt 2.5 ausgeführt, unterschiedlich entschieden werden. Ein eleganter Ausweg wäre jedoch auf jeden Fall die *Benutzungskennung.*

Der Gesamteindruck des Textes lässt es nicht zu, die hier praktizierte Mischung als absichtliche Abwechslung zwischen Maskulin- und Femininformen zu interpretieren. Es entsteht vielmehr der Eindruck, dass der Text aus verschiedenen Versionen zusammengesetzt und nicht als Ganzes redigiert wurde.

Fazit:

In diesem Text wurden folgende Strategien angewendet oder vorgeschlagen:

- **Direkte Anrede:** Höflichkeitsform *Sie,* simulierter innerer Monolog mit *ich*
- **Substantivierte Partizipien im Plural:** *Gaststudierende, Studierende*
- **Beidnennung:** *Gasthörerin oder Gasthörer*
- **Verkürzte Beidnennung:** *Gasthörer/in, Hochschullehrer/in*
- **Substantiviertes Partizip im Singular mit verkürzter Beidnennung:** *des/der Antragsstellenden*

Textbeispiel Wohnungsbescheinigung

Sehen wir uns ein Formular für eine städtische Wohnungsbescheinigung an: Grundsätzlich ist das Formular gut gemacht und klar um Geschlechtergerechtigkeit bemüht – nur an zwei Stellen wurde diese verfehlt und könnte doch gerade in einem kaum zum Vorlesen gedachten Formular so leicht erreicht werden. Es kommen folgende personenbezogene Formulierungen vor:

> **Liste der zuständigen Sachbearbeiter**
> **Angaben zu Personen in der Wohnung**
> **Hauptmieter/-in**
> **Untermieter/-in (Personalien des Hauptmieters angeben)**
> **Angaben zum/zur Haus- bzw. Wohnungseigentümer/-in**
> **Ihre Daten (Namen, Anschrift, Geburtsdatum, Kontoverbindung, Telefon, Fax und E-Mail-Adresse) werden gespeichert.**
> **Unterschrift (Haus- bzw. Wohnungseigentümer/-in)**

Wenn auch als Erstes die »zuständigen Sachbearbeiter« ins Auge fallen, wird schnell ersichtlich, dass die Stadt grundsätzlich feminine und maskuline Formen verwendet – dass das gleich zu Beginn nicht der Fall ist, ist schade, denn gerade bei der Pluralform könnte man völlig unkompliziert die Schrägstrichvariante mit Sparform nutzen, wie es auch später auf dem Formblatt praktiziert wird:

> **Liste der zuständigen Sachbearbeiter/-innen**

Etwas komplizierter ist die zweite rein maskuline Form *des Hauptmieters* – hier müsste man mit ausführlicher Beidnennung verfahren:

> **Personalien des Hauptmieters / der Hauptmieterin angeben**

Da auf dem Formular für die erwünschten Personalien des Hauptmieters / der Hauptmieterin ohnehin nicht viel Platz ist, würde das eine weitere Zeile beanspruchen, was aber in der Höhe kein Problem darstellen sollte. Insgesamt haben wir hier durchaus Beispiele für ernsthafte Bemühungen um geschlechtergerechte »Amtssprache« vorgefunden, wenn auch immer wieder nachgebessert werden könnte.

Fazit:

In diesem Text wurden folgende Strategien angewendet oder vorgeschlagen:

- **Beidnennung mit Sparform und Schrägstrich:** *Sachbearbeiter/-innen, Hauptmieter/-in, Untermieter/-in, Haus- bzw. Wohnungseigentümer/-in*
- **Geschlechtsneutrale Personenbezeichnung:** *Person*
- **Direkte Anrede:** Possessivpronomen *Ihre Daten*

3.4 Fachsprachliche/ wissenschaftliche Texte

Schriftlich-monologische Texte, die sachorientiert sind und sich an eine inhaltlich interessierte, jedoch nicht genauer eingegrenzte Gruppe von Rezipierenden wenden, legen den Schwerpunkt auf die Darstellung von Inhalten, die mehr oder weniger wissenschaftlich bzw. fachspezifisch sind. Wenn über Personen gesprochen wird, sind (meist) nicht konkrete Individuen oder Gruppen von Individuen gemeint, sondern bestimmte Klassen von Individuen bzw. bestimmte Klassen von »Funktionsrollen« – ›Ausbilder‹, ›Sprecher‹, ›Patient‹, ›Käufer‹ usw. In diesen Textsorten ist die Neigung zum »generischen Maskulinum« besonders groß und oft auch heute noch vorherrschend. Sehr oft wird diese Auswahl der Benennung nicht kommentiert und vermutlich auch nicht reflektiert. Sie stützt sich – insbesondere in älteren Abhandlungen – auf die »selbstverständliche« Konvention des »generischen Maskulinums«. Es gibt auch andere Lösungen. Die folgenden Textausschnitte benennen die jeweilige Lösungsvariante.

Textbeispiel Fachausdrücke im »generischen Maskulinum«

Ein Beispiel für das traditionelle Verfahren ist:

> **Ein deiktischer Ausdruck kann vom Rezipienten nur richtig verstanden werden, wenn er die situativen Gegebenheiten kennt. (Diewald, Gabriele [1991].** ***Deixis und Textsorten im Deutschen.*** **Tübingen: Niemeyer, S. 1)**

Diese Methode wird im Buch durchgängig beibehalten. Es ist nur von *Sprechern, Hörern, Rezipienten* usw. die Rede (eine Lösung, die die Autorin heute nicht mehr wählen würde). Besser wäre:

> **Ein deiktischer Ausdruck kann von den Rezipierenden nur richtig verstanden werden, wenn sie die situativen Gegebenheiten kennen.**

Textbeispiel »Genderfußnote«

Eine andere, ebenfalls sehr häufig gewählte Variante besteht darin, bei der ersten Nennung einer dieser Funktionsrollen eine **Fußnote** einzufügen, die erklärt, dass im Verlauf der gesamten Abhandlung immer nur die maskuline Form verwendet wird, dass diese jedoch sowohl Männer wie Frauen meine. Ein Beispiel (aus vielen anderen) ist etwa folgendes:

> **[…] der Ausblick besteht aus Ausschnitten eines im Jahr 2010 verfassten Briefes an die nächste Generation systemischer Therapeuten.**

Der Ausdruck *Therapeuten* ist mit folgender Fußnote versehen:

> **Die in diesem Buch zur erleichterten Lektüre verwendete männliche Form schließt selbstverständlich auch die weibliche Form mit ein.**

Diese Lösung schien lange Zeit sinnvoll, weil sie als »platzsparend«, »leicht verständlich«, »praktisch« usw. galt.

Wir halten sie für nicht sinnvoll. Angesichts der inzwischen vorliegenden psycholinguistischen und kognitionspsychologischen Erkenntnisse (vgl. Abschnitt 2.2) ist es klar, dass diese Form keineswegs eine »erleichterte Lektüre« erzeugt. Im Gegenteil: Für Frauen (also immerhin statistisch gesehen die Hälfte aller Personen, die den Text lesen) bedeutet diese Praxis ebenso wie die unkommentierte Verwendung des »generischen Maskulinums« eine erschwerte Lektüre, weil nicht aus den sprachlichen Formen selbst zu erkennen ist, wann sie »mitgemeint« sind und wann nicht.

Diese Fußnote trägt nichts zur Verbesserung der Gendergerechtigkeit des Textes bei und hat rein rechtfertigende Funktion: Sie ist ein Versuch, die Regeln gendergerechter Sprache einerseits zwar anzuerkennen, andererseits aber ihre Anwendung zu vermeiden, ohne dafür gescholten zu werden. Wir raten dazu, eine klare Entscheidung zu treffen: Wenn Sie der Überzeugung sind, dass das »generische Maskulinum« Frauen gleichberechtigt aufführt, wenn Sie ferner glauben, dass Ihre Leserinnen und Leser auch dieser Meinung sind, wenn Sie also meinen, dass diese sprachliche Form in der Tat die Funktion erfüllt, die ihr oft in traditioneller Orientierung zugesprochen wird, dann gibt es keinen Grund, die Verwendung der Form zusätzlich zu erläutern. In diesem Fall benötigen Sie diese Fußnote nicht.

Andererseits: Allein die Existenz dieser Fußnote, allein die gefühlte Notwendigkeit, sie setzen zu müssen, beweist, dass es eben nicht klar ist, wer gemeint ist, wenn in solchen Texten reine Maskulinformen stehen. Diese Fußnoten sind ein Hinweis auf die referenziellen Defizite dieser Form in dieser Vertextung.

Textbeispiel Abwechselnde Formulierungen

Es gibt eine andere Möglichkeit, diese Schwierigkeit bei der Bezeichnung nichtspezifischer Gruppen und gemischter Gruppen zu lösen. Sie kommt aus dem englischsprachigen Raum und besteht darin, in beliebiger Folge männliche und weibliche Berufsbezeichnungen und Pronomen zu mischen. Diese Praxis ist umstritten, da viele sich verwirrt und abgelenkt fühlen. Andere halten sie für eine gute Möglichkeit.

Ein konsequent durchgeführtes Beispiel gibt das folgende. In dem Werk wird in äußerst geschickter und vielfältiger Weise zwischen weiblichen und männlichen Bezeichnungen, Kollektivbezeichnungen, Neutralisierung sowie auch »generischem Femininum« und »generischem Maskulinum« gewechselt. Die Autoren benennen ihre Absicht explizit:

> **In den Formulierungen haben wir uns für einen willkürlichen Wechsel zwischen weiblicher und männlicher Form entschieden, gemeint sind immer beide Geschlechter. (S. 11)**

Die folgenden Ausschnitte, die die Umsetzung des Vorsatzes illustrieren, finden sich auf den Seiten 11 f.:

> **Ausbilderinnen und Kollegen des Instituts […], der wissenschaftliche Beirat des Instituts, Leserinnen, die uns wertvolle Kritik und Anregung gegeben haben, Klienten, Supervisanden und Kunden, die uns wertvolle Rückmeldungen gaben.**

Hier werden **Maskulin- und Femininformen abwechselnd** zur Bezeichnung aller verwendet. Daneben finden sich Neutralisierungen wie *Beirat,* im weiteren Text sind auch zahlreiche geschlechtsneutrale Bezeichnungen wie *Studierende* und *Auszubildende* verwendet.

Insgesamt ist ein solcher Text ein klares Bekenntnis zur Geschlechtergerechtigkeit und illustriert außerdem die vielfältigen Optionen, um Personen zu bezeichnen.

Fazit:

In diesen Texten wurden folgende **neuen Strategien** angewendet oder vorgeschlagen:

- **»Gender-Fußnote«**
- **Abwechselnde Verwendung von Maskulin- und Femininformen**

3.5 Normative Texte

Hier sind **Gesetze, Vorschriften, Verordnungen, Regelwerke** aller Art erfasst. Es handelt sich um Texte, die eine allgemeine Verbindlichkeit haben: Sie gelten für alle, die es betrifft, und sie schreiben normativ bestimmte Arten des Verhaltens vor. Im Grunde sind dies direktive Texte, doch ist kein spezifischer Personenkreis gemeint. Die Regel gilt immer dann, wenn der entsprechende Fall eintritt; es ist nicht spezifiziert, ob er eintritt und wer genau beteiligt ist.

Um hier Sicherheit bezüglich der Bedeutung und Referenz herzustellen, wird gerade zur Formulierung solcher Texte häufig die Nutzung gendergerechter Sprache vorgeschrieben – und oft auch die Auswahl der möglichen sprachlichen Formen hierzu festgelegt.

Die meisten Texte dieser Art verwenden die gebräuchlichen Optionen der Beidnennung, der Neutralisierungen und gelegentlich auch einiger Kurzformen. Allerdings zeigt sich in den folgenden Varianten von Promotionsordnungen, dass immer noch große Unterschiede bestehen und auch in diesem Bereich nicht selbstverständlich geschlechtergerecht formuliert wird.

Textbeispiel Promotionsordnung Universität Hannover

In unserem ersten Beispiel, der Promotionsordnung der Philosophischen Fakultät der Gottfried Wilhelm Leibniz Universität Hannover vom 16.12.2016, werden durchgängig Beidnennungen verwendet. Es heißt dort z. B.:

> **Verleihung des Grades einer Doktorin oder eines Doktors der Philosophie (Dr. phil.)**
> **die Forschungsdekanin bzw. der Forschungsdekan**
> **zwei Vertreterinnen oder zwei Vertreter der wissenschaftlichen Mitarbeiterinnen und Mitarbeiter**
> **die Promovendin oder der Promovend**

Dies verlängert den Text ohne Zweifel. Doch steht gerade bei Ordnungen und Vorschriften die referenzielle Richtigkeit und Genauigkeit an erster Stelle, sodass in solchen Texten auf jeden Fall – auch wenn sie nicht unter gesetzliche Regelungen fallen – auf korrektes Gendern geachtet werden muss.

Fazit:

In diesem Text wurde folgende Strategie angewendet:

- **Beidnennung:** *Doktorin oder Doktor, Forschungsdekanin oder Forschungsdekan, Doktorandinnen und Doktoranden, zwei Vertreterinnen oder zwei Vertreter der wissenschaftlichen Mitarbeiterinnen und Mitarbeiter, die Promovendin oder der Promovend*

Textbeispiel Promotionsordnung TU Braunschweig

Auch die Promotionsordnung der Carl-Friedrich-Gauß-Fakultät der TU Braunschweig ist entsprechend den Vorgaben des Landes geschlechtergerecht formuliert:

> **§ 1 Zweck der Promotion und Promotionsleistungen**
> **(1) […] Die Fakultät 1 verleiht gemäß § 9 Abs. 1 Niedersächsisches Hochschulgesetz (NHG) den Grad einer Doktorin bzw. eines Doktors der Naturwissenschaften (Dr. rer. nat.) oder den Grad einer Doktor-Ingenieurin bzw. eines Doktor-Ingenieurs (Dr.-Ing.)**
>
> **§ 7 Ständige Promotionskommission (SPK)**
> **(1) Der Fakultätsrat setzt ständige Promotionskommissionen (SPK) für jedes Department i. S. v. § 1 Abs. 1 Satz 1 ein. Die SPK sind für alle Belange bei der Durchführung der Promotionsverfahren zuständig, soweit in dieser Promotionsordnung nichts anderes bestimmt ist.**
> **(2) Die jeweilige SPK besteht aus drei Personen der Hochschullehrergruppe und einer promovierten Wissenschaftlichen Mitarbeiterin oder einem promovierten Wissenschaftlichen**

Mitarbeiter des jeweiligen Departments. § 42 NHG bleibt unberührt. Sie werden für die Dauer von zwei Jahren vom Fakultätsrat gewählt.
Die Mitglieder wählen aus ihrer Mitte die Vorsitzende oder den Vorsitzenden. Die Vorsitzende oder der Vorsitzende muss Mitglied der Hochschullehrergruppe sein. […]

Im Text werden systematisch Beidnennungen verwendet. Daneben treten neutralisierende Formen und Kollektivbegriffe bzw. Sachbezeichnungen auf, die zum Teil als Bezeichnung des entsprechenden Organs ohnehin vorgegeben sind: *Fakultätsrat, Personen, Mitglieder.*

Das Kompositum *Hochschullehrergruppe* behält im Text die Maskulinform bei. Hier kann leicht eine Substitution durch *Gruppe der Hochschullehrerinnen und Hochschullehrer* vorgenommen werden. Insgesamt fällt – wie sehr oft bei normativen Texten – die häufige wörtliche Wiederholung der Personenbezeichnungen auf, die bei Beidnennungen naturgemäß zu längeren Texten führt. Ein Beispiel ist der Beginn des letzten Absatzes: *Die Mitglieder wählen aus ihrer Mitte die Vorsitzende oder den Vorsitzenden. Die Vorsitzende oder der Vorsitzende muss* … In solchen Fällen wäre zu erwägen, ob nicht – unter Einhaltung der notwendigen Eindeutigkeit – Umformulierungen geeignet wären, den Text eleganter zu gestalten. In unserem Fall zum Beispiel als:

Die Mitglieder wählen aus ihrer Mitte die Vorsitzende oder den Vorsitzenden. Die gewählte Person muss …

Fazit:

In diesem Text wurden folgende Strategien angewendet oder vorgeschlagen:

- **Substantiviertes Partizip:** *die Vorsitzende oder der Vorsitzende*
- **Geschlechtsneutrale Personenbezeichnungen:** *Personen, Mitglieder, die gewählte Person*
- **Beidnennung:** *Grad einer Doktorin bzw. eines Doktors der Naturwissenschaften (Dr. rer. nat.), Grad einer Doktor-Ingenieurin bzw. eines Doktor-Ingenieurs (Dr.-Ing.), einer promovierten Wis-*

senschaftlichen Mitarbeiterin oder einem promovierten Wissenschaftlichen Mitarbeiter, die Vorsitzende oder den Vorsitzenden, Gruppe der Hochschullehrerinnen und Hochschullehrer

- **Sachbezeichnung:** *Fakultätsrat*

Textbeispiel Promotionsordnung TU Chemnitz

Im Gegensatz zu den beiden oben behandelten Promotionsordnungen ist die der Fakultät für Informatik der Technischen Universität Chemnitz **kein gutes Beispiel** für geschlechtergerechte Sprache.

> **[…] Nur zur Vereinfachung der Schreibweise verwendet diese Promotionsordnung Personenbezeichnungen männlichen Geschlechts. Diese Personenbezeichnungen gelten gleichermaßen für Personen beiderlei Geschlechts.**
>
> **I. Allgemeiner Teil**
> **§ 1 Promotionsrecht**
> **(1) Die Fakultät für Informatik verleiht für die Technische Universität Chemnitz als Ergebnis eines erfolgreichen Promotionsverfahrens den akademischen Grad Doktoringenieur (Dr.-Ing.) oder Doktor der Naturwissenschaften (Dr. rer. nat.). […]**
>
> **§ 5 Promotionsausschuss**
> **(1) Dem Promotionsausschuss gehören an:**
> **drei Hochschullehrer der Fakultät,**
> **ein promovierter akademischer Mitarbeiter,**
> **ein Student eines Master- oder Diplomstudiengangs der Fakultät mit beratender Stimme.**
> **(2) Die Mitglieder des Promotionsausschusses nach Absatz 1 Nr. 1 und 2 werden vom Fakultätsrat in der Regel für die Dauer von drei Jahren bestellt. Das Mitglied nach Absatz 1 Nr. 3 wird vom Fakultätsrat für die Dauer eines Jahres bestellt. Der Vorsitzende wird vom Dekan aus den Mitgliedern nach Absatz 1 Nr. 1 bestellt.**

Die Ordnung beginnt mit der schon an mehreren Stellen besprochenen allgemeinen Bemerkung, dass geschlechtergerechte Formulierungen aus bestimmten Gründen (hier »zur Vereinfachung der Schreibweise«) nicht verwendet werden und dass stattdessen ausschließlich »Personenbezeichnungen männlichen Geschlechts« Verwendung finden. Diese stünden »gleichermaßen für Personen beiderlei Geschlechts«. Unabhängig davon, dass diese Praxis inzwischen allgemein als veraltet und nicht gendersensibel gilt, belegen die in Abschnitt 2.2 dargestellten Forschungsergebnisse, dass die Annahme, Maskulinformen seien in der Lage, geschlechtsneutral zu referieren, falsch ist. Man kann sich fragen, wieso eine akademische Bildungs- und Forschungseinrichtung, die sicherlich auf ein innovatives und fortschrittsorientiertes Image Wert legt, sich an diesem wichtigen Punkt eine derart rückschrittliche Selbstdarstellung erlaubt.

Diese Frage drängt sich umso mehr auf, als durch unzählige Beispiele erwiesen ist, dass Ordnungen im universitären Bereich ohne Probleme geschlechtergerecht formuliert werden können. Kurz: Sämtliche Maskulinformen des obigen Textes – *Doktoringenieur (Dr.-Ing.) oder Doktor der Naturwissenschaften (Dr. rer. nat.), Hochschullehrer, ein promovierter akademischer Mitarbeiter, ein Student, der Vorsitzende, Dekan* – können leicht durch die schon mehrfach besprochenen Formen, hier wohl am besten jeweils Beidnennung, ersetzt werden. Auch die Sparschreibung mit Schrägstrich wäre als Variante an manchen Stellen möglich: *Doktoringenieur/-in (Dr.-Ing.)*.

Der Vergleich der dargestellten Promotionsordnungen verdeutlicht auf sehr drastische Weise die diskriminierende Wirkung der angeblich geschlechtsneutral referierenden Maskulinformen.

Fazit:

In diesem Text wurden folgende Strategien vorgeschlagen:

- **Beidnennung:** *Doktoringenieurin bzw. Doktoringenieur (Dr.-Ing.) oder Doktorin bzw. Doktor der Naturwissenschaften (Dr. rer. nat.), Hochschullehrerinnen und Hochschullehrer, eine promovierte akademische Mitarbeiterin bzw. ein promovierter akademischer Mitarbeiter, eine*

Studentin bzw. ein Student, der oder die Vorsitzende, die Dekanin oder der Dekan

- **Beidnennung in Kurzform:** *Doktoringenieur/-in*

Textbeispiel Grundordnung Universität Leipzig

Der folgende juristische Text (die Grundordnung der Universität Leipzig) ist eines der wenigen Beispiele, die durchweg die Femininform, also das **»generische Femininum«** verwenden.

Direkt an der Überschrift »Grundordnung der Universität Leipzig« (vom 6. August 2013) ist eine Fußnote angebracht, die lautet:

> **In dieser Ordnung gelten grammatisch feminine Personenbezeichnungen gleichermaßen für Personen männlichen und weiblichen Geschlechts. Männer können die Amts- und Funktionsbezeichnungen dieser Ordnung in grammatisch maskuliner Form führen.**

Die Ordnung selbst ist durchgängig in neutralen Formen oder im »generischen Femininum« formuliert. Ein typischer Paragraf sieht so aus:

> **§ 12 Senat**
> **(1) Dem Senat gehören an:**
> **1. als stimmberechtigte Mitglieder durch Wahl**
> **a) aus der Gruppe der Hochschullehrerinnen: 11 Personen**
> **b) aus der Gruppe der akademischen Mitarbeiterinnen: 4 Personen**
> **c) aus der Gruppe der Studierenden: 4 Personen**
> **d) aus der Gruppe der sonstigen Mitarbeiterinnen: 2 Personen**
> **2. mit beratender Stimme:**
> **a) die Rektorin**
> **b) die Kanzlerin**
> **c) die Prorektorinnen**
> **d) die Dekaninnen**
> **e) die Gleichstellungsbeauftragte**

(2) **Der Senat wird bei Berufungen von Professorinnen regelmäßig über die Funktionsbeschreibung der Professur, Ausschreibungstexte der Professur sowie die Zusammensetzung der Berufungskommission informiert.**

Hier wurde also die »traditionelle« Praxis der ausschließlichen Verwendung maskuliner Personenbezeichnungen gespiegelt, indem die femininen Formen »für alle« einstehen sollen. Der mediale Aufruhr, den diese Lösung verursachte, zeigt, wie problematisch die Praxis des »Mitmeinens« von Männern oder Frauen durch die jeweils andere Bezeichnung ist. Beim »generischen Maskulinum« ist diese Problematik nur aus Gewohnheit lange Zeit nicht aufgefallen. Auch die Wirkungslosigkeit bzw. Respektlosigkeit einer »Gender-Fußnote«, die hier ebenfalls spiegelbildlich zum typischen Gebrauch auf das »Mitgemeintsein« von Männern hinweist, wird gerade an diesem Beispiel durch die Umkehrung der traditionellen Rollenverteilung sehr deutlich.

Die zahlreichen Femininformen könnten leicht in Beidnennungen umgewandelt werden *(Hochschullehrerinnen und Hochschullehrer, Rektorin bzw. Rektor* usw.). Im Fall des Partizips im Singular könnte man sich auch für die verkürzte Form der Beidnennung, also z. B. *die/der Gleichstellungsbeauftragte* entscheiden. Geschlechtsneutrale Formen wie *Mitglieder* und *Studierende* (Partizip im Plural) bedürfen selbstverständlich keiner Veränderung.

Fazit:

In diesem Text wurden folgende Strategien angewendet oder vorgeschlagen:

- **»Genderfußnote«** zum **»generischen Femininum«**
- **Substantiviertes Partizip im Plural:** *die Studierenden*
- **Beidnennung:** *Hochschullehrerinnen und Hochschullehrer, Mitarbeiterinnen und Mitarbeiter, Rektorin bzw. Rektor, Kanzlerin bzw. Kanzler, Prorektorinnen und Prorektoren, Dekaninnen und Dekane, Professorinnen und Professoren*
- **Verkürzte Beidnennung:** *die/der Gleichstellungsbeauftragte*

Textbeispiel Beistandspflichten für Notare

Zur Verdeutlichung der Problematik der »Genderfußnote« sei abschließend noch ein Beispiel aus einem anderen Tätigkeitsfeld angeführt. In dem »Merkblatt für Notare über Beistandspflichten« der Oberfinanzdirektion Frankfurt am Main vom Dezember 2016 wird ausschließlich die Maskulinform »Notar« bzw. »Notare« verwendet, z. B. in »Merkblatt über die steuerlichen Beistandspflichten der Notare«, »Absendevermerk des Notars«, »der Notar ist verpflichtet …«. Dieses Verfahren wird in den Vorbemerkungen mit der uns schon bekannten »Frauen sind mitgemeint«-Anmerkung kommentiert:

> **Geschlechterspezifische Bezeichnungen werden aus Vereinfachungsgründen lediglich in der männlichen Form verwendet.**

Auch mit diesem Text liegt in Sachen Geschlechtergerechtigkeit ein Negativbeispiel vor. Es ist allgemein akzeptiert, dass gerade Vorschriftentexte grundsätzlich nicht primär der Forderung nach »Vereinfachung« folgen können und dürfen, sondern maximale Explizitheit und Richtigkeit anstreben müssen, sodass die angeführte »Begründung« hier noch weniger akzeptabel ist als in anderen Texten. Kurz: Diese Lösung ist unter dem Gesichtspunkt der gendergerechten Sprache und dem Gebot der Nicht-Diskriminierung **inakzeptabel.**

Als Lösung ergibt sich hier wie in den bereits besprochenen Fällen die Löschung der »Genderfußnote« und die konsequente Beidnennung *Notarin bzw. Notar* und *Notarinnen und Notare.*

Fazit:

In diesem Text wurden folgende Strategien angewendet oder vorgeschlagen:

- **Genderfußnote:** … *aus Vereinfachungsgründen lediglich in der männlichen Form …*
- **Beidnennung:** *Notarinnen und Notare, die Notarin bzw. der Notar*

Textbeispiel Zwei Versionen der Straßenverkehrsordnung

An den folgenden beiden Textauszügen aus der Straßenverkehrsordnung lässt sich die Wirkung der Überarbeitung eines Textes unter dem Gesichtspunkt der Geschlechtergerechtigkeit nochmals anschaulich nachverfolgen (wie schon beim Leitbild Klinik, S. 185 f.).

> **Auszug aus der Straßenverkehrsordnung**
>
> **§ 5 StVO, gültig bis 31.03.2013**
> **Wer zum Überholen ausscheren will, muss sich so verhalten, dass eine Gefährdung des nachfolgenden Verkehrs ausgeschlossen ist. Beim Überholen muss ein ausreichender Seitenabstand zu anderen Verkehrsteilnehmern, insbesondere zu Fußgängern und zu Radfahrern, eingehalten werden. Der Überholende muss sich so bald wie möglich wieder nach rechts einordnen. Er darf den Überholten nicht behindern.**
>
> **§ 5 StVO, gültig ab 01.04.2013**
> **Wer zum Überholen ausscheren will, muss sich so verhalten, dass eine Gefährdung des nachfolgenden Verkehrs ausgeschlossen ist. Beim Überholen muss ein ausreichender Seitenabstand zu anderen Verkehrsteilnehmern, insbesondere zu den zu Fuß Gehenden und zu den Rad Fahrenden, eingehalten werden. Wer überholt, muss sich so bald wie möglich wieder nach rechts einordnen. Wer überholt, darf dabei denjenigen, der überholt wird, nicht behindern.**

Da diese Passage sehr viele Personenbezeichnungen enthält und da sie aufgrund der in der zweiten Version gewählten Partizipialkonstruktionen *zu den zu Fuß Gehenden* und *zu den Rad Fahrenden* öffentlich intensiv diskutiert wurde, lohnt hier in jedem Fall eine ausführlichere Besprechung.

Zu Recht beibehalten wird die Bezugnahme auf eine unbestimmte Person mit dem Indefinitpronomen *wer* (vgl. hierzu Abschnitt 2.1, S. 71, 77 f.). Diese Technik wird im überarbeiteten Text erneut angewendet, um die Maskulinform der ersten Version zu vermeiden – aus *Der Überholende* wird also *Wer überholt* und aus *Er* wird *Wer überholt*.

Der Versuch, den Ausdruck *den Überholten* mittels *denjenigen, der überholt wird* geschlechtergerecht zu verbessern, scheitert jedoch, da auch in der zweiten Version mit *denjenigen, der* eine reine Maskulinform vorliegt, die jedoch nicht spezifisch männlich referierend gemeint sein kann. Hier wäre eine Ersetzung oder ein Plural leicht möglich:

die Person, die überholt wird
diejenigen, die überholt werden

Die Substitution von Ableitungen auf *-er* oder anderen Maskulinformen durch Partizipien im Plural ist, wie wir gesehen haben, oft eine gute Wahl. Sie wirft jedoch Fragen auf, wenn Objekte oder andere Satzglieder integriert werden sollen. Dies liegt vor in den Konstruktionen *zu Fuß Gehende* und *Rad Fahrende*. Wenn diese Konstruktion mit der voranstehenden adverbiellen Bestimmung als unelegant angesehen wird, bietet es sich an, eine andere Konstruktion zu wählen:

Personen, die zu Fuß oder mit dem Rad unterwegs sind
Personen, die zu Fuß gehen oder Rad fahren

Interessant ist, dass die Maskulinform *zu anderen Verkehrsteilnehmern* nicht ersetzt wurde. Dies könnte daran liegen, dass *Verkehrsteilnehmer* als in irgendeiner Weise juristisch relevanter Ausdruck betrachtet wird. Auch diese Form könnte jedoch ersetzt werden, entweder durch Beidnennung *(zu anderen Verkehrsteilnehmerinnen und Verkehrsteilnehmern)* oder durch *zu anderen (Personen), die am Verkehr teilnehmen*. An der genannten Stelle könnte sogar einfach der Ausdruck *zu anderen* ohne weitere Spezifizierung stehen.

Wir schlagen daher eine weitere Version dieses berühmten Paragrafen der Straßenverkehrsordnung vor:

Wer zum Überholen ausscheren will, muss sich so verhalten, dass eine Gefährdung des nachfolgenden Verkehrs ausgeschlossen ist. Beim Überholen muss ein ausreichender Seitenabstand zu anderen, insbesondere zu Personen, die zu Fuß

gehen oder mit dem Rad fahren, eingehalten werden. Wer überholt, muss sich so bald wie möglich wieder nach rechts einordnen. Wer überholt, darf dabei diejenigen, die überholt werden, nicht behindern.

Wir sehen: Es gibt viele Möglichkeiten, um Maskulinformen, die allgemein referieren sollen (dies jedoch nicht tun, vgl. Abschnitte 1 und 2.7), zu vermeiden.

An dieser Stelle nochmals ein Wort zur Substantivierung von Partizipien: Gelegentlich wird behauptet, diese würden sich nicht als Personenbezeichnungen eignen, da sie auch in substantivierter Form immer noch die unterschiedlichen Verlaufseigenschaften des zugrunde liegenden Verbs enthielten. Dies ist eindeutig NICHT der Fall, wie wir schon in Abschnitt 2.4 (S. 130) ausgeführt haben. Es gibt Vorsitzende und Vorgesetzte, Lebende (und Tote), Beschäftigte und Arbeitsuchende usw. Niemand käme auf die Idee, diese Wortbildungen als falsch zu bezeichnen. Im Übrigen ist das häufig kritisierte substantivierte Partizip *die Studierenden* keine neue Erfindung. Ein Dokument aus dem Jahr 1801 lautet:

> **»Verzeichniß der Studierenden, welche sich in dem churfürstlichen Schulhause zu München durch Talent und Fleiß ausgezeichnet und Preise erhalten haben, im Jahre 1801, den 30ten August« (Königliches Schulhaus München: Zaengl, 1801, aus der gleichnamigen Reihe 1779–1802, Digitalisat, Bayerische Staatsbibliothek).**

Fazit:

In diesem Text wurden folgende Strategien angewendet oder vorgeschlagen:

- **Beidnennung:** *Verkehrsteilnehmerinnen und Verkehrsteilnehmer*
- **Geschlechtsneutrale Personenbezeichnungen:** *Personen, diejenigen, andere*
- **Substantivierte Partizipien im Plural:** *zu Fuß Gehende, Rad Fahrende*
- **Relativsätze:** *wer überholt, Personen, die …, diejenigen, die …*

3.6 Berichte

Texte dieser Art stellen Ereignisse oder Geschehnisse dar, die entweder vergangen sind oder aktuell stattfinden. Typische Textsorten mit dieser Funktion sind Protokolle, Reportagen, Geschäftsberichte, Nachrichtenmeldungen usw. Im Folgenden handelt es sich um den Bericht eines Unternehmens über eigene Aktivitäten:

Textbeispiel Schilderung

> **Unsere Mitarbeiter haben z. B. einen Ausflug mit Bewohnern eines Altenheims begleitet und dienten ihren älteren Ausflugspartnern dabei als Koordinationshilfe, Unterstützer, Ansprechpartner und natürlich als netter Partner zum Plaudern.**

Es handelt sich hier um ein konkretes Ereignis in der Vergangenheit. Man fragt sich, welche Personen an dem Ausflug beteiligt waren. War es eine reine Männerveranstaltung (wie es sie ja durchaus, z. B. bei Vatertagsausflügen, gibt)? Oder beziehen sich die Maskulinformen auch auf Frauen? Alle Maskulinformen? War der »nette Partner zum Plaudern« in jedem Fall männlich?

Der Text lässt all dies offen. Er weist eine hohe referenzielle Unschärfe auf und ist unter Gendergesichtspunkten in dieser Form inakzeptabel.

Vorschlag mit gendergerechten Benennungen:

> **Unser Team hat z. B. einen Ausflug mit Bewohnerinnen und Bewohnern eines Altenheims begleitet und diente den Seniorinnen und Senioren dabei als Koordinationshilfe und Unterstützung. Besonderes Vergnügen aber bereitete allen Beteiligten die Möglichkeit zum Gedankenaustausch und zum netten Plaudern.**

Selbstverständlich sind noch viele andere Varianten denkbar, um diesen Bericht gendergerecht zu gestalten.

Fazit:

In diesem Text wurden folgende Strategien angewendet oder vorgeschlagen:

- **Beidnennung:** *Bewohnerinnen und Bewohner, Seniorinnen und Senioren*
- **Geschlechtsneutrale Personenbezeichnungen:** *Koordinationshilfe, Team*
- **Sachbezeichnung:** *Unterstützung*
- **Substantiviertes Partizip im Plural:** *alle Beteiligten*
- **Umformulierung:** *Möglichkeit zum Gedankenaustausch*

Textbeispiel Protokoll

Im universitären Kontext findet man in **Protokollen** von Berufungskommissionen oder Ähnlichem nicht selten die Namen der Beteiligten in der Form wiedergegeben, dass die akademischen Titel und Nachnamen genannt sind, die Vornamen jedoch nur mit Initialen wiedergegeben werden. Also z. B.:

> **Anwesend:**
> **Gruppe der Professorinnen und Professoren:**
> **Prof. Dr. M. Ambach, Prof. Dr. T. Einweg, Prof. Dr. S. Imbusch, Prof. Dr. I. Obersee, Prof. Dr. K. Umberg**

Auch die Aufzeichnungen über den Ablauf des Verfahrens bzw. der Verhandlungen, also wer wann wo eingeladen war, vorgetragen hat, sich in welcher Weise geäußert hat, enthalten oft Namen, die in dieser Weise neutralisiert sind.

Die Geschlechtszugehörigkeit der beteiligten Personen wird dadurch übergangen und man könnte sich zunächst über diese Art der Gleichstellung freuen – die Frage des Geschlechts ist ja in der Tat für die Fähigkeit zur Mitwirkung in einer Kommission, zur Übernahme einer Professur oder dergleichen mehr nicht relevant.

Zu bedenken ist in solchen – institutionellen – Kontexten jedoch Folgendes: Die Gesetzeslage schreibt für die Besetzung von Kommissionen und anderen Gremien oft **Quoten** bzw. paritätische Besetzung vor, insbesondere in denjenigen Gruppen, die die Führungsebene repräsentieren. Diese Bestimmungen sind oft »Sollbestimmungen«. Die scheinbare Neutralität durch Tilgung der geschlechtsspezifischen Namensbestandteile kann in solchen Fällen dazu dienen, zu verschleiern, dass keine oder zu wenige Frauen in den entscheidenden Gruppen beteiligt sind. Dass dies nicht im Sinne der Geschlechtergerechtigkeit ist, dürfte deutlich sein. In solchen Fällen ist darauf zu bestehen, das Geschlecht der Mitglieder explizit zu machen.

Fazit:

In diesem Text wurden folgende Strategien angewendet oder vorgeschlagen:

- **Beidnennung:** *Professorinnen und Professoren*
- **Kurzformen:** *Prof. Dr.*

Textbeispiel Nachricht

In **Reportagen** und **Nachrichtenmeldungen** werden oft Gruppenbezeichnungen für die Darstellung von Sachverhalten und Ereignissen gebraucht:

> **Ein Problem im Stadtteil sind die Häuser, in denen Osteuropäer wohnen. Hier herrschen chaotische Zustände.**

Der Ausdruck *Osteuropäer* meint hier nicht nur Männer, sondern »osteuropäische Männer, Frauen, Kinder«. Wie könnte man hier besser formulieren? Abgesehen davon, dass solche Statements zuallererst auf ihren latenten Rassismus hin überprüft werden sollten, ist eine mögliche Lösung: »Menschen aus Osteuropa«, also:

> **Ein Problem im Stadtteil sind die Häuser, in denen Menschen aus Osteuropa wohnen …**

Durch diese Wahl wird auch der Rassismus – zumindest dieses Satzes – etwas entschärft.

Fazit:

In diesem Text wurde folgende Strategie angewendet oder vorgeschlagen:

- **Geschlechtsneutrale Personenbezeichnung:** *Menschen aus Osteuropa*

Textbeispiel Pressemitteilung

Dieser Bericht über das Ergebnis wissenschaftlicher Studien wurde als Pressemitteilung von der Humboldt-Universität zu Berlin herausgegeben. Es handelt sich um einen alltagssprachlichen und nicht um einen fachwissenschaftlichen Text.

> **Ältere nehmen heute ihr Leben als selbstbestimmter wahr als frühere Generationen […]**
> **[…] Die heute 65-Jährigen empfinden im Durchschnitt erheblich weniger Einschränkungen in ihrem Kontrollerleben als die 65-Jährigen vor 18 Jahren. […]**
> **Danach haben mehrere Bevölkerungsgruppen, die in ihrer wahrgenommenen Kontrolle früher benachteiligt waren (wie etwa ältere Erwachsene und Frauen), aufgeholt – während die Lücke für andere Bevölkerungsgruppen in diesem Bereich zuzunehmen scheint.**
> **Die Wissenschaftler bringen das gesteigerte Kontrollempfinden mit soziokulturellen Faktoren wie dem gesteigerten Bildungsniveau in Verbindung. […] Ähnliche Befunde wie für die USA konnte die Forschergruppe um Dr. Johanna Drewelies (HU) auch bei älteren Menschen in Deutschland und den Niederlanden aufzeigen.**
> **Die Forscher nutzten repräsentative Daten von US-Bürgerinnen und -Bürgern, die im Rahmen der Midlife in the US Study (MIDUS) nach ihrem Kontrollerleben befragt wurden. […]**

In diesem Text ist das Bemühen um geschlechtergerechte Formen deutlich wahrnehmbar. Es werden Partizipien im Plural verwendet *(Ältere),* ebenso neutralisierende Ausdrücke wie *ältere Erwachsene* und *ältere Menschen,* die vermutlich Maskulinformen wie *Senioren* vermeiden. Daneben findet sich auch die Beidnennung *US-Bürgerinnen und -Bürgern.*

Dennoch kann dieser Text nicht uneingeschränkt als gutes Beispiel für geschlechtergerechte Sprache betrachtet werden. Dies liegt an der merkwürdigen Zweiteilung der Benennung von Personen: Die untersuchten Personengruppen werden geschlechtergerecht benannt, doch sobald von den Personen die Rede ist, die diese Untersuchung durchgeführt haben, wird ausschließlich die Maskulinform verwendet: *Die Wissenschaftler bringen …, Die Forscher nutzen …* Selbst die Gruppe, die offensichtlich von einer Frau geleitet wird *(Dr. Johanna Drewelies),* erscheint als *Forschergruppe.* Die Bereitschaft, gendergerecht zu formulieren, nimmt offenbar ab, wenn von statushohen agierenden Personen die Rede ist im Gegensatz zu den (eher passiv konzeptualisierten) Versuchspersonen.

Analoge Beobachtungen konnten bei einer Untersuchung von Personenbezeichnungen in Texten aus dem medizinischen Bereich gemacht werden (Ivanov / Lange / Tiemeyer 2018): Während geschlechtergerechte Bezeichnungen wie *Patientinnen und Patienten* oder *ErzieherInnen* angetroffen werden, ist bei statushohen Funktionen fast ausnahmslos die Maskulinformen (z. B. *Ärzte*) zu finden. Man kann vermuten, dass hier gesellschaftliche Genderrollen durchschlagen, die in den angeseheneren Berufsgruppen immer noch das Prinzip des Männlichen als Norm wiederholen.

In obigem Text könnten diese Maskulinformen sehr leicht ersetzt werden: *Forscher* und *Wissenschaftler* jeweils durch Beidnennung und *Forschergruppe* durch eine Abstraktion:

Die Forscherinnen und Forscher nutzten …
Die Wissenschaftler und Wissenschaftlerinnen …
die Forschungsgruppe / das Forschungsteam um …

Fazit:

In diesem Text wurden folgende Strategien angewendet oder vorgeschlagen:

- **Beidnennung:** *US-Bürgerinnen und -Bürger, Forscherinnen und Forscher, Wissenschaftlerinnen und Wissenschaftler*
- **Geschlechtsneutrale Personenbezeichnungen:** *(ältere) Menschen, Forschungsgruppe/Forschungsteam*
- **Substantivierte Adjektive im Plural:** *Ältere, Erwachsene*

Textbeispiel Reportage

Ein langer Artikel der taz zum Thema »Mobilität von morgen« enthält eine sehr beeindruckende Vielzahl von Varianten. Hier ist eine stark gekürzte Version des Textes:

> **Raum für neue Playerinnen**
> **Stadtplanerinnen wollen das Beste aus der Fahrrad- und der Autowelt vereinen. Spannend ist, was Branchenfremden dazu einfällt.**
> **BERLIN taz | Noch eine Woche lang schauen Autofreaks nach Genf: »Wir sind schon mittendrin in der Verkehrswende«, sagt Katharina Fölsche vom Berliner Start-up GreenPack. […] Also vermietet das junge Unternehmen Akkus an Handwerkerinnen, Fahrerinnen von Pedelecs oder E-Rollern. Das Geschäftsmodell lautet »Battery as a Service«: Die Kunden zahlen nicht dafür, […]. GreenPack stellt Ladestationen […] auf, […], in denen die vollen Akkus warten und von den Mieterinnen gegen leere Akkus ausgetauscht werden können.**
> **Ein möglicher Kunde könnte das 2017 ebenfalls in Berlin gegründete Unternehmen Ono mit zurzeit 14 Mitarbeitern sein. […] Ab Juli sollen sie in Berlin und Hamburg in Pilotprojekten getestet werden, in Zusammenarbeit mit »namhaften Playern der Paketbranche«, sagt Luise Braun, Verkehrsplanerin bei Ono. […] »Pedelecs sind eine gute Lösung für den Wirtschaftsverkehr«, sagt sie, »jetzt ist entscheidend, dass sich Bevölkerung und Unternehmen für neue Mobilitätskonzepte öffnen«.**
> **[…] Über eine App können Kundinnen dann Fahrzeuge stunden-, tage- oder wochenweise mieten.**

[…] Je nachdem, zu welchem Zweck es wohin geht, wählen die Verkehrsteilnehmenden etwa Bus, Bürgersteig oder Roller. […]

Dieser Text zeichnet sich durch große Varianz der verwendeten Formen aus. Auffällig ist vor allem der Wechsel von femininen und maskulinen Formen, die gleichermaßen zur geschlechterübergreifenden Referenz verwendet werden. So treten *Playerinnen* und *Player, Kunden* und *Kundinnen, Mitarbeiter* und *Mieterinnen* auf. Insgesamt überwiegen die Femininformen im übergreifenden Gebrauch *(Stadtplanerinnen, Handwerkerinnen, Fahrerinnen).* Dass bei spezifisch weiblicher Referenz in der Apposition ein femininer Ausdruck steht, kann in diesem Kontext als selbstverständlich gelten *(Luise Braun, Verkehrsplanerin).* Darüber hinaus werden Adjektive und Partizipien im Plural gebraucht *(Branchenfremde, Verkehrsteilnehmende).* Auch geschlechtsneutrale Personenbezeichnungen und Sachbezeichnungen finden Anwendung *(Autofreaks, Bevölkerung, Unternehmen).*

Insgesamt liegt hier ein Text vor, der eindeutig darauf zielt, nicht nur Männer als Handelnde im Text hervortreten zu lassen.

Fazit:

In diesem Text wurden folgende Strategien angewendet oder vorgeschlagen:

- **Abwechslung von weiblichen und männlichen Formen** zur geschlechtsübergreifenden Referenz: *Playerinnen, Player, Kunden, Kundinnen, Mitarbeiter, Mieterinnen, Stadtplanerinnen, Handwerkerinnen, Fahrerinnen*
- **Geschlechtsneutrale Personenbezeichnungen:** *Autofreaks, Bevölkerung*
- **Substantivierte Adjektive/Partizipien im Plural:** *Branchenfremde, Verkehrsteilnehmende*
- **Sachbezeichnung:** *Unternehmen*

Textbeispiel Mitteilungsblatt

Das in regelmäßigen Abständen erscheinende Mitteilungsblatt einer Forstbetriebsgemeinschaft berichtet über vergangene Ereignisse und geplante Vorhaben (gekürzt):

> **Sehr geehrte Mitglieder, sehr verehrte Waldbesitzerinnen und Waldbesitzer,**
> **mit diesem Mitteilungsblatt möchten wir Sie sehr herzlich zu unserer Jahreshauptversammlung [...] einladen. [...] Derzeit steht die Bewirtschaftung unserer Wälder wieder stark im Fokus von Waldschutzorganisationen, allen voran einer Bürgerinitiative »Waldschutz«, welche von selbsternannten Experten aus dem Nürnberger Land mit gegründet wurde und oft mit eindimensionaler und unklarer Argumentation Stimmung gegen uns Waldbesitzer und die Forstwirtschaft allgemein macht. [...] Schade ist es auch, dass im letzten Mitteilungsblatt des Bund Naturschutz ein sehr kritischer Artikel zu diesem Themenkomplex aus der Feder unserer Projektpartner vom Naturschutzzentrum Wengleinpark erschienen ist. [...]**
> **Die Gutachten zur Situation der Waldverjüngung sowie die Empfehlungen zur Abschusshöhe seitens des AELF sind erstellt und an die beteiligten Personen bzw. Organisationen (Jagdvorstand, Jagdpächter, Jagdbehörde) verteilt. Jetzt können Sie als Waldbesitzer wieder Einfluss nehmen! Bitte bringen Sie sich ein und diskutieren Sie mit Ihren Jägern und Mitgenossen über die Situation vor Ort und die notwendigen Maßnahmen in Ihren Wäldern. [...]**

Die Anrede erfolgt hier geschlechtergerecht durch die neutrale Form *Sehr geehrte Mitglieder* und die Beidnennung *Sehr verehrte Waldbesitzerinnen und Waldbesitzer* sowie die direkte höfliche Anrede mit *Sie*. Gegen Ende wird die direkte Ansprache wieder aufgenommen: *Bitte bringen Sie sich ein und diskutieren Sie mit Ihren* ... Über weite Passagen wird jedoch auf eine geschlechtergerechte Formulierung verzichtet: Es werden vorwiegend Maskulinformen verwendet *(Experten, Jagdpächter, Waldbesitzer, Jäger, Mitgenossen).* Der Ausdruck

Projektpartner (Plural) bezieht sich mit großer Wahrscheinlichkeit ebenfalls auf Personen. Bei all diesen Maskulinformen würde es sich anbieten, die eine oder andere Beidnennung einzufügen oder, wie im vorherigen Text, maskuline und feminine Formen abwechselnd zu verwenden. Auch andere Optionen bieten sich an: Statt *Experten* könnte *Fachleute* stehen, wobei damit der wohl intendierte ironische Unterton verloren gehen würde. Die Passage *Jetzt können Sie als Waldbesitzer wieder Einfluss nehmen! Bitte bringen Sie sich ein und diskutieren Sie mit Ihren Jägern und Mitgenossen* könnte ersetzt werden durch:

> **Jetzt können Sie als Waldbesitzer und Waldbesitzerinnen wieder Einfluss nehmen! Bitte bringen Sie sich ein und diskutieren Sie mit allen Beteiligten**

Als geschlechtsneutrale Personenbezeichnungen finden sich *Jagdvorstand* und *Personen.* Als Sachbezeichnungen treten *Waldschutzorganisationen, Bürgerinitiative* und *Forstwirtschaft* auf.

Fazit:

In diesem Text wurden folgende Strategien angewendet oder vorgeschlagen:

- **Beidnennung:** *Waldbesitzerinnen und Waldbesitzer*
- **Direkte Anrede:** Höflichkeitsform *Sie*, Possessivpronomen *Ihren*
- **Geschlechtsneutrale Personenbezeichnungen:** *Mitglieder, Personen, Jagdvorstand, Fachleute*
- **Sachbezeichnungen:** *Waldschutzorganisationen, Bürgerinitiative, Forstwirtschaft*
- **Abwechslung von weiblichen und männlichen Formen** zur geschlechtsübergreifenden Referenz: *Expertinnen, Jagdpächter, Jägerinnen, Mitgenossen*
- **Substantiviertes Partizip im Plural:** *mit allen Beteiligten*

3.7 Stellenangebote

Für Stellenanzeigen haben wir eine eigene Abteilung eingerichtet, da hier die Relevanz einer geschlechtergerechten Adressierung besonders hoch ist. Es handelt sich nicht unbedingt um konkrete Stellenangebote, sondern auch allgemein um Texte, die sich an Menschen richten, die sich für die Mitarbeit in einer bestimmten Institution interessieren.

Auf den Homepages von Institutionen geht es meist darum, Aufmerksamkeit zu erwecken, sei es, um neue Beschäftigte zu interessieren, sei es, um Aufträge zu erhalten oder Mitglieder zu gewinnen. Hier ein paar zwar ausgewählte, aber typische Beispiele aus verschiedenen Bereichen des öffentlichen, geschäftlichen und Vereinslebens. Dabei können wir nur kleine Ausschnitte angeben, die wir aber für typisch halten.

Textbeispiel Polizei

Die Polizei Hessen etwa hat eine eigene Internetseite eingerichtet, die sich an Menschen richtet, die an einer Ausbildung oder einem Studium bei der Polizei interessiert sind. Einige typische Textpassagen:

> **Jetzt geht's um Dich!**
> **PolizistIn ist nicht gleich PolizistIn. Nach einem erfolgreichen Studium steht Dir prinzipiell die ganze Welt des Polizeiberufs offen. Aber welche Möglichkeiten gibt es überhaupt? Und was sind eigentlich die Unterschiede zwischen Schutz- und Kriminalpolizei? Schau es Dir an!**
> **[…] Für EU-Bürgerinnen und EU-Bürger gelten die gleichen Voraussetzungen wie für Deutsche. Bewerberinnen und Bewerber aus Nicht-EU-Ländern müssen darüber hinaus […]**
> **Die Schutzpolizei hat im Alltag den sichtbarsten Auftritt für die Bürgerinnen und Bürger – nicht zuletzt aufgrund der Streifen-Fahrzeuge und Uniformen. Als SchutzpolizistIn bietest Du rund**

um die Uhr Schutz und Sicherheit und bist als vertrauensvoller Ansprechpartner zur Stelle. […] Wenn unter dem Polizeinotruf 110 Hilfe gerufen wird, bist Du als SchutzpolizistIn zuerst an Ort und Stelle.
Die Polizeiakademie Hessen (HPA) nimmt auch die Funktion der »Einstellungsbehörde« für die den Polizeiberuf studierenden Polizeikommissaranwärterinnen und -anwärter der hessischen Polizei wahr.
Das Studierendenmanagement ist zuständig für beamten- und statusrechtliche Fragen der Studierenden.
Bitte wenden Sie sich bei Fragen […] an die jeweiligen Standortsachbearbeiter.
Ist ein Gespräch bei der Einstellungsberatung vor meiner Bewerbung wichtig? Die Einstellungsberaterinnen und Einstellungsberater in Hessen stehen Dir bei allen Fragen rund um den Polizeiberuf […] als kompetente Ansprechpartnerinnen und -partner beratend zur Seite.

Diese Textstellen scheinen weitgehend den Anforderungen des geschlechtergerechten Formulierens zu genügen, die geschickte direkte Anrede fällt besonders auf und ist bei der Ansprache natürlich auch passend. Es gibt nur wenige Stellen, an denen ein Maskulinum steht, das ohne Probleme ersetzt werden könnte: *Standortsachbearbeiter* etwa könnte man – wie bei *Einstellungsberatung* geschehen – in einer neutralen Variante bringen: *Standortsachbearbeitung. Ansprechpartner* könnte ebenfalls wie an zahlreichen anderen Stellen schlicht mit der femininen Form ergänzt werden – da an dieser Stelle kein Platzmangel herrscht, ein eleganter Weg, auch hier weibliche Personen für die Schutzpolizei zu interessieren:

Als SchutzpolizistIn bietest Du rund um die Uhr Schutz und Sicherheit und bist als vertrauensvoller Ansprechpartner bzw. vertrauensvolle Ansprechpartnerin zur Stelle.

Genauso könnte man hier aber auch auf verschiedene Weise umformulieren:

> **Als SchutzpolizistIn bietest Du rund um die Uhr Schutz und Sicherheit und bist zur Stelle, wenn Du gebraucht wirst.**
> **Als SchutzpolizistIn bietest Du rund um die Uhr Schutz und Sicherheit und bist zur Stelle, wenn jemand vertrauensvoll Hilfe sucht.**

Fazit:

In diesem Text wurden folgende Strategien angewendet oder vorgeschlagen:

- **Direkte Anrede:** Vertraute Anrede *Jetzt geht's um Dich, steht Dir,* Höflichkeitsform *wenden Sie sich*
- **Binnen-I:** *PolizistIn, SchutzpolizistIn*
- **Beidnennung:** *EU-Bürgerinnen und EU-Bürger, Bewerberinnen und Bewerber, Polizeikommissaranwärterinnen und -anwärter, Ansprechpartnerinnen und -partner*
- **Sachbezeichnung:** *Polizei, Polizeiberuf, Einstellungsberatung*
- **Umformulierungen:** *die den Polizeiberuf studierenden …, wenn Du gebraucht wirst, wenn jemand vertrauensvoll Hilfe sucht*
- **Substantivierte Adjektive und Partizipien im Plural:** *Deutsche, Studierende, Studierendenmanagement*

Textbeispiel Stadt

Auch Städte möchten sich als attraktive Arbeitgeber präsentieren, hier ein Beispiel einer Landeshauptstadt:

> **Bei uns arbeiten mehr als 6000 Menschen in unterschiedlichen Berufen. Damit sind wir nicht nur einer der größten, sondern auch einer der vielfältigsten Arbeitgeber der Region. Das gilt für Auszubildende, Quereinsteigerinnen und Quereinsteiger sowie erfahrene Fachkräfte. Wir haben für jede Person die richtige Stelle.**
> **Neben den typischen Verwaltungsberufen arbeiten unsere Mitarbeiterinnen und Mitarbeiter unter anderem im**

Erziehungswesen, bei der Feuerwehr, als Sozialarbeiterin und Sozialarbeiter, als Ingenieurin oder Ingenieur oder als Tierpflegerin und Tierpfleger. […]
Tagtäglich erbringen wir mit Spaß und Engagement Dienstleistungen für die circa 290 550 Bürgerinnen und Bürger dieser Stadt. Dies ist nur möglich, wenn wir unseren Mitarbeitenden eine Arbeitsumgebung schaffen, in der sie und ihre Gesundheit nachhaltig gefördert und geschützt werden. Jede und jeder Einzelne spielt hierbei eine wichtige Rolle. […]
Klingt interessant? Dann werfen Sie einen Blick in unsere aktuellen Stellenausschreibungen. Wir freuen uns auf Ihre Bewerbung.

Diesr Text ist in hervorragender Weise und mit verschiedenen Strategien geschlechtergerecht formuliert: Neben der individuellen Ansprache mittels der Beidnennung finden sich von geschlechtsneutralen Formen über die direkte Anrede und Sachbezeichnungen bis zu substantiviertem Adjektiv und Partizip diverse Möglichkeiten, wie wir sie Ihnen in Abschnitt 2.4 vorgestellt haben.

Fazit:
In diesem Text wurden folgende Strategien angewendet oder vorgeschlagen:

- **Beidnennung:** *Quereinsteigerinnen und Quereinsteiger, Mitarbeiterinnen und Mitarbeiter, Sozialarbeiterin und Sozialarbeiter, Ingenieurin oder Ingenieur, Tierpflegerin und Tierpfleger, Bürgerinnen und Bürger, jede und jeder*
- **Geschlechtsneutrale Personenbezeichnungen:** *Menschen, Fachkräfte, Person*
- **Sachbezeichnung:** *im Erziehungswesen, bei der Feuerwehr, Wirtschaftsförderung, Pressereferat*
- **Substantivierte Partizipien und Adjektive im Plural:** *Auszubildende, jede und jeder Einzelne*
- **Direkte Anrede:** Höflichkeitsform *werfen Sie einen Blick,* Possessivpronomen *Ihre Bewerbung*

Textbeispiel Unternehmen

Nun wollen wir uns Texte eines privaten Unternehmens ansehen, die sich an potenzielle Bewerberinnen und Bewerber für verschiedene Stellen im Unternehmen richten. Werfen wir zunächst einen Blick auf die ausführliche und dennoch sehr übersichtlich gestaltete Homepage dieser Firma: Man hat wie üblich die Wahl zwischen verschiedenen Unterpunkten – uns interessiert das Unternehmen »als Arbeitgeber« (hier fällt das Maskulinum nicht negativ auf, da es keine Personenbezeichnung darstellt, sondern die Firma meint). Es gibt einen einführenden Text, den wir uns kurz anschauen möchten:

> **Mit mehr als 1200 Mitarbeiterinnen und Mitarbeitern sowie Vertretungen in 39 Ländern zählt […] in Deutschland zu den führenden mittelständischen Unternehmen der Elektroindustrie. Mit Sitz in Nordrhein-Westfalen bildet das Unternehmen einen wichtigen, gefragten Arbeitgeber in der Region und weit darüber hinaus. Verbundenheit zur Region ist für […] ebenso wichtig, wie international vertreten zu sein. Auch bei den Beschäftigten ist Internationalität erwünscht, Menschen verschiedenster Nationalitäten arbeiten bei […] zusammen. Für sein Team sucht […] immer neue Kolleginnen und Kollegen, die neugierig, motiviert und inspiriert sind, die sich gerne neuen Herausforderungen stellen, Lust auf Innovationen haben und sich aktiv einbringen möchten. […] setzt auf faire Vergütung, große Unterstützung für Weiterbildung und Aufstieg und legt Wert auf gesunde Arbeitsbedingungen und die Vereinbarkeit von Beruf und Privatleben. Ob für Schüler, Studenten, Absolventen oder Berufserfahrene – […] bietet diverse Möglichkeiten des Einstiegs und viele weitere Perspektiven.**

Interessanterweise wird zu Beginn offenbar darauf geachtet, Männer und Frauen gleichermaßen anzusprechen, am Ende aber ist von *Schülern, Studenten* und *Absolventen* die Rede. Dabei könnte man auch diese Stelle leicht geschlechtergerecht formulieren, wie es beim Unterpunkt »Einstieg bei […]« im Anschluss geschieht:

> **Ob für Schüler, Studenten, Absolventen oder Berufserfahrene – ob Praktikum, Ausbildung, Berufseinstieg oder neuer Job für neue Herausforderungen – […] bietet verschiedene Möglichkeiten des Einstiegs, spannende Tätigkeiten und Aufgaben und viele Perspektiven für Weiterentwicklung und Aufstieg. Wähle hier dein Einstiegslevel und du findest auf einer eigenen Seite alle wichtigen Informationen für deinen Start bei […].**

Hier ist zudem – neben der neutralen Funktionsbeschreibung »Praktikum, Ausbildung, Berufseinstieg oder neuer Job« – die direkte Anrede praktiziert. Nun sehen wir uns aber den Menüpunkt »Menschen bei […]« an, der erwarten lässt, dass es verstärkt um Personen geht, und sind überrascht:

> **Sie sind Pioniere, Gipfelstürmer, Organisationstalente und Idealisten. Sie lieben ungewöhnliche Projekte, können zupacken und setzen sich für ihre Ideen ein. Mitarbeiter mit unterschiedlichen Leidenschaften und Fähigkeiten verbinden sich zu einem der innovativsten Unternehmen seiner Branche. […] versteht das Vertrauen in seine Mitarbeiter als wesentliche Grundlage für Pionierleistungen.**

Dieser Text leitet über zu 18 Interviews mit Beschäftigten des Unternehmens, unter denen sowohl Frauen (wenn auch nur halb so viele) als auch Männer zu finden sind. Das überrascht dann doch, zumal mit relativ wenig Aufwand umformuliert werden könnte:

> **Sie sind Pionierinnen und Pioniere, wollen Gipfel erstürmen, sind Organisationstalente und haben Ideale. Sie lieben ungewöhnliche Projekte, können zupacken und setzen sich für ihre Ideen ein. Mitarbeiterinnen und Mitarbeiter mit unterschiedlichen Leidenschaften und Fähigkeiten verbinden sich zu einem der innovativsten Unternehmen seiner Branche. […] versteht das Vertrauen in seine Beschäftigten als wesentliche Grundlage für Pionierleistungen […]**

Fazit:
In diesem Text wurden folgende Strategien angewendet oder vorgeschlagen:

- **Geschlechtsneutrale Bezeichnungen:** *Praktikum, Ausbildung, Berufseinstieg oder neuer Job*
- **Direkte Anrede:** vertraute Anrede *dein Einstiegslevel, du findest, dein Start*
- **Beidnennung:** *Pionierinnen und Pioniere, Mitarbeiterinnen und Mitarbeiter*
- **Umformulierungen:** *wollen Gipfel erstürmen, haben Ideale*
- **Substantiviertes Partizip im Plural:** *Beschäftigte*

Textbeispiel PH Heidelberg

Abschließend eine typische Stellenausschreibung im Verwaltungsbereich einer Hochschule:

> **Im Studienbüro der Pädagogischen Hochschule Heidelberg ist zum nächstmöglichen Zeitpunkt die Stelle einer/eines Beschäftigten im Verwaltungsbereich (w/m/d) (50 %; TV-L EG 6) befristet bis 31. Dezember 2020 zu besetzen. […]**
> **Ihr Profil / Einstellungsvoraussetzungen**
> **abgeschlossene Ausbildung im kaufmännischen oder verwaltenden Bereich**
> **Freude im Umgang mit Studierenden und sicheres, freundliches Auftreten […]**
> **Nähere Auskünfte zum Stellenprofil beantwortet gerne Herr Andreas Reuther, Leiter des Studienbüros (andreas.reuther@vw.ph-heidelberg.de, Tel. 477 120).**
> **Die Pädagogische Hochschule Heidelberg strebt eine Erhöhung des Frauenanteils in den Bereichen an, die bisher unterrepräsentiert sind. Schwerbehinderte Bewerberinnen und Bewerber werden bei entsprechender Eignung bevorzugt berücksichtigt.**
> **Wir freuen uns auf Ihre Bewerbung! […]**

Es kann festgehalten werden, dass hier die Prinzipien der geschlechtergerechten Adressierung und Benennung eingehalten werden. Die Adressierung erfolgt durch direkte Anrede. Die Stellenbezeichnung ist als verkürzte Beidnennung mit Partizip formuliert, zusätzlich (und nicht stattdessen) ist die Abkürzung, die auf die dritte Option verweist *(m/w/d)*, eingefügt.

Das Anforderungsprofil und die Details der Stelle sind inhaltsbezogen und ohne Verweis auf Personenbezeichnungen formuliert. Darüber hinaus werden die Personen, die auf der Stelle zu betreuen sind, geschlechtergerecht als *Studierende* bezeichnet.

Fazit:

In diesem Text wurden folgende Strategien angewendet oder vorgeschlagen:

- **Beidnennung:** *Bewerberinnen und Bewerber*
- **Direkte Anrede:** Höflichkeitsform als Possessivpronomen *Ihr Profil, Ihre Bewerbung*
- **Substantiviertes Partizip im Plural:** *Studierende*
- **Substantiviertes Partizip im Singular mit verkürzter Beidnennung:** *Stelle einer/eines Beschäftigten*

3.8 Vermischtes

Dieser Abschnitt ist verschiedenen mehr oder weniger zufälligen »Fundstücken« gewidmet. Sie bieten geschlechtergerechte Formulierungen, die ungewöhnlich bzw. außerhalb der bisherigen Normen sind oder die sich an schwierigen syntaktischen Konstruktionen versuchen. Es handelt sich hierbei oft um versuchte Lösungen für Probleme, die wir in Kapitel 2 angesprochen haben.

Fragen ergeben sich nicht selten bei der **Weiterführung des Bezugs** auf eine Person, die mit einem Indefinitpronomen, z. B. ***wer*** oder ***jemand,*** eingeleitet ist. Entgegen den traditionellen Regeln der Grammatik wird *wer* und auch *jemand* im realen Leben durchaus nicht selten mit Femininformen wiederaufgenommen, wenn es sich bei der betreffenden Person um eine Frau handelt. Ein Beispiel: Der vormalige EU-Präsident Jean-Claude Juncker sagte in einem Interview des Deutschlandfunks am 15. September 2019 (Interview der Woche mit Bettina Klein) über Ursula von der Leyen, seine Nachfolgerin:

Sie ist jemand, die nicht vor Fremden Angst hat.

Das Indefinitpronomen *wer* bezeichnet immer menschliche Entitäten (im Gegensatz zu *was*). *Wer* ist an sich geschlechtsindifferent, was man daran sieht, dass gleichermaßen folgende Fragen möglich sind:

Wer ist er?
Wer ist sie?

Insofern ist es nicht verwunderlich, dass *wer* auch gelegentlich mit Femininformen weitergeführt wird:

Wer lieber zu Fuß geht, sollte um 6 Uhr am Treffpunkt sein und ihre Regenkleidung dabeihaben.

Die Indefinitpronomina ***keine/-r*** und ***jede/-r*** beziehen sich auf eine unbestimmte Menge von Elementen, wobei distributiv auf die **Einzelelemente dieser Menge** verwiesen wird. Die Formen kommen nur im Singular vor und sind **geschlechtsspezifisch.** Typischerweise treten hier oft Beidnennungen der Proformen auf:

In diesem Labyrinth verläuft sich jeder und jede / keiner und keine.

Ähnlich verhält es sich mit ***eine/r:***

Wenn einer oder eine den Zug nicht erwischt, kann er oder sie mit dem Bus fahren.

Natürlich ginge ebenso:

Wenn man den Zug nicht erwischt, kann man Bus fahren.
Alle, die den Zug nicht erwischen, können mit dem Bus fahren.

Wie wir schon in Abschnitt 2.5 kurz angesprochen haben, sind bestimmte quantifizierende und negative Kontexte auch ohne die Genderproblematik semantisch oft mehrdeutig. Eine interessante und was die Kongruenz betrifft gewagte Passage ist folgende aus der taz, 1./2. Juni 2019, S. 17. In Bezug auf Maria Theresia heißt es:

> **Als sie vierzig Jahre später starb, galt sie als eine der erfolgreichsten und fortschrittlichsten Fürsten der Zeit.**

Hier wird das feminine Indefinitpronomen *eine* durch eine Nominalphrase im Genitiv ergänzt *(der erfolgreichsten und fortschrittlichsten Fürsten der Zeit),* die als Kern das maskuline Nomen *Fürsten* im Plural aufweist. Dies soll wahrscheinlich die Mehrdeutigkeit ausschließen, die sich ergäbe, wenn es hieße ***eine der** erfolgreichsten und fortschrittlichsten **Fürstinnen** der Zeit* (vgl. Abschnitt 2.5, S. 156–158).

Eine analoge Intention, aber eine andere Lösung bietet folgender Beleg (taz, 27. November 2019, S. 1), bei dem es über Matteo Salvini heißt:

> **So sichtbar wie er war kaum einE PolitikerIn.**

Die Großbuchstaben markieren hier, dass *einE PolitikerIn* nicht als »generisches Femininum«, sondern als geschlechtsneutrale Form zu verstehen ist. Entsprechend ist beim Lesen jeweils eine kleine Pause (Knacklaut) vor den Vokalen zu produzieren. Diese Art der Aussprache haben wir schon in Abschnitt 2.4 beim Binnen-I angesprochen: Die kleine Pause tritt dann vor der femininen Endung auf: *die Sprecher-innen.*

In der Sendung »titel thesen temperamente« am 15. September 2019 äußerte sich die Sprecherin in einem Bericht über die Lage in Hongkong wie folgt:

> **[…] in dieser dezentralen Bewegung, die keine Sprecherinnen und Führer hat […]**

Hier werden, wie wir es schon in einigen Texten gesehen haben, Femininformen und Maskulinformen frei gemischt, um geschlechtsübergreifende Referenz zu erzeugen.

Was die orthografischen Optionen zur **Markierung von nicht binären Geschlechterkonzepten** betrifft, so finden wir (vor allem im Netz und in bestimmten progressiven Medien) neben den von uns schon in den Abschnitten 1.4 und 2.4 besprochenen Varianten Genderstern, Unterstrich, Doppelpunkt, Mediopunkt und Binnen-I auch Varianten mit **Großbuchstaben:**

> **Wissenschaftler*innen, Wähler_innen, Klimaforscher:innen, Aktivist·innen, eineE gutE SchülerIn**

Dieses Formen sollen hier nicht weiter diskutiert oder bewertet werden. Was sie auf jeden Fall zeigen, ist, dass die Suche nach Möglichkeiten, geschlechtergerecht zu formulieren, aktuell weitverbreitet ist und zum Teil mit großer Experimentierfreude betrieben wird.

3.9 Zum Schluss

Wie wir in diesem Kapitel gesehen haben, werden in der kommunikativen Praxis sehr vielfältige Varianten des geschlechtergerechten Formulierens angewendet. Es finden sich nicht nur traditionelle Optionen, sondern auch zahlreiche unkonventionelle und noch nicht legitimierte Lösungen. Es gibt Texte, die souverän gegendert sind, neben solchen, die eine entsprechende Absicht erkennen lassen, aber in der Durchführung noch Verbesserungen vertragen können, und es gibt Texte, die ganz offensichtlich das Projekt Gendern ablehnen. Kurz: Wir befinden uns in einer Situation des sprachlichen Wandels, der gesellschaftlichen Wandel abbildet.

Abschließen möchten wir mit dem Hinweis, dass es hilfreich ist, sich **bei jeder Textproduktion einige Fragen** zu stellen:

- Was will/muss ich sagen?
- Über welche Personen(gruppen) spreche ich?
- Wen spreche ich an?
- Wie ist der situative Kontext (Vorwissen etc.)?
- Welche Textsorte liegt vor (formell – informell, individuell bezogen – für die Allgemeinheit usw.)?
- Welche sprachlichen Konventionen / gesetzlichen Vorgaben sind zu beachten?

Bezüglich der **Personenbezeichnungen** können diese Fragen konkretisiert werden:

- Wer wird wo genannt oder nicht genannt?
- Welche Bedeutungsmerkmale werden durch die Wahl der sprachlichen Form zum Ausdruck gebracht?
- Wie ist die Reihenfolge und syntaktische Einbettung?
- Geht es um eine direkte Anrede bzw. einen Titel?
- Liegt eine Überschrift bzw. eine isolierte (syntaktisch nicht integrierte) Personenbezeichnung vor?
- Geht es um die Benennung und Charakterisierung von Personen im Text?
- Liegen zusammengesetzte oder abgeleitete Bildungen vor?
- Handelt es sich um idiomatische Wendungen?

Diese Fragen, die zu größerer Bewusstheit über die Bedingungen der eigenen Sprachproduktion führen, bilden keine abgeschlossene Liste, helfen aber, die eigene Wahl zu treffen.

Bei der Bewertung der kommunikativen Erzeugnisse anderer im Hinblick auf ihre Geschlechtergerechtigkeit empfehlen sich unserer Erfahrung nach vor allem Gelassenheit, Augenmaß und Toleranz.

4

Anhang

Quellen

Alle Texte, die hier nicht aufgeführt werden, stammen von den Autorinnen.

3.1 Texte an die »Allgemeinheit«

Merkblatt: Merkblatt als Beilage zu den Wahlunterlagen im Mai 2017 per Post an alle Haushalte

Ansprache: https://www.bundeskanzlerin.de/bkin-de/aktuelles/neujahrsansprache-von-bundeskanzlerin-angela-merkel-zum-jahreswechsel-2018-2019-am-montag-31-dezember-2018-in-berlin-1564774

Stadt: https://www.wiesbaden.de/rathaus/anregungen-kontakt/index.php (Zugriff: 06.08.2019)

Bundespresseamt: https://www.bundesregierung.de/breg-de/bundesregierung/bundespresseamt/geschichte-und-aufgaben-454036

Newslettertext/Blog: https://fridaysforfuture.de/smileforfuture-summit/ (Zugriff: 05.08.2019)

Straßenverkehr: https://www.adfc.de/auf-tour/ (Zugriff: 04.11.2019)

3.2 Texte werbender Natur

Leitbild der Universität Mainz: http://www.uni-mainz.de/downloads/JGU_leitbild.pdf (Zugriff: 05.07.2018)

Leitbild Klinik: Sana Krankenhaus Radevormwald gGmbH: *UNSER LEITBILD – ÜBERARBEITUNG UND ANPASSUNG*, 02.07.2018, e:los GmbH.

Literaturhaus: https://lfbrecht.de/ueber-uns/unser-anspruch/ (Zugriff: 06.08.2019)

Kulturzentrum/LSBTI-Bar: https://www.sichtbar-mainz.de (Zugriff: 04.11.2019)

Veranstaltungsankündigung: https://www.ash-berlin.eu/HOCHSCHULE/PRESSE-UND-NEWSROOM/VERANSTALTUNGEN/NEWS/ERFOLGREICH-GRUENDEN-MIT-DEM-BUSINESSPLAN-WETTBEWERB-BERLIN-BRANDENBURG-BPW-1/ (Zugriff: 07.05.2018)

Vorstellung einer Galerie: https://www.ash-berlin.eu/HOCHSCHULE/PRESSE-UND-NEWSROOM/VERANSTALTUNGEN/NEWS/SPAZIERBLICK-ZEITGENOESSISCHE-KUNST-IN-DER-PLATTE/ (Zugriff: 07.05.2018)

Arztpraxen: https://www.facharztdermatologie.de/ (Zugriff: 04.12.2019) und http://www.hno-ringkirche.de/ (Zugriff: 04.12.2019) und https://dr-sturtz.net/index.html (Zugriff: 04.12.2019)

3.3 Formulare

Finanzamt: https://www.formulare-bfinv.de/ffw/form/display.do?%24context=6C9023F977A5133987B7 (Zugriff: 17.12.2019)

Fahrgastrechteformular: https://www.bahn.de/wmedia/view/mdb/media/intern/fahrgastrechteformular.pdf

Formular für Gasthörende Universität Passau: http://www.uni-passau.de/fileadmin/dokumente/studierende/Stud_sekretariat/Sonstige_Formulare/6_Gasthörer-Antrag_11.pdf (Zugriff: 14.03.2019)

Wohnungsbescheinigung: https://www.wiesbaden.de/vv/medien/formulare/33/Aufenthalt_-_Wohnungsbescheinigung_08.2017.pdf (Zugriff: 06.08.2019)

3.4 Fachsprachliche/wissenschaftliche Texte

Fachausdrücke im »generischen Maskulinum«: Diewald, Gabriele (1991): *Deixis und Textsorten im Deutschen.* Tübingen: Niemeyer.

»Genderfußnote«: Ludewig, Kurt (2013): *Entwicklung systemischer Therapie, Einblicke, Entzerrungen, Ausblicke.* Heidelberg: Auer.

Abwechselnde Formulierungen: Schwing, Rainer / Fryszer, Andreas (2015): *Systemisches Handwerk. Werkzeug für die Praxis.* 7. Auflage. Göttingen: Vandenhoeck & Ruprecht.

3.5 Normative Texte

Promotionsordnung Universität Hannover: Verkündungsblatt der Gottfried Wilhelm Leibniz Universität Hannover vom 16.12.2016, 27/2016 https://www.uni-hannover.de/fileadmin/luh/content/forschung/promotionsordnungen/phil_prom2n.pdf (Zugriff: 18.12.2018)

Promotionsordnung TU Braunschweig: https://www.tu-braunschweig.de/Medien-DB/fk1/hoeb-781_promotionsordnung-fk1_2011-08-22.pdf (Zugriff: 11.08.2018)

Promotionsordnung TU Chemnitz: https://www.tu-chemnitz.de/informatik/studium/promotion_habilitation/promotionsordnung-14.04.2010.pdf (Zugriff: 11.08.2018)

Grundordnung der Universität Leipzig: https://www.uni-leipzig.de/fileadmin/ul/Dokumente/Universitaet/Profil/Grundordnung_UL_130806.pdf

Beistandspflichten für Notare: https://service.hessen.de/xbcr/Merkblatt_Beistandspflichten_der_Notare_-1.pdf

Straßenverkehrsordnung: frühere Fassung **https://www.buzer.de/gesetz/5849/a80699.htm** und aktuelle Fassung https://www.buzer.de/gesetz/10526/a179817.htm (Zugriff: 19. 12. 2019)

3.6 Berichte

Pressemitteilung: Humboldt-Universität Berlin (HU): https://www.hu-berlin.de/de/pr/nachrichten/juli-2018/nr_180710_01 (Zugriff: 08.08.2018)

Reportage: http://www.taz.de/!5578272/ (Zugriff: 07.05.2019)

Mitteilungsblatt: *Der Wald im Nürnberger Land. Das Mitteilungsblatt der Forstbetriebsgemeinschaft Nürnberger Land e. V.* Ausgabe Frühjahr 2019.

3.7 Stellenangebote

Polizei: https://karriere.polizei.hessen.de/Startseite/# und https://karriere.polizei.hessen.de/die-vielfalt-des-berufs/ und https://karriere.polizei.hessen.de/voraussetzungen/ und https://karriere.polizei.hessen.de/die-vielfalt-des-berufs/schutzpolizei/ und https://www.polizei.hessen.de/dienststellen/polizeiakademie-hessen/studierende/broker.jsp?uMen=bdb20811-85bc-2031-413b-d512109241c2&uCon=f4d0a6e5-9b04-0314-13bd-512109241c24&uTem=bff71055-bb1d-50f1-2860-72700266cb59 und https://karriere.polizei.hessen.de/fragen-antworten/ (alle Zugriff: 05.08.2019)

Stadt: https://www.wiesbaden.de/rathaus/arbeitgeber-stadtverwaltung/das-sind-wir.php (Zugriff: 06.08.2019)

Unternehmen: https://www.arbeitgeber.gira.de/de/index.html und https://www.arbeitgeber.gira.de/de/einstieg.html und https://www.arbeitgeber.gira.de/de/menschen-bei-gira.html (alle Zugriff: 05.08.2019)

PH Heidelberg: https://www.ph-heidelberg.de/fileadmin/de/hochschule/verwaltung/personalangelegenheiten/Stellen/Stellen2018/Studienbüro_1-2019.pdf (Zugriff: 08.03.2019)

Literatur

Aikhenvald, Sandra (2016): *How Gender Shapes the World.* Oxford/New York: Oxford University Press.

Aretin, Felicitas von (2018): *Mit Wagemut und Wissensdurst: Die ersten Frauen in Universitäten und Berufen.* München: Sandmann.

Baumann, Antje (2017): »Gendern in Gesetzen? – Eine spezielle Textsorte und ihre Grenzen.« In: *Die Teufelin steckt im Detail. Zur Debatte um Gender und Sprache.* Hg. Antje Baumann / André Meinunger. Berlin: Kadmos, 196–226.

Bayer, Josef (2019): »Sprachen wandeln sich immer – aber nie Richtung Unfug.« Neue Zürcher Zeitung, 10. April 2019 (https://www.nzz.ch/feuilleton/die-geschlechtergerechte-sprache-macht-linguistische-denkfehler-ld.1472991, Zugriff 15. November 2019).

Becker, Karl Ferdinand (1824): *Die deutsche Wortbildung oder die organische Entwicklung der Sprache in der Ableitung.* Frankfurt a. M.: Verlag der Hermannschen Buchhandlung.

Becker, Thomas (2009): »Zum generischen Maskulinum: Bedeutung und Gebrauch der nicht movierten Personenbezeichnungen im Deutschen.« In: *Linguistische Berichte* 213, 65–75.

Blake, Christopher / Klimmt, Christoph (2010): »Geschlechtergerechte Formulierungen in Nachrichtentexten.« In: *Publizistik* 2 (55), 289–304.

Braun, Friedericke / Gottsburgsen, Anja / Sczesny, Sabine / Stahlberg, Dagmar (1998): »Können Geophysiker Frauen sein? Generische Personenbezeichnungen im Deutschen.« In: *Zeitschrift für Germanistische Linguistik* 26, 265–283.

Braun, Friederike / Oelkers, Susanne / Rogalski, Karin / Bosak, Janine / Sczesny, Sabine (2007): »›Aus Gründen der Verständlichkeit …‹ Der Einfluss generisch maskuliner und alternativer Personenbezeichnungen auf die kognitive Verarbeitung von Texten.« In: *Psychologische Rundschau* 58, 183–189.

Bühler, Karl (1999/1934): *Sprachtheorie: die Darstellungsfunktion der Sprache.* Stuttgart: UTB.

Bußmann, Hadumod (1995): »Das Genus, die Grammatik und – der Mensch: Geschlechterdifferenz in der Sprachwissenschaft.« In: *Genus. Zur Geschlechterdifferenz in den Kulturwissenschaften.* Hg. Hadumod Bußmann / Renate Hof / Elisabeth Bronfen. Stuttgart: Kröner, 114–160.

Bußmann, Hadumod / Hellinger, Marlis (2003): »Engendering female visibility in German.« In: *Gender across languages. The linguistic representation of women and men*. Vol. 3. Hg. Marlis Hellinger / Hadumod Bußmann. Amsterdam [u. a.]: Benjamins (IMPACT: Studies in Language and Society 11), 141–174.

Butler, Judith (1991): *Das Unbehagen der Geschlechter*. Frankfurt a. M.: Suhrkamp.

de Courtenay, J. Baudouin (1929): »Einfluß der Sprache auf Weltanschauung und Stimmung.« (Drei Vorträge, gehalten in Kopenhagen Ende Mai und Anfang Juni 1923 auf Einladung des Rask-Ørsted-Komitees.) In: *Prace Filologiczne*, T. XIV, 1929, 184–225. Odb. Warszawa, 1929 8° s. 71. (http://crecleco.seriot.ch/textes/BdeC29/txt.html, Zugriff 24. September 2019).

Diewald, Gabriele (2018): »Linguistische Kriterien und Argumente für geschlechtergerechten Sprachgebrauch.« In: *Rechtshandbuch für Frauen- und Gleichstellungsbeauftragte. Recht von A–Z für Frauen und Gleichstellungsbeauftragte in der Öffentlichen Verwaltung, Unternehmen und Beratungsstellen*, 66_1.3. Hg. Sabine Berghahn / Ulrike Schultz. Hamburg: Dashöfer, 1–30.

Diewald, Gabriele / Steinhauer, Anja (2017): Richtig gendern. Wie Sie angemessen und verständlich schreiben. Berlin: Duden.

Diewald, Gabriele / Steinhauer, Anja (2019): Gendern – Ganz einfach! Berlin: Duden.

Doleschal, Ursula (2002): »Das generische Maskulinum im Deutschen. Ein historischer Spaziergang durch die deutsche Grammatikschreibung von der Renaissance bis zur Postmoderne.« In: *Linguistik online* 11, 2/02 (https://www.linguistik-online.net/11_02/doleschal.pdf, Zugriff 24. September 2019).

Düll, Rudolph (1960): *Corpus Iuris. Eine Auswahl der Rechtsgrundsätze der Antike*. München: Ernst Heimann Verlag.

Eisenberg, Peter (2017): »Linguist kritisiert geschlechtergerechte Sprache – ›Ein Säugling ist nicht dasselbe wie ein Gesäugter‹.« Interview im Deutschlandfunk mit Britta Fecke vom 8. März 2017. http://www.deutschlandfunk.de/linguist-kritisiert-geschlechtergerechte-sprache-ein.691.de.html?dram:article_id=380828 (Zugriff 14. November 2019).

Elmiger, Daniel / Tunger, Verena / Schaeffer-Lacroix, Eva (2017): *Geschlechtergerechte Behördentexte. Linguistische Untersuchungen und Stimmen zur Umsetzung in der mehrsprachigen Schweiz; Forschungsbericht*. Genf: Lulu Press.

Friedrich, Marcus C. G. / Heise, Elke (2019): »Does the Use of Gender-Fair Language Influence the Comprehensibility of Texts?« In: *Swiss Journal of Psychology* 78 (1–2), S. 51–60. DOI: 10.1024/1421-0185/a000223.

Goeddaeus, Johannes [1590] (1608): *Commentarius repetitae praelectionis in tit. XVI. libri L. Pandectarum de verborum et rerum significatione.* Herborn: Corvin.

Grabrucker, Marianne (1988): »Die Rechtssprache ist männlich.« In: *Anwaltsblatt* 12, 613–617.

Grabrucker, Marianne (1993): *Vater Staat hat keine Muttersprache.* Frankfurt a. M.: Fischer.

Grandke, Anita (2008): *Die Entwicklung des Familienrechts in der DDR.* Berlin. (https://edoc.hu-berlin.de/bitstream/handle/18452/10164/20eFhgZyFh7H2.pdf?sequence=1&isAllowed=y, Zugriff 24. September 2019).

Grundgesetz für die Bundesrepublik Deutschland, vom 23. Mai 1949 (BGBl. S. 1), zuletzt geändert durch Artikel 1 des Gesetzes vom 23.12.2014 (BGBl. I S. 2438).

Gygax, Pascal et al. (2008): »Generically intended, but specifically interpreted: When beauticians, musicians, and mechanics are all men.« In: *Language and Cognitive Processes* 23 (3), 464–485.

Haspelmath, Martin (2019): »Ist die Gender-Grammatik biologisch vorherbestimmt? Eine Antwort auf Josef Bayer.« In: *Diversity Linguistics Comment*, 12. April 2019 (https://dlc.hypotheses.org/1730, Zugriff 15. November 2019).

Haß-Zumkehr, Ulrike (2003): »Hat die Frauenbewegung Wortschatzgeschichte geschrieben?« In: *Deutsche Sprachgeschichte nach 1945. Diskurs- und kulturgeschichtliche Perspektiven. Beiträge zu einer Tagung anlässlich der Emeritierung Georg Stötzels.* Hg. Martin Wengeler. Hildesheim [u.a.]: Olms (*Germanistische Linguistik* 169–170.): 161–179.

Hellinger, Marlis (2004): »Vorschläge zur sprachlichen Gleichbehandlung von Frauen und Männern. Empfehlungen für einen geschlechtergerechten Sprachgebrauch im Deutschen.« In: *Adam, Eva und die Sprache. Beiträge zur Geschlechterforschung.* Hg. Karin M. Eichhoff-Cyrus. Mannheim: Dudenverlag, 275–291.

Hellinger, Marlis / Bußmann, Hadumod (2002): *Gender Across Languages. The Linguistic Representation of Women and Men.* Vol. II. Amsterdam/Philadelphia: Benjamins.

Hellinger, Marlis / Bußmann, Hadumod (2003): *Gender Across Languages. The Linguistic Representation of Women and Men.* Vol. III. Amsterdam/ Philadelphia: Benjamins.

Hennig, Mathilde (Hg.) (2016): *Duden. Das Wörterbuch der sprachlichen Zweifelsfälle.* 8. Auflage. Berlin: Dudenverlag.

Hillauer, Rebecca (2018): »Frauenrechte in der DDR: Es ging darum, die Frau funktionstüchtig zu machen.« https://www.deutschlandfunkkultur.de/frauenrechte-in-der-ddr-es-ging-darum-die-frau.976.de.html?dram:article_id=421452 (Zugriff 23.09.2019).

Hornscheidt, Antje (1998): »Grammatik als Ort von Geschlechterkonstruktion. Eine kritische Analyse.« In: *Kritische Differenzen, geteilte Perspektiven. Zum Verhältnis von Feminismus und Postmoderne*. Hg. Antje Hornscheidt / Gabriele Jähnert / Annette Schlichter. Opladen/Wiesbaden: Westdeutscher Verlag, 140–173.

Hornscheidt, Antje (2006): *Die sprachliche Benennung von Personen aus konstruktivistischer Sicht. Genderspezifizierung und ihre diskursive Verhandlung im heutigen Schwedisch.* Berlin/New York: de Gruyter.

Hornscheidt, Lann / Oppenländer, Lio (2019): *Exit Gender. Gender loslassen und strukturelle Gewalt benennen: eigene Wahrnehmung und soziale Realität verändern*. Berlin: w_orten & meer.

Irmen, Lisa / Roßberg, Nadja (2004): »Gender Markedness of Language. The Impact of Grammatical and Nonlinguistic Information on the Mental Representation of Person Information.« In: *Journal of Language and Social Psychology*, 272–307.

Irmen, Lisa / Steiger, Nadja (2005): »Zur Geschichte des Generischen Maskulinums: Sprachwissenschaftliche, sprachphilosophische und psychologische Aspekte im historischen Diskurs.« In: *ZGL* 33, 212–235.

Ivanov, Christine / Lange, Maria B. / Tiemeyer, Tabea (2018): »Geschlechtergerechte Personenbezeichnungen in deutscher Wissenschaftssprache. Von frühen feministischen Vorschlägen für geschlechtergerechte Sprache zu deren Umsetzung in wissenschaftlichen Abstracts.« In: *Suvremena Lingvistika* 86, 261–290.

Kalverkämper, Hartwig (1979a): »Die Frauen und die Sprache.« In: *Linguistische Berichte* 62, 55–71.

Kalverkämper, Hartwig (1979b): »Quo vadis Linguistica? – Oder: Der feministische Mumpsimus in der Linguistik.« In: *Linguistische Berichte* 63, 103–107.

Kaminsky, Anna (2019): »(Verordnete) Emanzipation? – Frauen im geteilten Deutschland.« (https://www.bpb.de/geschichte/zeitgeschichte/deutschlandarchiv/286988/verordnete-emanzipation-frauen-im-geteilten-deutschland, Zugriff 24. September 2019).

Klein, Josef (1988): »Benachteiligung der Frau durch das generische Maskulinum – eine feministische Schimäre oder psycholinguistische Realität?« In: *Germanistik und Deutschunterricht im Zeitalter der Technologie: Selbstbestimmung und Anpassung.* Hg. Norbert Oellers. Tübingen: Niemeyer, 310–319.

Kotthoff, Helga (2017): »Von Syrx, Sternchen, großem I und bedeutungsschweren Strichen. Über geschlechtergerechte Personenbezeichnungen in Texten und die Kreation eines schrägen Registers.« In: *Obst* 90, 91–116.

Kotthoff, Helga / Nübling, Damaris (2018): *Genderlinguistik: Eine Einführung in Sprache, Gespräch und Geschlecht.* Tübingen: Narr Francke Attempto.

Kusterle, Karin (2011): *Die Macht von Sprachformen. Der Zusammenhang von Sprache, Denken und Genderwahrnehmung.* 1. Auflage. Frankfurt a. M.: Brandes & Apsel.

Lakoff, Robin (1973): »Language and Woman's Place.« In: *Language in Society* 2, 45–80.

Leiss, Elisabeth (1994): »Genus und Sexus. Kritische Anmerkungen zur Sexualisierung von Grammatik.« In: *Linguistische Berichte* 152, 281–300.

Notz, Gisela (2018): »Der Kampf um die Gleichberechtigung in beiden deutschen Staaten (1945–1949) und die Auswirkungen auf Parteien.« (https://www.bpb.de/geschichte/deutsche-geschichte/frauenwahlrecht/279343/kampf-um-die-gleichberechtigung-in-beiden-deutschen-staaten, Zugriff 24. September 2019).

Obst 90 = Osnabrücker Beiträge zur Sprachtheorie 90 (2017): *Sprache und Geschlecht. Band 1: Sprachpolitiken und Grammatik.* Hg. Constanze Spieß / Martin Reisigl.

Paul, Hermann (1920): *Deutsche Grammatik.* Bd. 5. *Wortbildungslehre.* Halle a. d. S.: Niemeyer.

Pettersson, Magnus (2011): *Geschlechtsübergreifende Personenbezeichnungen. Eine Referenz- und Relevanzanalyse an Texten.* (Europäische Studien zur Textlinguistik, Bd. 11). Tübingen: Narr.

Pusch, Luise F. (1979): »Der Mensch ist ein Gewohnheitstier, doch weiter kommt man ohne ihr.« In: *Linguistische Berichte* 63, 84–102.

Pusch, Luise F. (1990): *Alle Menschen werden Schwestern*. Frankfurt a. M.: Suhrkamp.

Pusch, Luise F. (1999): *Die Frau ist nicht der Rede wert*. Frankfurt a. M.: Suhrkamp.

Pusch, Luise F. (2015): »Sprachliche Diskriminierung hat viele Gesichter – welches ist das Schlimmste?« In: *humboldt chancengleich* 11, 34–35.

Pusch, Luise F. (2019): »Eine für alle.« In: *taz* 9./10. März 2019, S. 11.

Reisigl, Martin / Spieß, Constanze (2017): »Sprache und Geschlecht als Gegenstand der Linguistik«. In: *Obst* 90, 7–32.

Rosenbusch, Ute (1997): »Die Belagerung der männlichen Rechtsburg.« In: *JuS,* 37. Jahrgang, 1062–1067.

Rothermund, Klaus (1998): »Automatische geschlechtsspezifische Assoziationen beim Lesen von Texten mit geschlechtseindeutigen und generisch maskulinen Text-Subjekten.« In: *Sprache & Kognition* 17 (4), 183–198.

Rothmund, Jutta / Scheele, Brigitte (2004): »Personenbezeichnungsmodelle auf dem Prüfstand. Lösungsmöglichkeiten für das Genus-Sexus-Problem auf Textebene.« In: *Zeitschrift für Psychologie* 212, 40–54.

Samel, Ingrid (2000): *Einführung in die feministische Sprachwissenschaft.* 2., überarb. und erw. Aufl. Berlin: E. Schmidt.

Schoenthal, Gisela (1989): »Personenbezeichnungen im Deutschen als Gegenstand feministischer Sprachkritik.« In: *Zeitschrift für Germanistische Linguistik* 17, 296–314.

Sczesny, Sabine / Formanowicz, Magda / Moser, Franziska (2016): »Can Gender-Fair Language Reduce Gender Stereotyping and Discrimination?« In: *Frontiers in Psychology* 7, 25. DOI: 10.3389/fpsyg.2016.00025.

Stahlberg, Dagmar / Sczesny, Sabine (2001): »Effekte des generischen Maskulinums und alternativer Sprachformen auf den gedanklichen Einbezug von Frauen.« In: *Psychologische Rundschau* 52 (3), 131–140.

Trömel-Plötz, Senta (1978): »Linguistik und Frauensprache.« In: *Linguistische Berichte* 57, 49–69. [Abdruck in: Dieselbe (1982): *Frauensprache – Sprache der Veränderung*. Frankfurt a. M.: Fischer, 35–58.]

Trömel-Plötz, Senta (1980): »Sprache, Geschlecht und Macht.« In: *Linguistische Berichte* 69, 1–14.

Vervecken, Dries / Hannover, Bettina (2015): »Yes I Can!« In: *Social Psychology* 46 (2), 76–92. DOI: 10.1027/1864-9335/a000229.

Westphal, Rudolf (1869): *Philosophisch-historische Grammatik der deutschen Sprache*. Jena: Mauke's Verlag.

Wetschanow, Karin (2017): »Von nicht-sexistischem Sprachgebrauch zu fairen W_ortungen – Ein Streifzug durch die Welt der Leitfäden zu sprachlicher Gleichbehandlung.« In: *Obst* 90, 33–59.

Wetschanow, Karin / Doleschal, Ursula (2013): »Feministische Sprachpolitik.« In: *Sprachenpolitik in Österreich*. Hg. Rudolf de Cillia / Eva Vetter. 306–340.

Wustmann, Gustav (1903): *Allerhand Sprachdummheiten. Kleine deutsche Grammatik des Zweifelhaften, des Falschen und des Häßlichen*. 3. Aufl. Leipzig: Grunow.

Leitfäden

AG Feministisch Sprachhandeln der Humboldt-Universität zu Berlin (Hg.) (2014/2015): *Was tun? Sprachhandeln – aber wie? W_Ortungen statt Tatenlosigkeit! Anregungen zum antidiskriminierenden Sprachhandeln,* 2. Auflage. Berlin.

Braun, Friederike (2000): *Mehr Frauen in die Sprache. Leitfaden zur geschlechtergerechten Formulierung*. Ministerium für Justiz, Frauen, Jugend und Familie des Landes Schleswig-Holstein. (www.fh-kiel.de/fileadmin/data/gleichstellung/Mehr_Frauen_in_die_Sprache.pdf, Zugriff 24. September 2019).

Gender Mainstreaming im Europäischen Parlament. Entschließung des Europäischen Parlaments vom 15. Januar 2019 zum Gender Mainstreaming im Europäischen Parlament (2018/2162(INI)). (https://www.europarl.europa.eu/doceo/document/TA-8-2019-0010_DE.pdf, Zugriff 23. September 2019).

Genderleicht.de (https://www.genderleicht.de/in-den-medien/, Zugriff 24. September 2019.)

Geschickt gendern.de (https://geschicktgendern.de/, Zugriff 24. September 2019)

Guentherodt, Ingrid / Hellinger, Marlis / Pusch, Luise F. / Trömel-Plötz, Senta (1980): »Richtlinien zur Vermeidung sexistischen Sprachgebrauchs.« In: *Linguistische Berichte* 69, 15–21.

Hellinger, Marlis / Bierbach, Christine (1993): *Eine Sprache für beide Geschlechter. Richtlinien für einen nicht-sexistischen Sprachgebrauch*. Herausgegeben von der Deutschen UNESCO-Kommission, Bonn.

Schweizerische Bundeskanzlei (Hg.) (2009): *Geschlechtergerechte Sprache. Leitfaden zum geschlechtergerechten Formulieren im Deutschen.* in Zusammenarbeit mit der Zürcher Hochschule für Angewandte Wissenschaften, 2., vollständig überarbeitete Auflage 2009. (https://www.bk.admin.ch/bk/de/home/dokumentation/sprachen/hilfsmittel-textredaktion/leitfaden-zum-geschlechtergerechten-formulieren.html, Zugriff 24. September 2019).

Wodak, Ruth/Feistritzer, Gert/Moosmüller, Sylvia/Doleschal, Ursula (1987): *Sprachliche Gleichbehandlung von Mann und Frau. Linguistische Empfehlungen zur Gleichbehandlung von Mann und Frau im öffentlichen Bereich (Berufsbezeichnungen, Titel, Anredeformen, Funktionsbezeichnungen, Stellenausschreibungen).* (Schriftenreihe zur sozialen und beruflichen Stellung der Frau 16/1987, herausgegeben vom Bundesministerium für Arbeit und Soziales).

Register

Bibliografische Information der Deutschen Nationalbibliothek
Die Deutsche Nationalbibliothek verzeichnet diese Publikation in der Deutschen Nationalbibliografie; detaillierte bibliografische Daten sind im Internet über http://dnb.dnb.de abrufbar.

Bibliographisches Institut GmbH,
Mecklenburgische Straße 53, 14197 Berlin

Redaktion Dr. Kathrin Kunkel-Razum
unter Mitarbeit von Dr. Laura Neuhaus
Herstellung Alfred Trinnes
Layout Magdalene Krumbeck, Wuppertal
Satz Britta Dieterle, Berlin
Umschlaggestaltung 2issue, München
Druck und Bindung AZ Druck und Datentechnik GmbH,
Heisinger Straße 16, 87437 Kempten

Printed in Germany

ISBN 978-3-411-74517-3
Auch als E-Book erhältlich unter: ISBN 978-3-411-91296-4
www.duden.de

PEFC/04-31-2260

PEFC zertifiziert
Dieses Produkt stammt aus nachhaltig bewirtschafteten Wäldern und kontrollierten Quellen.

www.pefc.de